미얀마 현대사

MYANMA GENDAISHI
by Yoshihiro Nakanishi

Copyright © 2022 by Yoshihiro Nakanishi
Originally published in 2022 by Iwanami Shoten, Publishers, Tokyo.

This Korean edition published 2023 by HanulMPlus Inc,
Gyeonggi-do by arrangement with Iwanami Shoten, Publishers, Tokyo.

미얀마
현대사

ミャンマー現代史

폭력과 부정의를 넘어
민주주의를 향한 여정

나카니시 요시히로 지음

이용빈 옮김

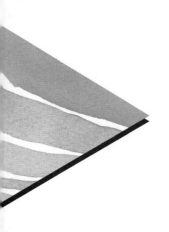

한울
아카데미

일러두기

1. 버마어 표기는 국립국어원 외래어 표기 용례를 따랐다. 이를 원칙으로 삼아 우리말 표기는 국제 음성 기호(IPA)를, 지명과 인명의 로마자 표기는 MLCTS와 BGN/PCGN을 참고했다.

2. 다만 다음과 같은 예외적 표기를 적용했다.
   • 미얀마 이름에는 띄어쓰기가 없다는 현지 사정에 따라 띄어쓰기 없이 표기
     [예] 테인세인(○), 테인 세인(×)
   • 생존 인물의 요청에 따른 표기
     [예] 아웅산수찌(○), 아웅산수치(×)

차례

표·그림 차례

머리말

──

2021년 2월 1일, 동남아시아의 서쪽에 위치해 있는 미얀마[1]에서 이 나라의 사실상 최고 지도자인 아웅산수찌(Aung San Suu Kyi)가 미얀마군[2] 부대에 의해 구속되었다. 수모자는 미얀마군 최고사령관 민아웅흘라잉(Min Aung Hlaing) 상급 대장(上級大將)[3]이다. 한 발의 총탄도 쏘지 않고 군은 정치 중추를 장악하는 데 성공한다.

군사 쿠데타. 게다가 구속된 지도자 중 한 명이 노벨(Novel) 평화상 수상자인 아웅산수찌라고 한다면, 세계적인 관심을 모으더라도 불가사의한 일은 아니다. 사건 직후부터 정변의 뉴스가 전 세계를 떠들썩하게 만들었다. 다만 뉴스를 듣더라도 도대체 무슨 일이 일어나고 있는지 알지 못하는 사람도 많았을 것임에 틀림없다.

아웅산수찌가 이끄는 민족민주연맹(NLD: National League for Democracy)

---

1   공식 명칭은 '미얀마 연방 공화국(Republic of the Union of Myanmar)'이다. _옮긴이

2   버마어로는 타마도(Tatmadaw)라고 표기된다. _옮긴이

3   2013년에 오성장군(五星將軍)이 되었다. _옮긴이

이 총선거에서 대승을 거쳐 정권을 수립한 것은 2016년 3월 30일의 일이었다. 1988년부터 28년 동안 계속되었던 민주화 세력의 투쟁이 결실을 맺는 순간이었다. 민주적 정권의 발족은 세계로부터 환영받았으며 이 나라의 미래는 밝아 보였다. 일본에서는 '아시아 최후의 프런티어'로서 그 경제적인 잠재력이 특히 주목을 모았다. 기억하고 있는 독자도 많을 것이다.

하지만 민주적인 정권 교체 이후에 이 나라의 동향에 주의를 기울인 사람은 많지 않다. 극단적으로 좋은 뉴스와 극단적으로 나쁜 뉴스 이외에는 좀처럼 주목을 모으지 못하는 것이다. 일본과 인연이 깊은 나라라고는 하더라도 약 5000km 떨어져 있는 외국이기 때문에 더욱 그렇게 된다.

쿠데타로부터 소급해 보면 약 3개월 전인 2020년 11월 8일, 미얀마에서 연방의회(국회에 해당)와 지방의회의 의원을 선출하는 선거가 있었다. 이 선거에서 NLD는 대승을 거두었다. NLD의 대승은 2015년의 지난 선거에 이어서 두 번째 일이었지만 주목도에 현격한 차이가 있었다. 2015년 총선거는 56년 만에 민주적인 정권이 탄생하는 계기가 된 역사적인 사건으로, 그에 비하면 2020년 총선거에서 NLD의 승리는 사전에 예상할 수 있었기에 놀라울 것이 없는 일이었다. 게다가 타이밍도 나빴고 당시 세계의 시선은 그 직전에 있었던 미국의 대통령 선거[도널드 트럼프(Donald Trump)와 조 바이든(Joe Biden) 간의 경쟁]에만 쏠려 있었다.

곧이어 날아든 아웅산수찌의 구속에 대한 일보(一報). 군이 주장했던 정권 장악의 이유는 작년 총선거에서 NLD에 의한 부정(不正)이었다. 주목도가 낮았던 선거가 이러한 정변으로 연결된다고는 그 누구도 생각하지 못했다. 다만 만약 쿠데타뿐만이었다면 외국에서 때때로 일어나는 사건으로 다루어지고 그다지 화제가 되지 못했을지도 모른다. 미얀마의 정변이 특이했던 것은 쿠데타 이후에 시민의 저항운동이 전국으로 확대되고, 게다가 저항하는 시민을 향해 군이 가차 없이 실탄을 발포했다는 점이다. 평화적인 시위에 허용되는 강제력의 행사 범위를 분명히 초월한 것이었다.

물론 국제사회도 침묵하지 않았다. 각국 정부 및 국제기관이 민간인에 대한 폭력 중단을 거듭해 요청했지만, 그러한 목소리가 군을 움직이지는 못했다. 탄압은 날이 갈수록 격화되었다. 이러한 국제사회의 목소리를 개의치 않는 군의 자세도 또한 세계를 놀라게 만들었다.

쿠데타에 반대하는 시민의 모습을 목도하고 대의는 민주화 세력에게 있다고 많은 사람들이 느꼈을 것이다. 쿠데타는 실패했다고 생각한 사람들도 있었을 것임에 틀림없다. 하지만 사태는 기대했던 귀추와는 괴리된 상태로 현재에 이르고 있다.

시민에게 폭력을 휘두를 정도로 군은 미얀마의 무엇을 어떻게 하고 싶은 것일까? 아웅산수찌는 왜 쿠데타를 막지 못했던 것일까? 민주화 세력에게 승산은 있을까? 국제사회는 사태를 왜 수습시키지 못하는 것일까? 앞으로 이 나라는 도대체 어디를 향해 나아갈 것인가?

이러한 의문이 떠오르더라도 답은 좀처럼 찾아낼 수 없다. 그러한 곤혹스러운 사태가 이미 1년 6개월 이상 계속되고 있다. 이 책은 이러한 질문에 답을 제시해 보고자 한다.

그 때문에 이 책에서는 2021년 정변을 하나의 정치·경제 변용의 종착점으로 간주하고 1988년부터 시작되는 약 35년 동안의 '미얀마 현대사'를 묘사한다. 23년 동안 계속되었던 군사정권 이후에 2011년부터 추진되었던 민주화, 자유화, 시장경제화, 세계화의 시도가 쿠데타에 의해 좌절되었다는 것이 기본이 되는 줄거리이다.

다음과 같이 단언해도 좋다. 이 나라(미얀마)가 쿠데타 이전의 상황으로 돌아가는 일은 없다. 혼란 속에서 새로운 시대에 돌입하고 있다. 하지만 그것이 새로운 어떠한 시대가 될 것인지는 아직까지도 상(像)을 맺지 못하고 있다. 그래서 설령 어슴푸레하더라도 미얀마의 행방을 전망하는 것도 또한 이 책의 과제일 것이다.

2021년 쿠데타 이래, 우리를 계속해서 곤혹하게 만들어왔던 여러 사건이 이 책에서 제시하고 있는 조감도 위에서 선으로 연결되어 '역시 그렇게된 것이었나'라고 독자가 납득하게 된다면 어쨌든 목표는 달성되는 것이라고 할 수 있다. 욕심을 말해보자면, 미얀마의 지금을 통해서 세계질서의 위태로움을 재인식하고 가치관을 달리하는 타자 및 용인하기 어려운부정의(不正義)에 어떻게 관여할 것인지를 고려하는 계기가 된다면 필자로서는 더할 나위 없는 기쁨이 될 것이다.

마지막으로 각 장의 개요를 적어보도록 하겠다.

서장에서는 미얀마라는 국가를 어떻게 볼 것인가에 대해서 필자의 기본적인 시각을 제시하고자 한다. 또한 이 책이 주로 대상으로 삼는 시대보다 이전의 시대에 대해서도 큰 흐름을 정리한다.

제1장은 민주화 운동에 대해서 고찰한다. 1988년 미얀마에서 대규모반정부 운동이 발생했다. 학생이 주체가 된 반정부 운동은 아웅산수찌를정치 지도자로 삼음으로써 민주화를 추구하는 대중운동으로 변용되었고군과 민주화 세력이라는 기본적인 대립 구도가 생겨난다. 양자가 대립하는 과정을 고찰해 보도록 한다.

제2장은 1988년부터 2011년까지 계속되었던 군사정권에 대해서 다루고 있다. 미얀마의 군사정권은 국민으로부터 반발을 받고 구미의 제재에의해 국제적으로 고립되며 경제도 정체되었지만 그럼에도 여전히 23년 동안 계속되었다. 어떻게 이러한 것이 가능했던 것인지 그 이유를 탐구한다.

제3장은 긴 군사정권으로부터의 전환에 초점을 맞춘다. 2011년 3월의민정 이양과 그로부터 5년 동안 계속되었던 테인세인(Thein Sein) 정권하의 정치와 경제가 고찰 대상이다. 장기간 정체되어 왔던 미얀마가 왜 급속하게 변화했는지를 검토해 보도록 한다.

제4장에서 논하고자 하는 것은 아웅산수찌 정권의 실태이다. 민주화의 커다란 진전이라고 해도 좋은 2016년 아웅산수찌 정권의 성립은, 동시에 장기간 정적이 공존하는 불안정한 정권의 시작이라고도 말할 수 있었다. 아웅산수찌의 꿈은 어느 정도 실현되었고 무엇에 실패했는지를 규명해 보고자 한다.

제5장에서는 2021년 2월 1일에 발생한 쿠데타와 그 이후의 여파를 검토한다. 쿠데타는 시민의 저항을 유발하고 시민 저항은 군이 힘으로 억누르고자 함으로써 급진화되어 버린다. 조심조심하며 유지되었던 민주주의는 왜 붕괴했던 것일까? 군은 왜 자국민에게 총을 겨누고 무엇을 실현하고자 했는지를 고찰해 보고자 한다.

제6장에서는 국제사회의 동향에 눈을 돌려보도록 한다. 미얀마의 민주화 및 경제개발을 지원했던 국제사회는 어떻게 해서 쿠데타를 미연에 방지하지 못했고, 또한 쿠데타 이후의 혼란에 수수방관했던 것일까? 국제정치의 복잡한 역학을 독해하는 작업으로 삼고자 한다.

종장에서는 이 책의 내용을 정리한 뒤에 미얀마의 향후를 고찰한다. 시나리오로서 묘사할 수 있는 것은 결코 밝은 미래가 아니다. 군의 통치가 난항을 겪게 되겠지만 저항 세력에 의한 혁명도 실현될 것으로는 보이지 않는다. 어려운 현실을 직시한 위에 우리가 할 수 있는 일은 있는지, 만약 있다면 그것이 무엇인지를 살펴보도록 하겠다.

범례

(1) 1999년에 당시의 군사정권이 영어의 국명과 도시명을 변경했다. 버마(Burma)라는 국명은 미얀마(Myanmar)가 되었으며, 랑군(Rangoon)이라는 도시명은 양곤(Yangon)이 되었다. 그 밖에도 이라와디강(Irrawaddy river)은 에야와디강(Ayeyar-wady river)이 되는 등, 더욱 버마어 명칭의 발음에 충실한 영어 표기가 이용되고 있다. 이 책에서는 편의성을 고려해 변경 이전에 대해서도 현대의 국명과 지명을 일관되게 이용하고 있다. 다만 지명 또는 아래의 (3)에서 언급하고 있는 민족 명칭에 대해서는 정착된 명칭을 사용했다.

(2) 행정구획 명칭의 일부가 2011년에 변경되어 그때까지 관구(管區)라고 번역되어 왔던 Division(버마어: 타잉)이 Region(버마어: 타잉데타지)으로 변경되었다. Region은 지역 또는 지방역(地方域)으로 번역되기도 하는데, 익숙하지 않은 표현이기 때문에 이 책에서는 관구라는 행정구역 명칭을 계속해서 사용했다.

(3) 민족 명칭은 버마족, 카렌족, 샨족 등의 형태로 '족'을 붙여서 표현했다. '미얀마인'이라고 표기한 경우는 미얀마의 국적을 보유한 자(및 보유할 자격이 있는 것으로 간주되는 자)를 의미한다.

(4) 공용어는 버마족의 언어이기 때문에 미얀마어가 아니라 버마어로 표기했다.

(5) 버마족을 포함한 미얀마의 민족에는 이른바 성(姓)을 갖고 있지 않은 사람이 많다. 군사 작전의 공적에 대해서 수여되는 무공 훈장 가운데 하나인 '투라(Thura) 상'을 받은 군인은 관례로서 이름 앞에 '투라'를 붙이기 때문에 '투라 + 이름'으로 표기했다.

(6) 인용에 포함되어 있는 괄호 안의 기술은 모두 필자가 작성한 보충 설명이다.

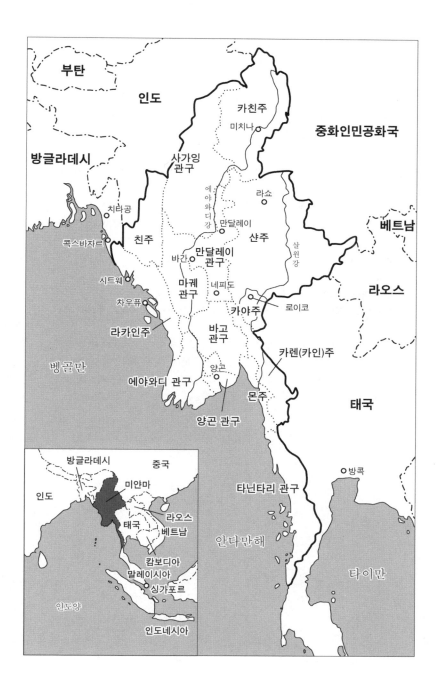

부탄

인도

카친주

미치나

중화인민공화국

방글라데시

사가잉
관구

에야와디강

라쇼

치타공

친주

만달레이

베트남

콕스바자르

바간

만달레이
관구

샨주

살원강

라오스

시트웨

마궤
관구

네피도

차우퓨

카야주

로이코

라카인주

바고
관구

뱅골만

카렌(카인)주

태국

에야와디 관구

양곤

양곤 관구

몬주

방글라데시

중국

미얀마

인도

라오스

태국

베트남

타닌타리 관구

방콕

캄보디아

말레이시아

싱가포르

안다만해

타이만

인도양

인도네시아

15

미얀마 관련 기본 정보

면적: 67만 6600km²(한반도의 약 세 배)

인구: 5141만 명(2014년 인구조사)

수도: 네피도(Naypyidaw)

주요 도시: 양곤(Yangon. 인구 약 500만 명)

민족: 다수파 민족은 버마(Burma)족으로 약 70%, 그 밖의 민족으로서 카친(Kachin)
족, 친(Chin)족, 카야(Kayah)족, 카렌(Karen)족[카인(Kayin)족이라고도 한다],
몬(Mon)족, 라카인(Rakhine)족, 샨(Shan)족 등이 있다. 공식적으로는 135개
민족으로 간주되는데 화인(華人) 및 남아시아계 사람들이 포함되어 있지 않는
등 문제가 많다(상세한 것은 이 책의 제3장 참조).

공용어: 버마어(그 밖에 각 소수민족이 독자적인 언어를 보유)

종교: 불교 신자가 약 90%, 기타 기독교 신자, 무슬림, 정령신앙 등

GDP(명목): 812억 달러(이하 USD. 2020년 기준)

1인당 GDP(명목): 1527달러(2020년 기준. 세계 196개 국가 및 지역 중에 156위)

통화: 짯(MMK)

행정구획: 버마족이 다수를 차지하는 일곱 개의 관구와 소수민족이 다수를 차지하는
일곱 개의 주(州)로 나뉜다. 일부 소수민족에게는 '행정 자치구'의 지위가 인정
되고 있다. 관구·주 아래에 현(縣), 군(郡), 촌락구(村落區)/정구(町區)가 있다.

미얀마를 어떻게 볼 것인가

1. 쿠데타의 충격

새벽녘의 정변

2021년 2월 1일, 아직 동이 트지 않은 새벽 4시 무렵의 일이었다.

미얀마의 수도 네피도(Naypyidaw)의 중심부에 위치한 정부 간부들의 자택이 늘어서 있는 제야테이디(Zeya Theiddhi) 지구에는 당시 이 나라의 최고 지도자였던 아웅산수찌 국가고문[1]의 관저도 있다. 그곳에 군부대가 침입했다. 경비를 위해 상주하고 있던 경찰관은 상사의 지시를 받고 이미 담당하던 곳을 떠났다. 아웅산수찌는 무저항의 상태로 군부대에 의해 연행되었다.

같은 무렵, 아웅산수찌의 측근인 윈민(Win Myint) 대통령은 관저에서 군 간부 두 명과 마주했다. 군 간부는 대통령에게 사임하도록 압박했다. 건강상의 이유라고 말하면 좋을 것이라고 윈민에게 전했다고 한다. 대통

---

1   영어로는 State Counsellor라고 표기된다. _옮긴이

령은 그 요구를 거절했고 구속되었다.

다른 정부 간부, 여당 간부 및 일부 정치 활동가도 네피도 및 최대 도시 양곤(Yangon) 등 각지에서 거의 같은 시각에 체포되었다. 연방의회의 의원 숙소는 병사들에 의해 에워싸이고 출입이 불가능해졌다. 양곤에 있는 중앙은행도 군부대에 의해 점거되었다. 통신수단은 일부 차단되어 극소수의 군 관계자 외에 무슨 일이 일어나고 있는지 파악할 수 없었다. 쿠데타로서는 거의 완벽한 작전 수행이었다고 할 수 있다.

아웅산수찌가 구속된 지 약 4시간 뒤에는 군 출신 부통령[2]이 대통령 대행으로서 헌법 제417조에 기초해 비상사태의 선언을 공표하고 헌법 제418조 a항에 의해 군 최고사령관이 국가 전권을 장악한다. 그 이튿날에는 국가통치평의회(SAC)[3]라는 이름의 최고의사결정기관이 설치되었다.

군과 독재의 국가

그림과 같은 쿠데타였다. 그 소식에 놀란 사람들도 분명히 많았을 것이다. 미얀마에서 민주화가 추진되었던 것이 아닌가? 경제도 순조롭게 발전하고 있지 않았나? 군사정권 등은 이미 과거의 이야기일 것이다. 그렇게 생각했기 때문이다.

그런데 실제로는 이 나라(미얀마)에서 군이 정치로부터 떨어져 있었던 적은 이제까지 한 차례도 없었다. 시대마다 그 범위 및 개입의 정도에는 차이가 있지만, 군은 항상 미얀마의 정치, 경제, 사회 등 모든 영역에서 강한 영향력을 유지해 왔다.

---

2 당시 미얀마에는 민스웨(Myint Swe) 제1부통령, 헨리반티오(Henry Van Thio) 제2부통령이 있었다. _옮긴이

3 전체 명칭은 State Administration Council이다. _옮긴이

1948년 1월 4일 독립으로부터 현재(2022년)까지 군이 이 나라를 통치했던 기간은 약 52년간에 달한다. 지금도 그 숫자는 늘어나고 있다. 이것은 독립으로부터 약 70%의 기간 동안, 이 나라가 군의 통치하에 있었다는 것을 의미한다. 그중에 헌법이 존재하지 않은 상태로 군이 직접 통치를 했던 기간은 38년 동안으로 헌법이 있었던 기간보다 길다.

국정 선거는 독립 이전의 제헌의회 의원을 선출하기 위한 선거를 포함해 12번 실시되었다. 일당제하에서 또는 군의 관리하에서 행해졌던 선거는 다섯 번이다. 모두 부자유롭고 불공정한 것이었다. 자유롭고 공정한 선거는 일곱 번 있었다. 그중에 네 번은 1940년대 후반부터 1960년에 걸쳐 실시되었다. 나머지 1990년 이래에 행해진 세 번의 선거 중에 군이 선거 결과를 무효로 했던 것이 두 번 있으며, 1990년 총선거가 한 번, 그리고 2020년 총선거가 새롭게 추가되었다.

요컨대 헌법 및 선거와 같은 공식적인 정치제도가 정착되어 있지 않은 것이다.

한편 최고 지도자의 통치 기간이 길었으며, 독재가 정치 지도(政治指導)의 기본이 되어왔다. 독립을 이룬 때로부터 74년 동안, 미얀마의 지도자는 일곱 명밖에 되지 않는다. 그 밖에 독재자라고 불리기에 적합한 인물로 두 사람이 있다. 모두 군인이다.

우선 1962년부터 군사정권을 이끌었던 네윈(Ne Win) 장군이 있다. 태평양전쟁 중에 일본군의 비밀공작에 의해 군사훈련을 받고 군인이 되었던 이 인물은 1949년 군 최고사령관에 취임했다. 쿠데타를 통해 정권을 장악한 이후, 국가원수의 지위에 26년 동안 머물렀다. '군 중심의 국가'의 기초를 만들어낸 인물이라고 할 수 있다.

다음으로 1992년부터 2011년까지 19년 동안에 걸쳐 최고 지도자의 지위를 차지했던 것은 탄슈웨(Than Shwe) 장군이다. 중부의 마을 차우세(Kyaukse)

에서 자라난 전직 우체국 직원이 군내(軍內)에서 승진하며 군 간부로 구성되어 있는 최고의사결정기관[국가법질서회복평의회(SLORC),[4] 나중에 국가평화발전평의회(SPDC)[5]로 개조됨]의 의장과 군 최고사령관의 지위 양쪽을 차지하며 권세를 휘둘렀다. 민주화 운동으로 흔들렸던 군의 지배를 재건하고 2011년의 민정 이양을 준비했던 인물이다.

이 두 사람의 재임 기간이 압도적으로 길며, 군의 수장이 독재적으로 통치함으로써 질서를 만들어왔던 국가라고 말할 수 있다. 그들의 뒤를 계승한 것은 초대 총리 우누(U Nu, 약 12년 동안에 걸쳐 총리를 세 차례 역임)와 2016년에 국가고문이 되었던 아웅산수찌(쿠데타가 발생할 때까지 약 5년 동안, 현재도 재임 중이라고 본다면 이 책의 집필 시점까지 6년 남짓), 그리고 2011년의 민정 이양으로 5년 동안 대통령에 취임한 테인세인이다.

군이 지향하는 것

화제를 쿠데타로 다시 돌려보도록 하겠다. 애당초 군은 도대체 무엇을 지향했던 것일까?

군이 지향했던 것은 크게 두 가지의 목표이다. 우선 하나는 아웅산수찌와 그 지지자들을 권력의 자리와 정계로부터 배제하는 것이다. 그리고 다른 하나는 테인세인 정권 시기(2011~2016년)처럼 권위적이며 보수적인 정부가 일정한 자유를 사회에 인정하는 체제로 회귀하는 것이다. 이번의 정변을 과거의 군사정권 시대로 국가를 되돌리기 위한 것이라는 견해도 있는데, 필자는 그렇게 생각하지 않는다. 민아웅흘라잉의 행동 및 발언, 국

---

4   전체 명칭은 State Law and Order Restoration Council이다. _옮긴이

5   전체 명칭은 State Peace and Development Council이다. _옮긴이

가통·치평의회 및 각료의 인사, 주위의 증언 등을 종합해 보면, 그에게 군의 직접 통치를 장기간 계속할 생각은 없는 것으로 보인다(의도에 반해 계속될 가능성은 충분히 있다. 이것은 어디까지나 어림짐작 차원의 이야기이다).

민아웅흘라잉이 회귀를 지향하는 테인세인 정권 시기는 1988년부터 계속되었던 군사정권 이후에 2011년의 민정 이양으로부터 시작되었다. 군사정권 시대의 총리였던 테인세인을 대통령으로 삼은 정권 아래에서 정치, 경제, 외교 등 모든 분야에서 개혁이 추진되었다. 버락 오바마(Barack Obama)가 미국 대통령으로서는 처음으로 미얀마를 방문했으며, 또한 일본 정부에 의한 지원이 급속하게 확대되었던 것도 이 무렵이다.

군에게도 이 시대는 나쁘지 않았다. 대통령인 테인세인도 포함해 정권 및 의회의 중추에는 퇴역 장교들이 의기양양하게 앉아 있었다. 그들은 퇴역을 했기에 형식적으로는 문민이었지만 바로 전날까지 군 간부였던 사람들이다. 미얀마에서는 상하 관계를 폭넓게 '스승과 제자' 관계라고 표현하는데, 정권에는 현역 군 간부에게 '스승'에 해당하는 전직 상관들이 있었던 것이다.

또한 7%를 넘는 경제성장, 그리고 부동산 가격의 상승, 해외로부터의 투자 유입으로 엘리트 및 군 관련 기업의 실제 수입도 늘어났다. 러시아제 전투기를 포함한 군비품(軍備品)의 양과 질도 상승했으며 군 간부가 있는 곳에 해외에서 주요 인사가 방문하고 여러 외국 및 국제회의에도 빈번하게 초대를 받게 되었다.

하지만 이것은 군의 눈으로 본 풍경에 불과하다. 군에게 보이지 않는 것도 있다. 그것은 테인세인 정권에서 생겨난 '정치의 포섭성'이다. 더욱 간단하게 말하자면, 아웅산수찌가 헌법을 받아들였으며 또한 의원(당시에는 야당 소속)이었다는 점이 중요했다.

전술한 바와 같이, 미얀마에서는 공식(公式)의 정치제도가 정착되지 못했다. 권력을 둘러싼 경쟁에 규칙을 부여하고 통치 기구의 구조 및 기능을 정하는 헌법도 1988년부터 장기간 존재하지 않았다. 그것이 2008년에 군 주도로 기초(起草)된 새로운 헌법이 만들어지고 아웅산수찌와 그녀의 소속 정당인 NLD가 연방의회의 보궐선거에 참가했다. 아웅산수찌가 하원 의원이 되었던 것은 2012년 5월의 일이다.

아웅산수찌가 의원이 된다는 것은 곧 민주화 세력이 군사정권하에서 기초하고 성립시킨 헌법을 떨떠름하기는 하더라도 정치의 기본 규칙으로서 인정하는 것을 의미했다. 다양한 세력이 국가권력을 둘러싸고 경쟁을 하더라도 모두가 일정한 규칙에 따른다. 이것이 '정치의 포섭성'이 의미하는 바이다.

만약 아웅산수찌가 헌법을 인정하지 않는다면 군사정권의 색채를 빼지 못한 해당 정권을 국제사회가 용인하고 뒷받침하는 일도 없을 것이다. 테인세인 대통령의 개혁도 어중간한 상태에 머물렀던 것은 분명하다. 이러한 '정치의 포섭성'이 얼마나 중요한가에 대해서 군은 자각하지 못했다. 아웅산수찌라는 정적을 배제한다면 원만히 해결될 것이라고 생각했던 것으로 여겨진다. 하지만 10년 동안 자유화와 민주화의 진전을 거쳐 힘을 통한 정권 장악을 허용하는 사회는 이미 아니게 되었다.

민주주의의 후퇴

아웅산수찌 정권이 사실상 붕괴함에 따라 세계의 민주주의는 다시 한 차례 후퇴했다는 견해도 있을 수 있다. 올바른 의견이라고 생각한다. 확실히 20년이 넘는 정치투쟁 끝에 일정한 형태를 이루며 걸음마 단계였던 미얀마의 민주주의는 쿠데타에 의해 현재 위기를 맞이하고 있다.

다만 올바르다고 생각하는 한편으로 아쉬운 느낌이 든다. 민주적인 정치제도가 없더라도 정치가 안정되고 경제가 발전한 국가는 과거에 여러 국가가 있었으며, 지금도 있기 때문이다. 예를 들면, 일당제의 중국 및 베트남, 실질적으로 일당제를 실행하고 있는 싱가포르가 그렇다고 할 수 있다. 쿠데타가 다발하고 헌법이 빈번하게 개정되어 왔던 이웃 나라 태국에서도 정변의 발생 횟수에 비해서는 정치체제가 안정되고 쿠데타가 경제의 극단적인 악화를 유발하는 일은 없다. 제도적으로는 민주제인 필리핀에서는 마약을 파는 사람에 대한 초법규적인 살인을 용인하는 대통령에 대한 국민의 지지가 두터웠다.

미얀마는 어떠한가? 쿠데타의 결과, 민주화의 흐름이 역행한 것뿐만이 아니다. 사회의 자유, 경제, 외교 관계 등 모든 방면에서 최근 10년 동안의 발전은 물거품이 되고 있는 것으로 보인다. 경제는 저미(低迷)하고 국내외에 분쟁으로부터 도망치는 난민이 발생하고 있으며, 인도상의 위기가 우려되고 있다. 그럼에도 군은 쿠데타 당시의 목표를 고치려고 하지 않고 있다. 이 나라를 기다리고 있는 것은 한동안은 혼란과 정체라고 할 수 있다. 문제의 뿌리가 더욱 깊기에, 민주주의의 후퇴라는 용어로 표현하는 것이 불충분하다고 느껴질 정도로 정변의 영향은 매우 심각한 것이다.

쿠데타가 변화시킨 역사

쿠데타의 영향을 더욱 정확하게 이해하기 위해서는 이 나라의 쿠데타의 역사를 살펴보면 좋다. 군이 항상 정치에 관여해 왔던 이 나라에서 쿠데타는 역사의 전철기(轉轍機)[6]였다.

〈표 0-1〉은 이 나라의 정치체제를 정리한 것이다. 크게 다섯 개의 시대로 구분할 수 있다. ① 정당정치의 시대(1948~1962년), ② 사회주의적 군사

---

6   철도 선로의 분기점에 붙여 차량을 다른 선로로 옮기기 위해 설치한 장치를 지칭하며, 전환점(switching point) 등으로 해석된다. _옮긴이

	정당정치의 시대	사회주의적 군사정권의 시대		직접 군사 정권의 시대	권력 분유의 시대		새로운 직접 군사정권의 시대
	1948~ 1962년	1962~ 1974년	1974~ 1988년	1988~ 2011년	2011~ 2016년	2016~ 2021년	2021년~
기점	독립	쿠데타	민정 이양	쿠데타	민정 이양	선거	쿠데타
지도자	우누	네윈		탄슈웨	테인세인	아웅산수찌	민아웅흘라잉
지도 원리	강력한 총리	독재		독재	집단지도	강력한 국가고문	독재
정통성	민주주의	버마식 사회주의		국가의 위기	규율과 번영	민주화	헌법 수호 및 잠정 정권
헌법	1947년 헌법	헌법 없음	1974년 헌법	헌법 없음	2008년 헌법		2008년 헌법?
정치체제	의원내각제	군사 평의회	일당제/ 군 참여	군사 평의회	대통령제/ 군 참여	변칙 대통령/ 군 참여	군사 평의회
경제체제	시장경제	계획경제	계획경제	시장경제	시장경제	시장경제	시장경제
외교	개방	폐쇄	부분적 개방	독재하에서의 개방	개방	개방	제재하에서의 개방

정권의 시대(1962~1988년), ③ 직접 군사정권의 시대(1988~2011년), ④ 권력 분유(權力分有)의 시대(2011~2021년), ⑤ 새로운 직접 군사정권의 시대(2021년~)이다. 그중에 세 개의 시대가 쿠데타를 계기로 시작되었다.

〈표 0-2〉에서는 독립 이래 미얀마에서 일어났던 쿠데타를 정리하고 있다. 횟수로서는 네 차례이며, 실패는 없었고 모든 것을 군의 수장이 주도해 정권을 장악하는 데 성공해 왔다.

최초의 쿠데타는 1958년 10월 28일에 이루어졌다. 여당 분열에 따른 정당정치의 혼란이 정변으로 연결되었다. 군은 우누 총리에게 압력을 가하고 군 최고사령관에게 국가권력을 일시적으로 이양시켰다(Callahan, 2003). 버마어로 '에잉자우 아소야'〔잠정 정권(暫定政權)〕 또는 '보조 아소야'〔장군 정부(將軍政府)〕라고 불리는 선거 관리 내각으로서 1년 6개월 정도 통치를 한 이후에 군은 병사(兵舍)로 돌아갔다.

〈표 0-2〉 **미얀마의 쿠데타 일람**

	1958년 쿠데타	1962년 쿠데타	1988년 쿠데타	2021년 쿠데타
발생일	1958년 10월 28일	1962년 3월 2일	1988년 9월 18일	2021년 2월 1일
정권 장악	성공	성공	성공	성공
수모자	네윈	네윈	소마웅	민아웅흘라잉
공식적 이유	선거 관리	국가 분열의 저지	사회 혼란의 수습	선거 부정
희생자	없음	1명	탄압에 의해 다수	탄압에 의해 다수
쿠데타 유형*	교체형	체제 변혁형	체제 변혁형	혼합형

주: * 쿠데타 유형에는 '교체형'과 '체제 변혁형'이 있다. 전자는 통치 기구의 기본 구조는 그 상태 그대로 유지하면서 간부 구성을 교체하기 위한 군의 개입이며, 후자는 통치의 틀을 바꾸는 정치 개입을 지칭한다. 후자 쪽이 사회경제에 대한 영향이 크다(Kim and Sudduth, 2021).

두 번째 쿠데타는 1962년 3월 2일에 일어났다. 이날 새벽에 군 최고사령관 네윈의 명령을 받은 부대가 정권의 간부들을 구속했다. 군 간부 16명으로 구성된 국가혁명평의회가 결성되고 국가의 전권을 장악했다. 지난 쿠데타와 달리, 병사로 돌아갈 생각은 네윈에게 없었으며, 국가의 근본적인 변혁을 지향하며 정치경제 체제의 사회주의화를 추진했다.

세 번째 쿠데타는 1988년 9월 18일에 일어났다. 이해에 미얀마 전역으로 확대된 반정부 운동과 그에 따른 사회의 혼란을 억지한다는 대의명분을 내세우며 군이 쿠데타를 결행했다. 이 쿠데타를 군의 2인자로서 주도했던 것이 탄슈웨였다. 1974년 헌법이 폐지되고 이로부터 23년 동안에 걸쳐 군에 의한 사실상의 직접 통치가 계속된다.

그리고 2021년 2월 1일에 네 번째 쿠데타가 일어난다. 군은 헌법의 비상사태선언 조항에 따라 국가권력을 장악했다고 주장하고 있지만, 이번의 사건을 합헌이라고 이해하는 것은 국내외에서도 소수일 것이다.

시대를 역행하는 군

군에 의한 정권의 강제적인 탈취만으로도 사건이라고 할 수 있지만, 정권을 탈취한 이후 군의 행동에도 주의를 기울이지 않으면 안 된다. 미얀마의 경우에는 아시아에서 동시대에 정치에 개입했던 다른 국가들의 군과는 다소 다른 행동을 일으키고 있다.

1950년대 말부터 1960년대에 마찬가지로 군사 쿠데타가 일어났던 한국, 태국 및 인도네시아에서는 군은 반공주의의 입장을 명확히 하고 국내 시장의 개방과 경제개발을 중시하는 체제로 전환하는 계기를 만들었다. 개발 체제 및 개발독재라고 불리는 것의 기점이다. 하지만 미얀마에서는 국가권력을 장악한 군이 공산주의를 모델로 삼고 일당제를 기반으로 계획경제를 도입했으며, 나아가 동서 두 진영에 대해서 쇄국이라고 불릴 정도로 국가의 문을 닫았다.

다음으로 1980년대 말부터 1990년대에 걸쳐서 아시아에서는 한국, 타이완, 필리핀, 태국, 인도네시아에서 민주화가 진전되었지만, 바로 그 타이밍에서 일어났던 민주화 운동에 미얀마군은 대단히 반동적인 대응을 했다. 하필이면 쿠데타로 국가권력을 장악하고 시민을 향해 실탄을 발포했던 것이다. 3000명이라고도 말해지는 희생자가 나왔다. 게다가 복수정당제에 기초해 선거를 실시했지만, 원하지 않는 선거 결과를 받아들이지 않고 군이 통치를 계속했다.

그리고 2021년의 정변은 약 반세기 만에 시민의 정치 참여가 확대되고 염원하는 경제성장도 달성되어 세계화의 물결을 타고 있는 것으로 여겨지던 와중에 일어났다. 마치 데자뷔처럼, 다시 시민에 대한 도를 넘는 탄압이 계속되고 군에 대한 여러 외국으로부터의 비판과 압력이 강화되고 있다.

미얀마군은 쿠데타에 의해 국가의 운전석에 앉을 때마다 국내외의 변화에 대한 적응에 실패해 왔던 것이다.

이 책에서 고찰하는 것

이러한 실패의 원인은 무엇일까?

폭력이라고 할 수 있다. 새벽녘의 지도자에 대한 구속, 시민의 저항에 대한 탄압, 자국 안에서 민간인을 계속해서 휘말려 들게 하는 토벌 작전과 공중폭격 등, 쿠데타만으로도 우리에게는 경악스러운 일이지만 그 이후의 군에 의한 폭력의 행사에는 이상하다는 것마저 느끼게 된다. 이 국가에서는 초법규적인 폭력이 권력투쟁의 자웅(雌雄)을 결정하는 수단이 되어버리고 있다.

막스 베버(Max Weber)에 의한 고전적인 정의(定義)에 있는 바와 같이, 근대국가는 폭력의 독점적 관리에 대한 의사(意思)를 특징으로 삼는다(ウェーバー, 2018). 법의 집행도 그 배후에 최후 수단인 폭력이 없다면 효과에는 한계가 있다. 다만 그 폭력이 남용되면 거꾸로 통치는 난국에 빠지고 사회에 혼란을 만들어내게 되어버린다. 사려 깊게 행사되지 않는 국가 폭력은 국가에 의해 억지되고 있는 폭력과 마찬가지이거나 그 이상의 위해(危害)를 사회에 초래하게 된다(ピンカー, 2015).

2011년의 정변은 이러한 근대국가의 일번지인 폭력에 대한 관리가 이 나라(미얀마)에서 잘되지 않고 있다는 것을 우리에게 거듭 보여주었다. 민주주의의 후퇴라는 견해만으로는 지금의 미얀마를 파악할 수 없는 이유가 여기에 있다. 미얀마는 근대국가 건설의 초기 단계에서 좌절하고 있는 것이다.

도대체 왜 이 미얀마에서는 폭력에 대한 관리가 잘되지 않는 것일까?

이러한 문제의식을 염두에 두면서 미얀마의 현대사를 정리하는 것이 이 책의 목적이다. 기점은 1988년 민주화 운동의 발발이다. 거기에서부터 시작되는 군의 통치와 민주화 운동 간의 상극을 지역의 문맥과 사회과학의 일반적 시점을 모두 의식하면서 논의해 나아간다. 그 위에 2021년 정변의 이유와 그 이후의 행방을 전망해 보고자 한다.

2. 역사적 배경

그럼 본론에 들어가기 위한 일종의 준비운동으로 미얀마의 근대사와 그 속에서 형성되었던 기본 구조, 그리고 군에 의한 정치 관여의 요체를 필자 나름대로 정리해 보도록 하겠다.

국민국가란 무엇인가

미얀마라는 국가는 근본적으로 불안정하다. 이것이 모든 것의 출발점이라고 생각하기를 바란다. 그 원인은 이 나라의 성립에까지 소급되는 국가와 사회 간의 저어(齟齬, 마찰)에 있다.

우선 원리적으로 고찰해 보도록 하겠다. 국민국가란 무엇인가? 국민국가란 정치공동체(그것으로 향하는 귀속의식도 포함)인 국민과 통치를 위한 조직인 국가(여기에서는 근대적인 국가를 지칭), 그리고 이러한 것이 조합되어 사회에 질서를 부여하는 시스템이다.

국민국가를 영어로 nation-state라고 표기하는 바와 같이, 국민을 의미하는 nation과 국가를 의미하는 state를 하이픈으로 연결해 표현하기도 하는데, 양자는 집단(集團)과 기구(機構)라고 하는 본래 서로 다른 것이다. 여기에서 집단이란 국민으로서 동포라고 느끼거나 간주되는 사람의 무리를 말한다. 그리고 기구란 일정한 기준으로 출입하는 성원이 있으며 규칙에 기초한 목적을 갖고 집단행동에 패턴을 제공하는 제도를 말한다(Anderson, 1991).

국민이라는 공동체가 먼저 있고, 그 공동체의 자치로부터 국가라는 통치 기구가 생겨났다고 이해하면 안 된다. 그것은 민족주의(nationalism)가 만들어낸 신화에 불과하다. 근대국가는 그 존재론적인 의의, 즉 '왜 특정한 집단 또는 조직이 사람들을 지배해도 좋은가'에 대한 이유를 신으로부터의 수권(授權) 또는 피지배자(국민으로 한정되지 않음)의 이익에서 찾기는 해도 국민의 의사 및 그 승인으로부터 찾을 필요는 없었다. 국민국가가 탄생했던 유럽에서조차 그러했기 때문에, 식민지 지배에 의해 근대국가가 이식되었던 곳에서는 더욱더 국가가 먼저 있고 국민은 나중에 생겨났다.

그리고 점차 국가가 국민을 위해 존재하는 것이 당연한 규범이 되어간다. 이 전환을 철학자 해나 아렌트(Hannah Arendt)는 법학자 조제프 토마델로(Joseph Thomas Delos)의 용어를 이용해 '국민에 의한 국가의 정복'이라고 불렀다(アーレント, 1981).

불안정의 근원

미얀마에서 근대적인 국가에 의한 통치가 이입되었던 것은 19세기의 일이다. 이 지역을 지배해 왔던 왕조인 콘바웅(Konbaung) 왕조를 세 차례의 전쟁 끝에 폐지시킨 영국은 현재의 미얀마에 해당하는 지역을 '영국령 인도'의 동쪽 끝으로 편입시켰다. 식민주의적인 국가의 원리는 법률에 기초한 지배와 경제적 이익의 추구이다. 그것은 현지에서 장기간 존재했던 통치 원리와는 이질적인 것이었지만, 영국의 압도적인 부와 군사력이 지구의 반대쪽에서도 이질적인 통치 기구의 건설을 가능케 했다(Furnivall, 1989).

한편 국민이라는 집단의식은 주로 19세기부터 20세기에 걸쳐서 세계에 확산되었다. 극히 근대적인 현상이다. 미얀마에서 민족운동의 맹아가 나타났던 것은 1910년대의 일이다. 근대 교육의 거점인 대학이 그 기점이 되었다. 1920년대에는 민족 자치라는 이상이 주로 엘리트 사이에서 확산되었으며 그 실현을 지향하는 정당 및 사회조직이 생겨난다.

때마침 같은 무렵에 '영국령 인도' 전체에서 진전되었던 자치제도의 확대에 따라, 미얀마에서도 자치 및 독립을 요구하는 기운이 고조되었다. 하지만 영국은 자치에 대해서는 어느 정도 인정하더라도 독립을 부여할 생각은 없었다. 독립을 요구하는 사람들은 불만을 품게 된다. 그 결과, 1930년대에 들어서 젊은 정치 활동가들의 운동이 급진화·좌경화되었던 것은 불가사의한 일이 아니다. 그들은 폭력혁명을 통해서라도 기존의 지배 구조를 바꾸는 것을 지향했다. 그 대표적인 정치세력이 타킨당(Thakins,[7] 정식 조직 명칭은 '우리버마인연합(We-Burmans Association)')이다. 타킨당의 젊은 지도자가 아웅산(Aung San)이었다. 바로 아웅산수찌의 부친이다.

다만 국민 의식이 사회에 폭넓게 공유되는 데 한계가 있었다. 미얀마 사회가 언어, 문화 및 종교가 상이한 많은 민족에 의해 분단되어 있었기 때문이다. 게다가 중앙의 평야에 많은 다수파 민족인 버마족과 주변부에 많은 기타 소수민족 간에 지리적으로 거주하는 장소가 나뉘어 있었다. 또한 동북부의 샨(Shan), 그리고 북부의 카친(Kachin) 등은 통치의 효율성이라는 관점에서 영국은 간접 통치를 전개했으며 '소브와' 등으로 불리는 해당 지역의 영주가 지배력을 유지했다.

그 위에 새로운 이민이 유입된다. 이 시대에 개발이 추진되었던 남부의 에야와디 삼각주(Ayeyarwady delta) 지대는 원래 인구가 희박해 노동력이 부족했다. 식민지 정부가 이민을 장려했기 때문에 더욱 인구밀도가 높은 중국 또는 인도로부터 사람들이 이주하게 된다. 미얀마의 경우에 가장 많았던 것은 인도 남부로부터 도래한 단기 이민 노동자였는데 남성이 많았

---

7 타킨(Thakin)은 과거 버마에서 서양인들을 호칭할 때에 주인(lord)이라는 뜻으로 비공식
   적으로 사용된 용어였다. 그 이후 이 용어는 버마인들이 그들의 나라의 '진정한 주인'이라
   는 의미로 사용되었다. _옮긴이

으며 그들은 도시 지역에서 빈곤층을 형성했다. 1930년대 양곤의 인구 중에 약 절반은 그러한 이민이었다.

한편으로 상인, 대부업자 및 실업가(實業家) 등 경제적으로 성공한 사람들의 대다수도 인도 또는 중국으로부터 도래한 이민자들이 차지하게 되었다. 그 때문에 '외부'로부터 도래한 사람들에 의해 착취를 받고 있다는 의식이 현지인들 사이에서 생겨난다. 민족에 의한 자치라는 반식민지주의적인 이상뿐만 아니라, 경제 격차가 초래한 식민지 사회 내부에서의 피해자 의식 및 배타적인 사상도 또한 민족주의의 일부가 되었던 것이다.

이것은 특별히 미얀마만의 일은 아니다. 민족주의와 관련된 여러 연구가 밝혀왔던 바와 같이, 민족주의의 실태는 복잡하며 또한 모순으로 점철되어 있는 사상과 운동의 집합체이다. '우리는 누구인가'를 정의하는 것은 항상 '우리가 아닌 것은 누구인가'를 정의하는 것과 같이, 연대와 배타성을 내포하게 된다. 하물며 분단된 미얀마 사회다. 국민이라는 공동체 의식의 형성은 보통의 방법으로는 안 되었다.

독립이 가져온 위기

유럽에서 제2차 세계대전의 발발과 아시아에서 태평양전쟁의 발발이 역사를 움직인다.

1942년에 일본군이 미얀마에 침공했다. 일본군은 영국의 통치하에서 억눌려 있던 민족주의의 발로를 허용하고 때로는 선동하며 자신의 통치에 이용하고자 했다. 일본 군정 아래 및 그 이후의 대일 항쟁에서 고양된 민족주의는 일본의 패전 이후에 복귀한 영국이 억누를 수 있는 것이 아니었으며, 또한 제2차 세계대전으로 인해 피폐해진 영국에게 아시아의 광대한 식민지를 유지할 국력이 남아 있지 않았다. 독립 운동을 주도했던 아웅산은 이 기회를 놓치지 않고 일기아성(一氣呵成)[8]으로 영국 정부와의 교섭을 추진했다. 그리고 1948년 1월 4일 미얀마는 독립을 이루게 된다.

독립은 민족주의자들의 장기간의 꿈이 실현된 것이었지만, 논의를 충분히 하지 않은 채 결정을 내려 실행에 옮긴 일이었다. 게다가 핵심 인물이었던 아웅산이 독립 직전에 정적에 의해 암살되어 버린다(1947년 7월 19일). 독립을 위한 교섭에서 견인차 역할을 해왔던 인물이자 통합의 상징이 되었던 지도자를 이 신흥 독립국(미얀마)은 잃어버리게 되었다.

아웅산을 대신해 초대 총리에 취임한 우누는 양곤대학에서의 학생운동 시대부터 아웅산과 함께 걸어왔던 맹우이다. 그가 영수(領袖) 중의 한 명이었던 정당의 이름은 대일 항쟁 시기 통일전선의 명칭을 그 상태 그대로 계승했으며, 반파시스트인민자유연맹(AFPFL,[9] 버마어 약칭은 파사파라)이라고 한다. 독립 직전의 선거에서 대승을 거두고 의회에서의 안정적인 다수를 확보했다. 정권 운영을 위한 조건을 결코 나쁘지 않았다고 말할 수 있다.

그런데 정권의 수족이 될 것임에 분명한 국가기구가 참혹한 모습이었다.

　　나의 눈앞에 있는 것은 고물 자동차였다. 가솔린 탱크와 라디에이터에는 구멍이 뚫려 있으며, 타이어는 앞의 것과 뒤의 것 모두 펑크가 나 있다. 나는 한번도 운전을 배웠던 적이 없으며, 한두 차례 정도 멀리서 자동차를 보았던 적이 있을 뿐이다. 그럼에도 이 자동차를 지금부터 운전한다. 게다가 상상할 수 있는 한에 있어서 최악의 길 위를 말이다.

우누의 자전적 저작인 『토요일에 태어난 아들(Saturday's Son)』에 있는,

---

8 일을 단숨에 처리하는 것을 말한다. _옮긴이
9 영어 전체 명칭은 Anti-Fascist People's Freedom League이다. _옮긴이

당시의 국가기구를 자동차로 예로 들며 비유한 내용이다(U Nu, 1975). 이를 통해 너덜너덜한 국가의 모습은 물론이고(白石隆, 2000), 초대 총리로서 그가 받았던 압력도 또한 상상할 수 있을 것이다.

당시 미얀마는 필리핀과 나란히 동남아시아에서의 '민주주의의 우등생'으로 간주되었다. 확실히 제도 측면을 살펴보면, 독립 이후의 미얀마는 영국형 의회제 민주주의이며 시장경제를 채택하고 소수민족 지역을 배려한 연방제를 채택했다. 하지만 실제는 영국형 민주제를 가짜라고 생각한 급진파가 야당은 물론이고 여당 내부에도 다수 있었다. 또한 연방제라고 하더라도 일부 소수민족 주에는 10년 이후의 분리권이 헌법상 보장되어 있었다. 독립으로부터 1960년대 초까지의 미얀마는 모색과 혼란의 시대였다고 말할 수 있다.

폭력 분쟁과 국제 개입

이 '신흥 독립국' 미얀마는 격렬한 분쟁에 직면하게 된다. 독립으로부터 겨우 약 2개월 후인 1948년 3월에 타킨 탄툰(Thakin Than Tun)이 이끄는 버마공산당(BCP: Burma Communist Party)[10]이 무장봉기를 했다. 1949년에는 나중에 전 세계에서 가장 긴 무장투쟁을 계속하고 있는 조직이 되는 카렌민족동맹(KNU: Karen National Union)도 봉기한다. 그 이후에도 일본 군정 아래에서 동원되었던 병사가 제대한 이후의 수용체가 되었던 인민의용군(PVO: People's Volunteer Organization)이 무기를 드는 등, 독립 및 자치의 확대, 그리고 혁명을 지향하는 움직임이 잇따랐다. 군의 보병 대대가

---

10 일명 Communist Party of Burma(CPB)라고 표기되기도 하며, 1939년 8월 15일 창설되어 1953년 10월에 해당(解黨)되었으나 현재까지 은밀하게 존속되고 있는 것으로 알려져 있다. _옮긴이

통째로 공산당의 봉기에 가담하는 사태도 발생한다. 국가의 존속과 관련된 심각한 위기라고 할 수 있다.

국내 분쟁뿐만이 아니다. 당시는 냉전의 와중이었다. 미얀마를 포함한 동남아시아 대륙부(大陸部) 전체가 국제 개입에 직면했다. 1949년에는 중국에서 공산당에 패배한 국민당군의 잔당이 미얀마 동북부의 샨주에 침입한다. 당초에는 1500명 정도였던 것이 약 3년 후에 1만 명을 넘게 된다. 미얀마군이 구축(驅逐)을 시도하기도 했지만, 국민당군과는 조직, 장비, 전투경험에 역력한 차이가 있었기에 덧없이 참패했다. 결국 1960년에 제압에 성공하게 될 때까지 10년 남짓 동안에 걸쳐 국민당군의 잔당은 이 지역에 머물렀다(Taylor, 1973).

이 시기 동안에 미국 중앙정보국(CIA)이 국민당군을 비밀리에 지원했으며, 미얀마 정부에 의한 여러 차례의 항의를 받았음에도 미국이 그 지원을 중단하는 일은 없었다. 또한 미국 CIA는 내정간섭에도 열심이었으며, 미얀마 국내의 소수민족 무장 세력에 대해서 버마공산당에 대항하도록 비밀리에 자금을 제공했다.

동쪽으로 눈을 돌려보면, 당시의 인도차이나는 냉전이 아닌 열전(熱戰)의 장소였다. 베트남에서는 베트남독립동맹회(일명 베트민)와 프랑스군 사이에서 전쟁이 발발했다(제1차 인도차이나 전쟁). 라오스에서는 미국 CIA가 소수민족인 몽(Hmong)족의 게릴라 부대를 양성하고 북베트남군에 대항하도록 부추겼다. 이 상태가 계속된다면 미얀마도 '제2의 베트남' 또는 '제2의 라오스'가 되어버린다. 이러한 위기감이 미얀마군의 지도자들에게 있었다.

군의 처방전
취약한 국가와 분단된 사회, 그리고 대국의 개입을 받기 쉬운 국제 환경 속에서 1962년에 일어난 쿠데타와 그 이후 국가의 편성은 군이 집도하는 긴급 외과 수술과 같은 것이었다. 결과적으로 환자는 생명을 연장하게 된다. 즉, 국민국가의 파탄은 일어나지 않았던 것이다. 1970년대 말에는 국내 무장 세력의 다수가 국경 부근으로 내몰렸으며, 중앙에 위치한 평야 지역의 치안은 안정되어 간다. 인도차이나 삼국처럼 진흙탕이 되는 국제 개입도 발생하지 않았다.

하지만 여기에서 군의 정치 개입이 성공을 거두었다고 말하는 것은 아니다. 군이 개입하지 않았더라도 국민국가의 통합은 유지되었을지도 모른다. 또한 군에 의한 통치가 이 나라(미얀마)를 경제 정체와 국제적 고립으로 내몰았다는 것은 사실이며, 국가 통합의 대가로서는 큰 손실이었다. 여기에서 중요한 것은 그러한 희생을 치르면서도 군이 실현하고자 했던 것이 무엇이었는가를 아는 것이라고 할 수 있다. 그것이 지금도 군의 행동 원리가 되고 있기 때문이다.

1962년의 쿠데타 이래, 군이 주도했던 통치는 국민국가로서의 통합, 즉 국내 안전보장을 최우선시하는 위기관리형 통치이다. 이 통치의 핵심을 상세하게 살펴보면 다음과 같은 세 가지 기둥이 있다. 구체적으로 ① 군을 근간으로 삼는 국가의 편성, ② 사회경제의 통제, 그리고 ③ 고립주의 외교이다.

① 군을 근간으로 삼는 국가의 편성

1962년부터의 사회주의화에서 추진되었던 것은 '혁명'이라는 이름 아래에서 군의 정치 및 행정에 대한 개입과 중앙집권 국가로의 재편이었다. 네윈은 군의 기구와 장교를 사용해 통치기구 전체를 재건하고자 했다. 각 부의 장관 및 차관에 현역 군인, 퇴역 군인이 취임했을 뿐만 아니라, 내무부의 지방행정기관을 중심으로 각 부처의 간부직에 군 장교가 취임하는 인사 관행이 정착된다. 그들이 정책 과정에 영향을 미치게 됨으로써 국가 안보의 발상이 모든 정책 영역에 스며들어갔다. 한편 라이벌이 되는 정치 지도자는 정계에서 추방되었으며, 정치로부터 일정한 독립성이 기대되는 관료층 및 사법부도 군의 영향 아래에 들어가게 되었다.

② 사회경제의 통제

다음으로 분단된 사회가 정치화되지 않도록 군은 사회통제를 강화했다. 노동조합, 학생운동, 농민조합, 여성단체, 민족단체, 문화단체 등 다양한 사회단체가 관제의 것으로 교체되어 간다. 불교 승려계(상가)도 군사정권이 조직화했다. 엄격한 언론통제가 실시되고 민간 미디어는 애초에 모두 폐지된다. 나중에 부분적으로 개방되었지만 그 속도는 극단적으로 느렸다. 경제도 통제의 대상이 되었다. 사회주의 시기에는 자본의 국유화가 추진되었고 토지의 사적 소유도 부정되었으며, 계획경제화가 추진되었다. 1988년에 사회주의는 포기되었지만 그 이후의 군사정권 아래에서도 정부의 통제는 완화되지 않고 있으며 시장경제화라는 이름만 존재하는 비효율적인 경제구조가 유지되었다.

③ 고립주의 외교

마지막으로 개입의 리스크가 높은 국제 환경으로부터 자국을 방어하기 위해 대외 관계를 현저하게 제한했다. 동서 양 진영으로부터 거리를 두고 최빈국 수준의 경제였음에도 불구하고 여러 외국, 국제기관의 지원도 스스로 거절했다. 일시적으로는 쇄국이라고 불릴 정도였다. 그 이후 1970년대 후반이 되어 대외 원조가 일부 재개된 후에도 그 외교정책의 폐쇄성은 크게 변하지 않았다. 국제사회(특히 구미 국가들)로부터 고립되고 내향적이며 때로는 제노포비아(xenophobia, 외국인 혐오)라고 불리는 독특한 외교였다. 군의 위협 인식 및 안보 전략이 만들어낸 외교 자세이다.

아웅산수찌의 도전

민주화 세력, 그중에서도 아웅산수찌가 군에게 있어서 위협이었던 것은 이러한 위기관리형 통치에 정면으로 도전하는 지도자였기 때문이다.

카리스마라고 말해지는 것처럼, 아웅산수찌의 연설하는 재능과 인기는 두드러지며 유세를 할 때마다 남녀노소를 불문하고 실로 다양하고 많은 사람들이 그녀의 이야기를 듣기 위해 모여든다. 이것은 사회를 통제하고자 하는 군에게는 위협이나 다름없다. 또한 노벨 평화상을 비롯해 인권과 민주주의의 상징으로서 그녀는 자주 구미의 국가 및 단체로부터 수여받은 상과 칭송은 군의 눈에는 내정간섭으로 비추어진다.

군은 이 '위협'에 해당하는 아웅산수찌를 단속적(斷續的)으로 합계 약 15년 동안이나 되는 기간 동안 양곤의 인야(Inya)호 남쪽 기슭에 있는 자택에 연금했다. 아웅산수찌에게는 영국인 남편[11]과 두 명의 아이[12]가 런던(London)에 있으며 출국을 바랐다면 언제라도 가능했을 것이다. 하지만 한 차례 국외로 출국하게 되면 재입국은 허가되지 않을 것인 상황하에서 미얀마에 머물며 비폭력투쟁을 계속하고 있던 가운데 1999년에 남편과 사별했다.

1988년 이래 군의 통치에 대한 아웅산수찌의 도전이 미얀마의 역동성을 만들어가고 있다. 민주화 세력의 성공 스토리는 아니지만, 군에 의한 일방적이며 강권적인 지배의 역사도 아니다. 국제사회도 결부되어 있는

---

11 마이클 에어리스(Michael Aris, 1946~1999)를 지칭한다. _옮긴이

12 아웅산수찌의 두 아들인 알렉산더 에어리스(Alexander Aris, 1973~)와 킴 에어리스(Kim Aris, 1977~)를 지칭한다. _옮긴이

복잡한 역학이 존재하고 있다. 그러한 것을 풀어서 설명하면서 다음 장부터 미얀마의 정치, 경제, 외교에 대해서 논해 보도록 하겠다.

제1장

민주화 운동의 도전(1988~2011)

1988년 8월 8일, 서력으로 네 개의 숫자 8이 늘어선 날에 당시의 수도 양곤을 포함한 도시 지역에서 대규모 시위행진과 파업이 감행되었다. 참가자가 요구했던 것은 일당제의 폐지, 복수정당제에 기초한 민주적 의회의 도입, 사회주의적인 경제체제의 폐지 등, 근본적인 체제 개혁이었다.

7월 말부터 학생 활동가들이 이날의 행동을 호소했다. 당연한 일이지만 당시는 현재와는 정보 환경이 완전히 달랐다. 호소라고 하더라도 행사 관련 정보를 스마트폰으로 소셜 미디어(SNS)에 올려서 확산하면 된다는 이야기가 아니다. 호소하는 전단은 종이로 된 원고를 만들어 그것을 손으로 써서 복사하든지, 수동으로 작동하는 인쇄기로 찍어내서 인해전술로 오로지 배포한다. 성명(聲明)의 내용을 녹음한 카세트테이프가 배포된 적도 있다고 한다.

배포한다고 하더라도 이동이 애당초 간단하지 않다. 당시의 미얀마에 자가용 자동차는 거의 없었다. 가난과 수입 규제로 인해 자동차 자체가 적었다. 도로를 달리는 것은 소형 승합용 버스와 1940년대에 영국이 가지고 들어온 이후부터 부품을 계속해서 교환하며 타왔던 쉐보레(Chevrolet)가 제작한 중형 버스, 히노(日野)의 운송용 트럭, 도요타(トヨタ)의 트럭, 공용차로도 사용되는 마쓰다(マツダ)의 지프 정도였다. 오토바이도 거의 없었다. 양곤의 남쪽에 펼쳐져 있는 에야와디 삼각주 지대에서는 강과 샛강의 그물망 같은 물길을 사람과 물품이 배를 이용해 왕래하는 것이 일반적이었다. 양곤에서 제2의 도시 만달레이(Mandalay)에 이르는 600km 정도를 12시간 이상에 걸쳐서 열차를 이용해 이동하지 않으면 안 되었다.

종이에 적힌 정보는 말이 되고 입을 통해서도 전달되어 간다. 확실히 전단보다도 소문을 포함하는 구두 전달의 전파되는 힘이 강했을 것이다. 다만 구두를 통한 전달은 기억에 남기 어려우며 오류도 발생하기 쉽다. 그렇다면 이해하기 쉬운 것을 중시할 필요가 있다. 네 개의 숫자 '8'이 늘어선 1988년 8월 8일은 그러한 점에서도 유리한 것이었다.

물론 정부도 침묵하며 방관하지는 않았다. 그 직전의 8월 4일에 계엄령을 발령했다. 계엄령 아래에서는 군에게 광범위한 권한이 부여된다. 군부대 배치도 강화되었으며 양곤에서도 총기를 소지한 군인의 모습이 목격되었다. 집회도 시위도 금지되었다. 이때에는 이미 군의 탄압으로 200명 이상이 사망했기 때문에 단순한 위협이 아니라는 것은 모두 알고 있었다.

그러한 가운데 8월 8일을 맞이했다. 그날은 월요일이었다. 오전 8시 8분에 양곤의 항만 노동자가 일을 멈추고 행진을 시작하자, 금세 그 소문이 확산되었다. 양곤의 시청 청사 앞에 각 지역으로부터 시위대가 몰려든다. 오전에는 시청 청사 앞과 그 남쪽에 있는 마하반둘라(Maha Bandula) 공원에 수만 명의 군중이 모였다. 싸우는 공작새의 깃발이 펄럭였으며 아웅산 장군의 초상화를 손에 들고 있는 사람도 있었다. 국가와 군가가 제창되었고 군인들에게도 시위에 참가하라는 호소가 스피커를 통해서 이루어졌다고 한다. 만달레이, 사가잉(Sagaing), 슈웨보(Shwebo), 파테인(Pathein), 바고(Bago), 타웅우(Taungoo), 핀마나(Pyinmana), 몰라먀잉(Mawlamyaing), 베이(Bei), 다웨이(Dawei) 등 많은 마을에서도 마찬가지의 광경이었다.

이날이 상징적인 날이 되어, 지금도 1988년의 일련의 반정부 운동은 8888(시레롱, 네 개의 숫자 '8'이라는 의미)이라는 용어로 불린다. 또한 8888 이라는 단어 뒤에 '혁명'(토흘랑에 또는 아예도봉)을 붙여서 '8888혁명'으로 표현되기도 한다. 그 이후에도 정부 및 군에 대한 저항이 일어날 때마다 1988년 운동의 기억이 상기되었다. 한편으로 군 및 정부는 단순히 '소란' (아예아킹)이라고 부른다. 폭도가 일으킨 사회의 혼란으로 간주하고 있기 때문이다.

1988년에 미얀마는 크게 변화했다. 정치체제가 바뀌고 경제체제도 바 뀌었다. 그중에서도 중요한 것은 아웅산수찌가 지도자로서 등장해 민족 민주연맹(NLD)이 군의 통치에 저항하는 주류파를 형성했다는 점이다. 이 장에서는 이러한 민주화 운동의 확대, 발전, 그리고 고전(苦戰)의 과정을 살펴보도록 하겠다.

1. 1988년

찻집에서의 싸움

양곤의 시가로부터 간선도로 중의 하나인 인세인(Insein) 도로를 10km 정도 북상하면 양곤공과대학이 있다. 미얀마 최고의 공학 관련 연구 및 교육을 행하는 대학으로서 원래는 최대의 종합대학인 양곤대학의 일부였 지만, 1964년에 독립된 단과대학이 되어 현재의 부지로 이전했다. 해당 대학에는 의학교에 이어서 미얀마의 수재들이 모여들었다.

이 대학의 정문의 정면에는 산다윈(Sanda Win)이라는 이름의 찻집이 있 었다. 가게의 이름은 미얀마에서는 일반적인 여성의 이름이다.[1] 찻집이라 고는 해도 대나무로 만든 벽으로 둘러싸여 있고 마루도 없는 노출된 지면에 작은 탁자가 몇 개 있는 정도였다. 탁자 주위에는 목욕용 의자 크기 정도의 나무로 만든 의자가 있었다. 이곳에서는 라펫예[2]라고 불리는 연유가 컵의 밑바닥에 엉겨 붙어 있는 단맛의 홍차를 마시거나 메기로 국물을 우려내어 만든 면 요리 모링가[3]를 먹었다. 카세트테이프의 재생 장치가 있었고 테이프의 수도 풍부했으며 유행가가 항상 흘러나왔다고 한다.

이 찻집에서 사건이 발생한다. 1988년 3월 12일 토요일의 저녁 무렵에 남자 학생 세 명이 라펫예를 마시고 대중적인 사랑 노래로 인기를 끌었던 카이자(Kai Zar)의 테이프를 갖고 들어와 노래를 틀었다. 그곳에 술에 취한 남자들의 무리가 들어온다. 큰 소리로 말을 하는 그들도 또한 테이프를 지참하고 있었다. 그들이 듣고 싶었던 것은 사이티사잉(Sai Htee Saing)이라는 밥 딜런(Bob Dylan)에게 강한 영향을 받은 남성 가수의 노래였다.

술주정꾼은 어디에서도 그렇지만 참을성이 없다. 특히 자신들의 테이프를 틀 수 있는 순서가 돌아오지 않는 것에 그 남자들은 화를 냈다. 결국에는 큰 목소리로 자신들의 테이프를 틀라며 욕하기 시작했다. 하지만 학생들은 무시했다. 그 태도에 분개한 그 남자들 중의 한 명이 의자를 들어올려 학생들 가운데 한 명의 머리를 향해 내려쳤다. 의자로 얻어맞은 학생은 머리에서 피를 흘렸고 나머지 학생들과 술주정꾼 무리가 서로 맞붙잡고 싸움이 벌어졌다. 하지만 양곤공과대학의 허약한 학생들에게 승산은 없었기에 그 장소를 떠났다. 머리에 부상을 입은 학생을 병원으로 데려간 이후 경찰서에 사건을 신고한다. 신고를 받은 경찰관은 즉시 산다윈 찻집으로 향해 가서 술주정꾼 무리를 체포했다.

---

1   예를 들면 네윈의 딸 이름이 킨산다윈(Khin Sandar Win, 1952~)이다. _옮긴이

2   홍차 또는 녹차를 진하게 끓인 이후에 연유를 탄 미얀마의 전통차이다. _옮긴이

3   항산화 물질 등 영양소가 풍부하다는 점에서 슈퍼 푸드의 하나로 주목받고 있다. _옮긴이

그런데 그 이튿날, 체포되었던 남자들 전원이 석방되어 버린다. 학생을 나무로 만든 의자로 내려쳤던 남자가 해당 지역의 인민평의회[人民評議會, 사회주의 정권하에서 각 군(郡)에 설치되었던 '자치' 조직] 의장의 아들이었기 때문이다. 의장으로부터 실제로 석방해 달라는 요청이 있었는지 여부는 알 수 없지만, 요청이든 배려이든 부친의 지위가 석방하게 된 이유였다. 그러한 통지를 듣게 된 학생들은 의장에게 항의하기 위해 인민평의회의 사무실을 방문했다.

의장은 그들과 만나는 것을 거부했다. 사무실의 문전에서 쫓겨난 학생들은 분노해 사무실을 파괴했다. 또한 캠퍼스로 돌아와서 2000, 3000명이 참여하는 형태로 다시 인민평의회의 사무실로 향하려고 하는 도중에 '로운테잇'이라고 불리는 폭동 진압을 전문으로 하는 치안 부대가 대기하고 있었다. 치안 부대에게 돌을 던지는 학생을 향해 치안 부대는 실탄을 발포해 약 40명이 희생되었던 것으로 알려지고 있다[이상의 묘사는 주로 Lintner (1989)에 의거했다].

학생들 간의 다툼 및 그것으로부터 발전한 소동, 그리고 치안 부대에 의한 발포가 그 이후 대규모 반정부 운동의 도화선이 되었다.

충만했던 가스

이미 폭발이 일어나기에는 충분할 정도의 가스[4]가 사회에는 충만했다.

우선 네윈에 의한 독재적인 지배가 26년째가 되려고 했다. 공정과 자유를 결여한 정치에 대한 불만은 도시에서 폭넓게 공유되었다. 양곤공과대학의 학생들이 '친족이 유력자인가의 여부'에 따라 체포자에 대한 대우가

---

4 사람들의 불평불만을 지칭한다. _옮긴이

바뀌는 경찰을 향해 항의했던 것도 그것의 표출이라고 말할 수 있다.

다음으로 경제의 추락이다. '버마식 사회주의'라는 이름 아래에서의 계획경제가 막다른 길목에 직면하고 있었다. 주요 산업인 쌀의 생산이 증가하지 않고 제자리걸음을 해, 농산물 수출을 통해 자본을 축적해 공업화를 향해 나아간다는 발전의 청사진은 한참 전에 파탄이 났다. 쌀의 수출량은 1983년도의 87만t에서 1986년도에는 60만t으로 감소했다(高橋昭雄, 1998). 국유기업의 업적도 악화되었으며 대외 채무도 불어났다. 재정 핍박에 내몰린 정부는 채무 변제의 우대를 받고자 1987년 유엔(UN)에 최빈개도국(LDC: Least Developed Country)으로 인정해 달라는 신청을 해 승인받았다.

이 무렵에는 계획경제의 한계가 이미 세계적으로 알려져 있었으며, 중국의 개혁개방 노선이 시작된 것이 1970년대 말, 베트남이 시장경제화로 방향을 전환하는 도이머이(Đổi Mới, 쇄신)를 제기했던 것이 1986년의 일이다. 미얀마에서도 정부는 자유화로 방향을 전환하고자 했지만, 그것이 사태를 거꾸로 악화시켰다. 1987년 9월, 농민의 자유를 속박해 왔던 쌀의 공출제도를 폐지하고 쌀을 포함한 아홉 가지 주요 농산물의 거래 자유화에 나섰다. 공출제도와 함께 기초 소비 물자의 공급 안정을 밑받침했던 배급제도도 폐지된다. 거기에 중개인의 투기가 맞물리면서 급속한 인플레이션이 진행되었다.

인플레이션에 대해서 정부가 실시했던 대책도 또한 악수였다. 암시장에서 유통되는 자금을 근절시킬 목적으로 일부 지폐의 폐지, 이른바 '폐화(廢貨)'를 유효한 지폐와의 교환 기간을 설정하지 않은 상태에서 실시했던 것이다. 이것은 시장의 투기적인 거래에도 타격을 미쳤을 것으로 여겨지는데, 일반 시민에 미친 타격이 훨씬 컸다. 게다가 화폐제도 그 자체에 대한 신뢰를 훼손시키는 것이었다.

운동의 확대

운동의 물결은 양곤공과대학에서 학생 수가 더욱 많은 양곤대학으로 전파되어 간다. 양곤대학은 두 개의 단과대학이 통합되어 1920년에 설립된 종합대학이다. 학생 수는 양곤공과대학보다 훨씬 많았으며 비합법으로 간주되었던 학생의 정치 운동이 더욱 활발했다.

3월 16일에는 캠퍼스 안에서 학생 시위가 발생해 네윈 체제의 타도 및 혁명이 호소되는 등, 급진적인 요구가 제기되었다. 그곳으로 다시 치안 부대가 동원되어 학생들 중에 많은 사상자와 체포자가 나왔다(일명 '3월 사건'). 정부는 외출 금지령을 내리고 운동의 불길은 여기에서 일단 약해졌다. 운동이 다시 타오른 것은 우기가 시작된 6월이었다. 그 계기는 과거에 군에서 네윈의 오른팔이었던 아웅지(Aung Gyi)의 공개서한이다. 해당 서한은 전술한 '3월 사건'에서의 치안 부대에 의한 잔학한 행위를 고발하며 재조사를 하도록 정부 측에 요구하는 내용으로, 전 군 간부에 의한 고발은 학생들을 크게 고무시켰다.

양곤대학학생연맹(RUSU), 만달레이대학학생연맹(MUSU) 등 조직 명칭을 공언(公言)한 성명의 전단이 뿌려졌던 것이 이 무렵이다. 6월 중순 양곤대학 내부의 집회에는 4000명 이상의 참가자가 있었다고 한다. 또한 민코 나잉〔Min Ko Naing, 양곤대학학생연맹 총서기〕, 모티준〔Moe Thee Zun, 전국버마학생연맹(ABFSU)[5] 총서기〕 등의 새로운 학생 지도자가 탄생했다.

네윈의 사임

이에 반해서 정부는 대학을 휴교시키는 조치로 운동을 억누르고자 했

---

5   전체 명칭은 All Burma Federation of Student Unions이다. _옮긴이

지만, 학외로 시위행진의 장소가 이동하는 것을 돕게 될 뿐이었다. 이 무렵부터 일반 시민도 시위에 참가하게 되었다. 재차 정부는 치안 부대를 동원하고 양곤에는 야간 외출 금지령을 발령했다. 그럼에도 산발적으로 시위가 계속되고 있을 무렵, 예기치 않은 사태의 전개가 기다리고 있었다.

7월의 임시 당대회에서 네윈이 집권당인 버마사회주의계획당(BSPP)[6]의 의장을 사임한다는 의사를 표명했던 것이다.

독재자가 스스로 정계에서 은퇴한 것이다. 중대한 일이었다. 다만 자신의 실정에 대한 반성과 같은 것은 전혀 없었다. 네윈은 사임 연설에서 "군이라는 것은 사격할 때는 목표를 정하고 사격한다"라고 말하며 국민에게 경고를 한 뒤에, 어릴 적부터 기른 부하인 세인르윈(Sein Lwin)을 후임으로 삼았다. 이것은 학생들 및 국민에게 불만을 품게 만들 뿐이었다. 그 결과 일어났던 것이 모두(冒頭)에서 언급한 8888의 시위와 파업이다. 전국의 도시에서 연일 길거리에서 집회가 벌어졌다.

이러한 경위를 살펴보면 알 수 있는 바와 같이, 네윈을 사임해야 하는 상황으로 내몰았던 것은 학생들이다. 아웅산수찌가 아니었다. 그 때문에 당시 양곤에 체재하고 있었던 '미얀마 연구자' 이노 겐지(伊野憲治)[7]는 이날의 시위와 파업을 '8888 학생결기'라고 부른다(伊野憲治, 2018). 8888 이후에 운동은 대중에 의한 저항으로 변용되었다. 그 변용을 만들어냈던 지도자 가운데 한 명이 아웅산수찌이다.

---

6   전체 명칭은 Burma Socialist Programme Party이며, 1962년 7월 4일 창당되었다. _옮긴이
7   기타큐슈시립대학(北九州市立大學) 교수이다. _옮긴이

2. 쿠데타에서 선거로

카리스마가 드러나다

아웅산수찌가 처음으로 연설다운 연설을 했던 것은 1988년 8월 24일의 일이다. 장소는 양곤종합병원이었다. 네윈의 지명으로 대통령에 취임한 세인르윈도 14일 만에 사임에 해야 하는 상황에 내몰렸으며, 반정부 운동은 각지에서 기세를 올렸다. 첫 번째 연설을 하기 직전에는 새로운 대통령 마웅마웅(Maung Maung)의 유화책으로 인해 집회 금지령이 해제되었기 때문에, 그때까지 문서 형태로 메시지를 발신하는 것에 머물렀던 아웅산수찌의 활동은 길거리로 그 무대를 옮기게 된다.

『아웅산수찌 연설집(アウンサンスーチー演說集)』에 따르면, 그녀의 첫 번째 연설은 매우 짧다. 아마도 5분도 되지 않았을 것이다. 음성은 남아 있지 않으며 어조도 이야기하는 간격도 알 수 없지만, 당시 43세에 처음으로 정치 운동의 세계에 투신했던 것이기에 더듬거리며 비난하는 연설을 했을지도 모른다.

이때 그녀가 군중에게 호소했던 것은 다음 네 가지 사항이다. 즉, ① 자신들이 원하는 것은 견고한 연방 국가라는 것, ② 규율 아래에서 단결해 평화적으로 의사를 표현하는 것의 중요성, ③ 단결하지 못한다면 국가에 이익은 없다는 것, 그리고 ④ 국민의 힘은 크지만 그것은 진리(āhmantāya)에 의해 통제할 필요가 있다는 것이다. 평화, 규율, 단결, 진리가 모두 필요하다는 것이다. 이것은 그 이후 아웅산수찌의 연설을 논하는 데 있어서 빼놓을 수 없는 핵심어이다(アウンサンスーチー, 1996).

그런데 당시에 그녀가 양곤에 있었던 것은 완전히 우연이었다. 1960년 모친〔킨치(Khin Kyi)〕이 주인도 대사로 취임하게 됨에 따라 뉴델리(New Delhi)로 생활의 거점을 옮기고 현지의 고등학교와 대학을 다닌 이래, 생활의 기반은 항상 해외였으며 주로 영국에서 그녀는 생활을 했었다. 티베트 및 히말라야 문화의 연구자인 영국인 마이클 에어리스(Michael Aris)와 1972년에 결혼해 알렉산더(Alexander Aris)와 킴(Kim Aris)이라는 두 명의 아들을 낳았다. 결코 드물지 않은, 외국에서의 생활이 긴 개도국 출신의 엘리트이다.

1985년 10월부터 약 9개월 동안 그녀는 일본 교토대학(京都大學)의 동남아시아연구센터(당시)에 객원연구원으로서 체재했다. 당시의 관계자와 이야기를 해보더라도 장래에 그녀가 정치 지도자가 될 것이라고 상상한 사람은 없었다. 그 이후 영국에서 런던대학 대학원의 박사과정에 입학했는데 본격적인 연구 생활에 들어가기 전에 양곤에서 살고 있던 모친의 건강이 악화되었다. 1988년의 일이다. 그녀는 모친을 간병하기 위해 '고향' 양곤으로 돌아왔다. 양곤에서 생활하게 된 것은 약 30년 만의 일이었으며, 그 타이밍에 때마침 학생들에 의한 반정부 운동이 고조되는 양상을 보였던 것이다.

당초에 현지 사회로부터는 다소 공중에 떠 있는 존재였던 듯하다. 양곤대학의 부지는 아웅산수찌의 집에서 1km 정도가 떨어져 있는 매우 가까운 곳이지만, 그녀가 귀국했다는 사실은 알려지지 않았다. 그녀가 양곤에 있다는 것을 많은 사람들이 알게 된 것은 '순교자의 날'[8](7월 19일, 아웅산 등 1947년에 암살된 지도자들을 추모하는 날) 기념식에 참석한 모습을 국영 TV 및 그 이튿날의 국영 신문이 전했기 때문이다. 네윈의 사임으로 기세를 올리고 있던 학생들은 자신들의 목소리를 대중의 목소리로 바꾸어줄 지도자를 필요로 했으며, 그녀가 운동에 참가하는 것을 바랐던 것은 전혀 불

---

8   영어로 Martyrs' Day라고 표기된다. _옮긴이

가사의한 일이 아니었다. 아웅산수찌는 학생들의 요청에 응한다.

NLD의 결성

독재의 말기 증상을 명백하게 보였던 정부가 실정에 실정을 거듭해 시민과 아웅산수찌가 일어선 가운데, '결국 민주화가 진전될 것인가'라는 기대감이 확산되었던 무렵에 일어났던 것이 군에 의한 쿠데타였다.

1988년 9월 18일 소마웅(Saw Maung) 군 최고사령관이 정권 장악을 발표하고 최고의사결정기관으로서 군 간부로 구성된 국가법질서회복평의회(SLORC)를 결성했다. 법질서(法秩序, 영어: law and order, 버마어: 네잉와피피아무)라는 용어가 시사하는 바와 같이, 그 첫 번째의 목적은 치안의 안정이었다.

당시에 양곤의 여러 지구가 바리케이드에 의해 봉쇄되었다. 정부 직원을 내쫓고 자치를 실시하는 지구도 있었다. 국가권력을 장악한 군은 약 2주일 동안에 그러한 저항을 일소한다. 실탄의 발포도 포함한 탄압으로 쿠데타가 발생하기 이전의 시기를 포함하면 약 3000명이 희생된 것으로 알려져 있다. 동시에 군은 복수정당제의 선거를 약속했다. 그것이 민주화운동에 대한 탄압과 함께 추진된다면 액셀과 브레이크를 동시에 밟는 것과 같다. 그럼에도 군에 의한 선거 약속은 커다란 변화였다. 1964년 이래 금지되어 왔던 정치 정당의 조직화가 허가되고 정치 참여를 확대시킬 수 있는 기회가 되기 때문이다.

선거 실시의 약속에 따라 쿠데타가 발생한 날로부터 10일 후인 1988년 9월 27일에 NLD가 아웅산수찌, 아웅지, 틴우(Tin Oo)[9] 등 세 명을 중심으

---

9   우틴우(U Tin Oo)라고 표기되기도 한다. _옮긴이

로 결성되었다.

결성인들 중의 한 명인 아웅지는 전술한 바와 같이, 1950년대에 군에서 네윈의 오른팔이었던 인물이다. 군 내부에서는 온건파였으며 급진적인 사회주의화에 반대했기 때문에, 네윈과의 사이에 골이 생겨나고 1963년에 실각했다. 또 한 명인 틴우는 네윈의 다음 세대에 중심적 지도자로서 주목을 받았던 군인이다. 1974년에는 최고사령관에 취임했지만 그로부터 3년 만에 실각한다. 반역죄로 유죄를 받고 복역했으며 1980년에 사면을 받고 풀려났다.

아웅산수찌 및 틴우는 각각 전 군인 또는 동료를 당에 끌고 들어왔으며 아웅산수찌는 저명한 저널리스트인 윈틴(Win Tin)을 포함한 문민 세력을 결속시켰다. 즉, 실각한 군의 전 최고 간부 두 명과 아웅산수찌가 손을 잡고 결성한 것이 NLD였다.

거기로부터 NLD가 국민의 광범위한 지지를 얻는 정당이 되고 학생 주체의 반정부 운동이 국민적인 대중운동으로 발전했던 것은 한마디로 아웅산수찌의 힘에 의한 것이다. 뛰어난 연설 능력, 타고난 용모와 자태, 독립 영웅을 부친으로 갖고 있다는 가족적 배경, 그리고 위험을 불사하는 적극적인 지방 유세가 그 이유이다. 이념보다도 우선 아웅산수찌라는 '얼굴'이 만들어졌던 운동인 것이다.

1990년 총선거

군은 급속하게 확대되는 아웅산수찌에 대한 지지를 경계하며 1989년 7월 20일, 당수인 틴우와 서기장이었던 아웅산수찌를 국가방어(防御)법 위반으로 체포하고 가택 연금 아래에 두었다. 당 간부가 부재한 상태에서도 NLD는 선거에 참가하기로 결정한다.

1990년 5월 27일에 93개의 정당, 2297명의 후보자가 전국 492개의 선거구에서 의석을 놓고 경쟁했다. NLD가 80%를 넘는 의석을 획득하며 승리한다. 압승이었다. 특히 관구(管區)라고 불리는 버마족(전체 인구의 약 70%를 차지)이 다수를 차지하는 지역에서는 거의 모든 의석을 NLD가 획득했다. 군은 민주화 운동의 지도자들을 구속할 수는 있어도, 사람들의 투표 행동을 통제할 수 없었던 것이다.

그런데 미얀마 역사에 커다란 화근을 남기는 사건이 그 이후에 일어난다. 군이 선거 결과를 인정하지 않았던 것이다. 왜 인정하지 않았던 것일까? SLORC에 의한 설명은 다음과 같다.

선거 이후의 의회 소집과 정권 이양에 대해서 위법적인 배포물 및 외국 미디어에 의한 선동이 계속되고 있다. 하지만 의회는 헌법이 있고 나서야 비로소 존재할 수 있기 때문에, 지금 필요한 것은 새로운 헌법이다. 다민족국가인 미얀마에 있어서 새로운 헌법은 많은 민족의 바람과 생각을 고려한 것이 되지 않으면 안 되며, 국민의 대표는 헌법을 기초할 책임을 갖는 사람들이어야 한다.

요컨대 새로운 헌법의 제정이 먼저이고 그것을 기초하는 과정을 관리할 수 있는 것은 불편부당한 자신들 군이라는 것이다. 그 이후 헌법을 기초하기 위한 회의체인 국민회의가 설치되었다. 군은 전술한 내용을 기록한 '포고 1/90'을 승인하는 서명을 하지 않는다면 정당 등록을 말소시키겠다고 각 정당에게 압력을 가했다. 반정부 운동에 대한 탄압이 있었던 때로부터 겨우 2년 이후의 이야기이므로 위협이 아니라는 것은 명백하다. 게다가 저항의 상징이 된 것이 분명한 아웅산수찌는 가택 연금 아래에 있다. NLD는 국민회의에 참가하는 것을 받아들이지 않을 수 없었다.

3. 탄압 속의 저항

아웅산수찌의 허상과 실상

1991년에 아웅산수찌의 '미얀마의 인권과 민주주의의 확립을 위한 비폭력 투쟁'에 관해 노벨 평화상이 수여되고, 아시아의 소국에서 일어나고 있는 정치투쟁에 세계의 관심이 모이는 계기가 된다. 유창한 영어를 구사하고 또한 많은 사람들로부터 지지를 받는 카리스마적인 여성이 권위적이며 대단히 부권주의적인 군대와 대치하고 있는 모습은 이해하기 쉬우며 드라마틱했다. 순간적으로 그녀는 세계, 그중에서도 구미 국가들에서 민주주의와 인권의 아이콘이 되었다.

노벨 평화상을 수상하게 된 이유에 있는 바와 같이, 그녀의 정치 활동에서의 기본 전략은 비폭력주의이다. 장기간 아웅산수찌의 사상을 연구해 왔던 역사가 네모토 게이(根本敬)[10]에 따르면, 그 비폭력주의의 원점은 '공포로부터의 자유', 즉 "한 사람 한 사람이 공포를 물리치고 이겨내는 노력을 행해야 한다"는 의무에 있다고 한다. 두려워하지 않는 마음을 모두가 갖는 것에 의해 군사정권을 물리치고 승리한다는 투쟁관이다.

또한 목적과 수단, 쌍방에 올바름을 요구하는 것도 그 특징이라고 할수 있다. 이러한 올바른 목적이 민주주의이며, 민주주의라는 목적에 있어서 올바르지 않은 수단이 폭력이 된다. 폭력뿐만 아니라, 군사정권에 대한 개발원조 및 기업에 의한 투자도 또한 올바르지 않은 수단으로 간주되

10　일본 조치대학(上智大學) 교수이며, 주요 저서로 『아웅산수찌의 버마: 민주화와 국민 화해를 향한 길(アウンサンスーチーのビルマ: 民主化と國民和解への道)』(岩波書店, 2015), 『'아웅산수찌 정권'의 미얀마: 민주화의 행방과 새로운 발전 모델('アウンサンスーチー正權'のミャンマー: 民主化の行方と新たな發展モデル』(共編, 明石書店, 2016) 등이 있다. _옮긴이

었다(田辺壽夫·根本敬, 2012).

여기에서 주의가 필요한 것은 영어를 중심으로 하는 국제사회에서의 이미지와 미얀마에서 그녀가 버마어로 말하는 유세의 핵심 사이에 차이가 있다는 점이다.

아웅산수찌의 연설집을 정리한 이노 겐지에 따르면, 군사정권 아래에서의 그녀의 연설 가운데 40%는 '서구의 근대적인 민주주의, 인권 개념, 국민의 권리 및 의무의 관계 등'에 관한 것이다. 이것은 의외의 일은 아니지만 거의 마찬가지의 비중을 '인권으로서의 존재 양식 및 생활 방식에 관한', '도덕론적인 주장'이 차지하고 있다는 것은 별로 알려져 있지 않다(伊野憲治, 2018).

그녀의 연설은 종종 사람들의 행동을 나무라며 논하는 설법을 취하고 있다. 정신의 존재 양식 또는 모럴을 대단히 중시한다. 예를 들면, 혁명이라는 목표도 권력을 전복시키는 사회변혁으로서뿐만이 아니라 '정신의 변혁'으로서도 파악된다. "우리의 혁명이라는 것은 정신의 혁명이다. 왜냐하면 자기 자신의 마음을 바꾸지 못하면서 자신의 주위 상황을 변화시키는 것 따위는 불가능하기 때문이다"라는 것이다(伊野憲治, 2018). 또한 불교 용어가 많이 사용되고 있다. 진리를 의미하는 '아만타야'의 실천을 제창하고 민주주의 및 인권에는 규율(시칸)과 자비(미타)가 없으면 안 된다고 해석한다.

불교적인 세계관 및 모럴의 관점에서 개인의 내면과 행동을 바로잡음으로써 민주주의가 생겨난다는 발상이다. 여기에 그녀가 지니고 있는 민주주의관의 핵심이 있으며 미얀마 국민으로부터 지지를 받는 이유도 있다고 할 수 있다. 민족적·계급적·언어적으로 분단된 사회에서 한 사람 한 사람의 마음/정신의 도야(陶冶)로부터 민주주의를 제창하는 담론은 친근하며 알기 쉬운 것이다.

이따금씩 하는 농담, 또는 머리카락에 꽂혀 있는 생화, 언제나 곧게 편 등허리, 그런 모습이 설법의 권위적인 요소를 중화시키는 효과가 있었던 것처럼도 보인다. 나이가 들어감에 따라 그녀를 '아메 수'(수 엄마)라고 친근감을 가미해 부르는 사람들도 늘어났다. 현지에서 아웅산수찌가 갖고 있는 힘의 원천은 미얀마 사회의 정신적 토양 속에 있었던 것이다. 그녀에 대한 국제적인 지지는 이러한 본고장에서의 맥락과는 다소 동떨어진 상태에서 형성되었다.

당연히 그녀의 담론에도 약점은 있다. 민주주의는 본래 정치적인 올바름에 관한 이념임과 동시에, 개인의 자유와 집단 내부의 질서를 양립시키는 틀이기도 하다. 가치관의 차이 또는 이해를 전제로 한 위에 그 차이를 평화적으로 조정하는 수단이다. 그런데 제도에 대한 아웅산수찌의 관심은 일관되게 박약하다. 그 때문에 이념이 먼저 내달리는 이상주의로도 보였다.

탄압 속의 존속
군의 요구를 받아들이고 군의 주도하에서 헌법을 기초하는 장(場)인 국민회의에 참가한 NLD였지만, 1993년 1월의 개최 직후부터 회의는 분규에 휩싸이게 된다. NLD와 소수민족 참가자에 의한 반대가 연이어졌으며 여러 차례 의사(議事)가 중단되었다. 그럼에도 사무국은 강제적으로 기초 작업을 추진했다. 통치기구를 대통령제로 삼고, 대통령의 자격에 군사 경험이 있어야 하고 아울러 배우자 및 아이가 외국 국적을 갖고 있지 않아야 한다는 것도 포함되는 등, 아웅산수찌를 배제하려는 자세가 선명했다.

한편으로 기초 작업과 병행해 추진했던 것이 아웅산수찌와 군정 간부 간의 '대화'였다. 1994년 9월 20일에 아웅산수찌와 SLORC 의장인 탄슈웨 간의 회담이 실현되었다. 이 회담을 준비했던 것은 킨뉸(Khin Nyunt) 중장이다. 킨뉸은 군 정보부의 수장으로 SLORC의 제1서기를 맡고 있던 최고 간부 중의 한 명이었다. 헌법을 기초하는 것에 맞추어 국제사회에 민주화 세력과의 대화를 보이는 것이 킨뉸의 의도였으며, 군에게 유리한 헌법을 통해 민주화 세력을 편입시킴으로써 국제적인 승인을 얻는다는 계획이 있었던 것으로 여겨진다.

1995년 3월에 NLD 당수 틴우와 간부인 치마웅(Kyi Maung)을 가택 연금에서 해방하고, 나아가 7월에는 아웅산수찌를 해방시켰다. 이 조치는 NLD의 자세를 연화(軟化)시킬 것이라고 군사정권 측은 기대했다. 하지만 그렇게 되지는 않았다. 거꾸로 NLD의 기세를 올라가게 만들었다.

1995년 11월에 군사정권의 헌법 기초에 저항하며 NLD 대표(86명)가 국민회의에 대한 보이콧을 결정했다. 이에 대해 군은 NLD 대표를 국민회의에서 추방했다. 그 이듬해에는 '포고 5/96'을 공포하고 국민회의에 대한 비판 및 방해에 최고 20년의 금고형을 부과하도록 만들었다. 그로부터 당원이 각지에서 체포되었다. 그 수는 약 1000명에 달했으며 체포당할 것을 두려워해 탈당하는 사태가 연이어 발생했다.

이러한 사태에 직면한 NLD는 전략을 더욱 급진화시켜, 1998년 9월 16일에 인민의회 대표위원회(CRPP)[11]를 조직했다. 1990년 선거에서 당선되었던 의원 215명이 집권당을 NLD 의장 아웅슈웨(Aung Shwe)와 서기장 아웅산수찌에게 위임한다고 선언하며 설립된 병행 정권(竝行政權)이다. 이것은 국민의회를 통해 군과 화해하는 시나리오를 거절하는 것이나 다름없었다.

그리고 2000년 9월에 아웅산수찌는 다시 가택 연금을 당하는 상황에

---

11 전체 영어 명칭은 Committee Representing the People's Parliament이다. _옮긴이

처했다. 한 달 전인 8월 말에 양곤의 남쪽에 있는 달라(Dala)에서 예정되었던 유세가 저지당했을 때, 그녀가 자동차 안에서 농성을 계속했기 때문에 경찰에 의해 자택으로 되돌려 보내졌다. 그 직후에 지방에서 유세하겠다는 의사를 기자회견을 통해 다시 표명했고 군사정권이 재차 연금을 결단했던 것이다. 이 연금은 2002년 5월 5일까지 계속된다.

2002년의 해방 이후에도 아웅산수찌는 예의 도전적인 자세에서 물러서지 않았다. 기자회견을 할 때마다 군사정권을 비난하고 구미의 제재를 지지했으며, 원조와 투자를 계속하고 있는 일본 정부 및 기업이 비판받은 적도 있었다. 그러한 와중에 커다란 사건이 발생한다.

2003년 5월 30일 미얀마 북부의 사가잉 관구에 있는 데페인(Depeyin)[12]에서 유세하는 도중이던 아웅산수찌의 차량 행렬을 폭도가 습격한다. 아웅산수찌는 무사했지만, 타고 있던 자동차의 차체가 움푹 들어가 일그러졌으며 동행했던 당원들 중에 상당수의 희생자가 나왔다(일명 '데페인 사건'). 당시 미얀마 중앙부의 치안 상황은 좋았기에, 정체불명의 폭도가 자발적으로 조직되어 아웅산수찌의 차량 행렬을 습격했다고는 생각하기 어렵다. 군의 대중 동원 조직인 연방단결발전협회(USDA)[13]의 구성원이 습격했다고 알려져 있으며, 당연히 그 배후에는 군 간부로부터의 지시가 있었을 것이다.

보호한다는 명목 아래 정부에 의해 구속된 아웅산수찌는 양곤으로 송환되었다. 그 이후 국가방어법 위반으로 유죄 판결을 받고 가택 연금을 당한다. 이 세 번째의 연금 기간은 길었다. 그 이후 해방될 때까지 약 7년

---

12 Debayin 또는 Tabayin 등으로 표기되기도 한다. _옮긴이

13 전체 영어 명칭은 Union Solidarity and Development Association이다. _옮긴이

6개월이 걸렸다.

살아남은 이유

이렇게 살펴보면, NLD는 줄곧 열세였다는 것을 알 수 있다. 당시에는 아웅산수찌의 이름을 공적인 장소에서 입 밖으로 꺼내는 것도 꺼려졌다. 정부가 당원의 가족을 괴롭히는 일도 있었다.

당원이 공무원이라면 승진은 바랄 수 없었다. 아무리 아웅산수찌와 NLD를 지지하더라도 신변의 위험 및 불이익이 있는 가운데 행동으로 그 것을 보여주는 시민은 매우 소수였다.

그렇다고 한다면 여기에서 의문이 제기된다. 아웅산수찌는 장기간 가 택 연금의 상황 아래에 있었기에 당의 운영에 관여할 수 없었다. 간부 중 에서도 가택 연금 또는 장기간 투옥을 당했던 사람이 적지 않다. 일반 당 원도 감시와 탄압의 대상이 된다. 합법적인 정당이기는 했지만, 활동이 정지되는 상황에 내몰리더라도 이상한 일이 아니었다. 아무리 아웅산수 찌의 사상이 뛰어나도, 또한 아무리 국민으로부터 인기가 있다고 해도 조 직이 없다면 그 영향력에는 한계가 있다. 어떻게 NLD는 당 조직으로서 살아남은 것일까?

결당 이래의 멤버이자 원로의 존재로서 NLD의 역사를 책으로 펴냈던 모 니와아웅신(Monywa Aung Shin)이 필자에게 말했던 설명은 다음과 같다.

NLD의 간부 중에는 결성 당초부터 지식인 그룹과 전 군인 그룹이 있었 으며, 각각 특색이 있다. 전자는 사상과 투쟁심은 있지만 협조성이 결여 되어 있으며, 후자는 사상은 없지만 조직을 유지하는 능력에 장점이 있었 다. 군은 문민 당원에 대해서는 가차 없이 체포해 형무소로 보냈지만 일 부 군 간부 출신자에게는 온정을 보였다. 그 덕분에 아웅슈웨(준장 출신으 로 장기간 NLD의 의장을 맡음), 르윈(군 정보부장 출신으로 사회주의 시대에는 부총리를 역임)이 당 본부에 남을 수 있었다. 그들이 아웅산수찌가 없는 동안에도 NLD를 조직으로서 존속시켰다. 아웅산수찌가 가택 연금에 처해 있던 시기에 그들의 생존 전략은 단지 하나였다고 생각된다. 최대한 일을 악화시키지 않도록 활동을 삼가는 것이다.

이러한 모니와아웅신의 설명은 과녁을 맞힌 것과 같은 것으로 생각된다. NLD의 존속은 정(靜, 정지)과 동(動, 움직임)을 조합시켰으며, 움직임은 오로지 아웅산수찌가 담당했다. 그녀의 카리스마와 지도력 없이는 계속될 수 없는 정당이다. 한편 정지의 부분도 또한 주요했다. 아웅산수찌가 부재한 가운데 과격화시키지 않고 다만 존속시키도록 하기 위해서 당 조직을 운영하는 것이다. 그 역할을 담당했던 것은 군의 행동 원리를 잘 알고 있고 아울러 군이 '어느 정도 사정을 봐주는' 전 군 간부들이었다.

국경의 학생 활동가들과 제3세력

NLD는 1988년 이래 미얀마의 민주화 운동에서 주류파를 형성했다. 아웅산수찌의 존재와 1990년 총선거에서의 승리라는 사실이 그 존재감을 확고한 것으로 만들었다. 군사정권과 대립했지만 그 기본자세는 비폭력주의이며, 지향하는 목표가 민주화였다고 하더라도 군의 존재를 부정하는 것은 아니었다. 아웅산수찌가 거듭해서 추구했던 것은 '창설자'인 부친 아웅산이 지향했던 군으로 회귀하는 것이었으며, 전면적인 대결은 아니었다.

이것에 만족하지 못하고 더욱 급진적인 혁명을 지향하는 사람들도 있었다. 일부 학생 활동가들이다. 그들/그녀들은 태국 국경 지대로 도망쳐서 1988년 11월에 버마학생민주전선(ABSDF)[14]을 결성했다. 카렌민족동맹(KNU)의 지원을 받아 중국, 인도의 국경에서 전투하는 학생들도 통합하며 군에 대해서 무장투쟁을 계속했다.

하지만 그 세력은 점차 쇠퇴해 간다. 한 가지 이유는 군이 학생운동을 거의 괴멸 상태에 내몰았기에 그것을 추종하는 청년이 격감했기 때문이다. 학생운동을 궤멸시키는 수단은 강제적이었는데, 군은 대학 그 자체를 폐쇄시켰다. 1997년부터 2000년까지의 일이다. 대학이 재개된 이후에도 학생운동의 거점이었던 양곤대학 및 만달레이대학에서는 학생 수가 많은 학부의 학생은 교외의 대학에 소속되었다. 예를 들면 양곤 교외에 있는 다곤대학(Dagon University, 소속된 학생 수가 전국에서 가장 많음)은 양곤의 시가에서 버스로 1시간 이상이 걸리며, 해당 대학의 구내를 가까운 곳에 있는 농가의 소들이 지나다니는 시골 가운데에 있다.

이러한 급진적인 학생들과는 반대로 현실주의를 지향하는 세력도 출현한다. 그들은 '제3세력'이라고 불렸다. 중심이 된 인물은 네윈마웅(Nay Win Maung)이다〔아래에서 언급되고 있는 그의 경력은 タンミンウー(2021)에 의거했다〕.

네윈마웅은 1962년에 핀우르윈〔Pyin U Lwin, 당시에는 메묘(Maymyo)〕에서 출생했다. 핀우르윈은 군 관련 시설이 모여 있는 장소이며 식민지 시기에 피서지로 발전한 마을이다. 네윈마웅의 부친은 이곳에 있는 사관학교의 교원이었다.

그는 우수한 성적으로 의학교를 졸업한 이후 의사는 되지 않고 비즈니스의 세계로 전향했다. 1990년대 초는 때마침 미얀마의 시장경제화가 시작되고 있던 무렵이었다. 목재를 취급하는 사업부터 시작해 1997년에 잡지 ≪리빙 컬러(Living Colour)≫를 창간했다. 비즈니스 정보 및 생활양식

---

14 전체 영어 명칭은 All Burma Students' Democratic Front이며, 전체 인원은 600~1000명으로 추정되고 있다. 한편 탄케(Than Khe) 버마학생민주전선 의장은 한국을 방문해 2022년 5월 25일 대구 경북대학교에서 '버마의 민주화운동과 버마학생민주전선'을 주제로 열린 포럼에 참석해 미얀마의 민주화를 위한 국제사회의 관심과 지원을 호소했다. _옮긴이

(life style), 해외 정보를 다루었던 월간지이다. 당시의 미디어 산업은 언론 통제가 조금씩 완화되는 가운데 확대된 영역(frontier)이었다. 다만 동시에 정부의 통제가 있었기에 신경을 써야 하는 사업이기도 했다. 그러한 사업을 그가 추진하게 되었던 것은 사업가 마인드는 물론이고, 사관학교의 교원이었던 부친이 갖고 있던 군 장교와의 넓은 커넥션이 사업을 지켜주었기 때문이기도 했다. ≪리빙 컬러≫는 성공을 거두었고 사업계, 예능계 및 국제사회에 넓은 인맥을 형성하는 것을 도왔다.

네윈마웅이 비즈니스로부터 정치 활동에 관여하게 된 계기는 2004년에 미국 예일대학(Yale University)의 펠로[15]로서 4개월 동안 비교정치학을 배웠던 경험이었다. 그로부터 머지않아 ≪보이스(Voice)≫, ≪포린 어페어스(Foreign Affairs)≫ 등의 주간 저널을 발행해, 사업의 폭을 확대시키는 것과 함께 2006년에는 싱크탱크인 '미얀마 이그레스(Myanmar Egress)'를 조직해 청년들에 대한 교육 활동 및 계몽 활동을 추진했다.

활동의 숨은 의도는 젊은 세대의 마인드 세트를 바꾸어 내부로부터 사회변혁을 촉진시키는 것이었다. 해외에서 살고 있는 미얀마 사람들과 구미의 지식인을 서로 연결하는 네트워크도 '미얀마 이그레스'의 강점이었다. 이러한 네트워크에서 얻은 정보를 편지 및 사적인 대화 가운데 군사정권 관계자에게 전달한 적도 있었다고 한다. 군사정권과도 공존하면서 내측으로부터 바꾸어 나아가는 제3세력의 전략이었다. 이 제3세력은 군사정권을 바꾸지는 못했지만, 그럼에도 여기에서 그들에 대해 언급하는 것은 민정 이양이 이루어진 이후 새로운 정권에서 중요한 역할을 수행했기 때문이다(이와 관련된 상세한 내용은 제3장을 참조하기 바란다).

---

15 구체적으로 '예일 월드 펠로스 프로그램(Yale World Fellows Program)'에 참가했다. _옮긴이

2007년의 반정부 운동

2007년의 대규모 반정부 시위에 대해서도 다루어보도록 하겠다. 이 운동은 특정한 조직이라기보다도 불만과 저항이 자발적으로 일어나 대규모의 집단행동으로 연결된 것이었다.

직접적인 원인은 역시 경제이다. 신흥국에서의 수요 증대가 주요 원인이라고 하는 원유의 국제가격 상승으로 인해 원유를 수입에 의존하고 있는 미얀마에서도 수송비가 올라가고 물가의 상승을 초래했다. 가솔린의 공정가격은 1.6배, 경유는 2배, 천연가스는 5배가 올라갔다.

이러한 공정가격의 인상에 대해서 학생운동의 전 지도자였던 민코나잉이 이끄는 작은 집단이 차도를 걸었다. 단지 걸을 뿐이었다. 플래카드도 소지하지 않았으며 구호도 외치지 않았다. 이들이 갖춘 것은 모든 사람이 흰색 셔츠를 맞춰 입은 정도였다. 버스 요금이 올라가 버스조차 타지 못하므로 걸을 수밖에 없다는 것을 호소했던 것이다.

이 정도의 항의도 군사정권은 허용하지 않았다. 그리고 관계자들이 체포되었다.

그것에 승려들이 목소리를 내며 항의함으로써 예기치 않았던 사태의 전개로 연결되어 간다. 11세기부터 13세기의 불탑 유적으로 알려져 있는 파간(Pagan) 북동쪽에 있는 중부의 마을 파코쿠(Pakokku)에서 구속당한 전 학생 활동가의 석방 및 물가 인하를 요구하며 승려들이 불경을 읽으면서 길거리를 행진했다. 정부는 군부대를 투입해 승려 약 10명을 체포했다. 병사들은 체포할 때에 폭력을 휘둘렀다. 나무줄기로 승려를 묶었다는 소문이 퍼지자, 불교를 매우 중시하는 미얀마 사회에서 전국적인 스캔들이 되었다.

도시 지역을 중심으로 승려를 주체로 군에 항의하는 의사를 보이는 행진이 확대되어 간다. 자비경(慈悲經, 메타 수타)을 제창하며 걷는 모습은 시위의 행진이라기보다는 기도(祈禱)의 행진이었다. 승려들 주변을 일반 시민들이 손을 잡으며 '인간 띠'를 잇는 것이 정형(定型)이 되었다.

젊은 견습승(見習僧)도 포함되어 있었는데, 승려는 미얀마에 30만 명 이상(남성 인구 100명 중에 1명 이상)이 있는 것으로 알려져 있는데, 이때처럼 길거리를 사프란색의 가사(袈裟)[16]가 꽉 메웠던 광경을 보았던 사람은 없을 것이다. 그 때문에 '사프란 혁명(saffron revolution)'이라고도 불린다. 미얀마 전국 25개의 지역에서 승려와 일반 시민을 합쳐서 수십만 명이 반정부 운동에 참가했던 것으로 알려져 있다.

승려들이 호소한다면 군도 행동을 바꾸지 않을까? 갑자기 기대감이 높아졌지만 곧 그 기대감의 취약성을 우리들은 깨닫게 된다. 군은 실탄 발포를 포함해 탄압을 강화했으며 승려에 대한 폭력 및 구속, 불상과 시설에 대한 파괴, 금품의 강탈마저 보고되었다. 일련의 탄압에 의한 사상자 수는 병사에게 총격을 당했던 일본인 저널리스트[17]도 포함해 150명이 넘었던 것으로 간주되고 있다.

교착의 끝

2010년 11월 13일에 군사정권이 주도했던 선거(11월 7일)로부터 1주일 이후에 아웅산수찌가 가택 연금에서 해방되었다. 이미 군사정권 주도 아래 민정 이양의 준비가 정돈된 이후의 일이다. NLD는 2010년 선거를 보이콧했으며 군사정권의 주도로 기초되었던 2008년 헌법을 인정하지 않는다고도 발표했다(일명 '슈웨곤다잉(Shwe Gone Daing) 선언').

---

16 승려가 입는 옷을 지칭한다. _옮긴이
17 당시 사진기자로 활동했던 나가이 겐지(長井健司)를 지칭한다. _옮긴이

나중의 2016년 11월에 아웅산수찌가 일본 교토대학을 방문했을 때, "당신의 인생에서 가장 어려웠던 결단은 무엇이었습니까?"라는 학생의 질문에 대해서 아웅산수찌는 2010년 선거의 보이콧이었다고 답했다. 자신의 카리스마에 의존했던 당 조직의 취약성을 고려해 보면 대결 자세를 보이는 것으로는 한계가 있었다. 군 및 새로운 정권과 대치하더라도 승산이 없는 가운데, 새로운 정권을 국제사회가 받아들인다면 투쟁은 갈수록 불리해진다. 민주화 운동이 잊히게 될 것이라는 불안감도 있었을 것이다. 해방된 아웅산수찌가 결단에 내몰렸던 것은 이제까지 해왔던 대로 투쟁을 계속할 것인가, 군사정권의 색채가 남아 있는 새로운 정권에 다가설 것인가를 놓고 고뇌해야 하는 어려운 선택이었다.

이 선택의 결과는 제3장에서 검토하고 있다. 그 전에 다음 장에서는 군사정권의 실태를 살펴보도록 하겠다. 군은 어떻게 국가와 경제를 재편했는가? 그 원리와 체제 존속의 메커니즘을 밝혀보도록 하겠다. 다양한 평가가 있다고 하더라도 미얀마라는 국가의 질서를 만들어왔던 것은 군이다. 군에 의한 통치를 알지 못하면 현대 미얀마를 이해하는 것은 불가능하다.

제2장

군사정권의 강권과 정체(1988~2011)

2007년 7월, 필자는 미얀마를 방문했다.

만달레이는 미얀마 제2의 도시이며 최후의 왕조였던 콘바웅 왕조가 왕도(王都)로 삼았던 곳이다. 지금도 만달레이 언덕을 배경으로 왕궁 유적이 있으며 거기로부터 사방 2.5km의 해자(垓字)가 에워싸고 있다. 제2차 영국·미얀마 전쟁에 승리한 영국은 왕조를 폐지하고 왕[1]을 인도의 라트나기리(Ratnagiri)에 유폐시켰으며, 왕궁도 파괴하고 해자 안쪽에 군의 병사를 세웠다. 지금은 관광용으로 복원된 왕궁이 있으며 그 주위에는 미얀마 군의 숙소가 펼쳐져 있다.

우기에도 양곤처럼 비가 내리지 않는 만달레이이지만 그날은 가랑비가 내리고 약간 어두웠다. 만달레이의 도시 개발에 관심이 있었던 필자는 자료 수집을 위해 시내에 있는 서점을 방문했다. 양곤에 거주하는 친구의 친족이 경영하고 있는 것으로 전해 들은 서점이었다. 그 친구에 따르면, 서점 주인은 지방사(地方史)를 상세하게 알고 있기 때문에 대화를 나누어

---

1   티보(Thebaw, 1859~1916, 재위: 1878~1885)를 지칭한다. _옮긴이

보면 좋을 것이라고 했다.

타이밍이 나빠서 서점 주인은 부재했다. 서가 위의 책을 살펴보고 일단 서점에서 나왔다. 나중에 알게 된 것이지만 그 서점 주인은 아웅산수찌의 열렬한 지지자였으며, 군의 첩보원이 항상 그 서점을 지켜보며 사람들의 출입을 감시했던 듯하다. 우기의 만달레이는 관광도 비수기였기에 외국 인은 거의 없었다. 필자는 론지(Longyi, 전통적인 의상으로 남녀 모두 착용하는 두루마리 치마)를 몸에 걸쳤지만 그것이 매우 괴이하게 보였을지도 모른다.

아니나 다를까, 첩보망에 걸리고 말았다.

아직 아무것도 알지 못했던 필자는 서점을 나온 이후 현지의 대학에서 가르치고 있는 미얀마인 친구의 집을 방문했다. 그녀는 지리학을 전문 분 야로 하는 학자로서 남편은 부동산 거래를 전문으로 하는 변호사였다. 두 사람으로부터 이런저런 이야기를 들었다. 중국 자본이 유입되어 현지의 화인(華人) 명의로 토지 매입이 진행되고 있다는 것 등, 매우 흥미로운 이 야기를 들었다. 그리고 일단 호텔로 돌아왔다.

호텔 방에 도착하자마자 전화가 울렸다. 바로 조금 전까지 함께 있었던 친구로부터 걸려온 것이었다. "군인이 집으로 와서 당신에 대해서 물었 다. 동료 일본인 연구자이자 친구라는 것, 그리고 단지 놀러왔을 뿐이라 고 문제 될 것 없다고 말해두었지만 행동을 감시받고 있는 듯하니 조심하 기 바란다"는 것이었다. 확실히 마음에 짚이는 대목은 있었다. 몇 분 전에 호텔 프런트의 여성이 다소 굳은 얼굴의 웃는 모습으로 필자에게 방 열쇠 를 건넸었다. 말수도 약간 적었기에 '왜 그럴까'라는 생각이 들기도 했다. 전화를 끊고 방을 돌아보았다. 여기에도 누군가 들어왔을까? 그러한 생각 을 하니 얼굴이 노래졌다.

특별히 위법적인 일을 하지는 않았다. 그럼에도 무슨 일이 있을지 예상 할 수 없었다. 어쨌든 만달레이를 떠나는 쪽이 득책이 될 것이라 생각하고 자동차를 빌려서 여행에 나섰다. 북상해 사가잉으로부터 모니와(Monywa), 슈웨보 등 지방의 마을을 약 1주일 동안 돌아보며 다녔다.

그 이튿날 아침에 여행사의 지인을 통해서 고용한 운전사가 여행용 가방(Boston bag) 하나만을 갖고 나타났는데, 불룩한 배 위에 론지를 걸치고 저벅저벅 걷는 모습의 마음씨 좋은 형님이었다. 사랑스러운 분위기에 다소 긴장감이 누그러졌다. 여행하는 도중에도 여러 가지로 커다란 도움을 받았다.

당시에 원유 가격의 고등으로 인해 물가가 올라가서 지방에서는 수송비가 많이 드는 만큼, 생활에 미치는 실제적인 피해가 더욱 컸다. 이러한 물가 인상이 그로부터 2개월 후에 발생하는 대규모 반정부 시위('사프란 혁명')의 원인이 된다. 그것의 징조와 같은 것을 느낄 수 있었다. 하고 싶은 것은 할 수 없었지만, 그것은 어쩔 수 없는 일이었다. 무사했던 것만으로도 다행한 일로 생각해야 할 것이다.

양곤에 도착해서 지리학자인 친구와 전화로 이야기를 나누었다. 불편을 끼쳤던 것에 대해 미안한 마음을 전하기 위해서였다. 그러자 그 전화에서 "지금이니까 말하는 것인데"라면서 중요한 것을 그녀가 가르쳐주었다. 그 운전사가 군의 첩보원이었다는 것이다. 알고 있었음에도 말하지 못했던 것에 대해 거꾸로 미안하다는 말을 전해 듣게 되었다.

과연 그러했다. 첩보원을 운전사로 잠입시킨다면 미행하는 것보다도 효율이 좋은 감시라고 할 수 있다. 어이가 없어 기가 막혀버렸다. 다시 오면 불러달라며 서로 헤어질 때에 운전사가 건네주었던 전화번호가 적힌 메모지가 수중에 있었기에 '시험 삼아 전화를 걸어볼까' 하는 유혹이 들기도 했지만, 단숨에 이겨내고 쓰레기통에 버렸다. 그 이후에 '왜 친구가 운전사의 정체를 알고 있었던 것일까'에 대해서도 생각하지 않게 되었다.

1. 군의 지배원리

1988년부터 2011년까지 미얀마에서 계속되었던 정치체제는 군에 의한 노골적인 통치이다. 군사 평의회가 국가의 전권을 장악하고 그 군사 평의회의 포고가 헌법을 대신했다. 의회도 선거도 없었으며, 군에 대한 국민의 지지도 낮았다. 그러한 가운데에서 통치하는 것이기 때문에 첩보 기관에 의한 사회 감시가 불가결해진다. 전술한 필자의 경험도 그 감시망의 일단을 보여주고 있다. 경제도 이웃 나라의 성장과는 동떨어진 채로 정체되고, 외교는 구미 중심의 국제사회로부터 고립되었다.

하지만 이 체제는 23년 동안 계속되었다. 그 이전에 있었던 네윈 체제를 포함한다면 약 50년 동안 군을 근간으로 하는 체제가 계속된 것이라고 할 수 있다. 대단히 긴 것이다.

왜 이렇게 장기간 계속되었던 것일까?

이 질문에 답하기 위해서 군사정권 23년 동안의 발걸음을 살펴보도록 하겠다. 앞 장에서 검토했던 민주화 운동의 23년 동안을 다른 렌즈로 재검토하는 작업이 될 것이다. 이를 통해 다른 풍경이 시야에 들어올 것임이 분명하다.

군사정권이란 무엇인가?

애당초 군사정권이란 무엇일까?

군 또는 그 일부가 쿠데타와 같은 비합법적인 수단에 의해 집권당을 장악하고 그 이후 정부의 간부로서 군을 정치에 관여시키면서 국가를 통치하는 상태로 정의할 수 있을 것이다.

군의 정치적 영향력을 밑받침하고 있는 것은 말할 필요도 없이 폭력이다. 군은 통상적으로 그 장비 및 엄격한 지휘·명령 계통 등, 폭력을 행사하는 기관으로서 비견될 수 있는 조직이 국내에는 없다(만약 있었다고 한다면 그것은 내전 중의 시기이다). 그렇다면 단기간에 승부가 나는 쿠데타에서는 단연코 유리하다. 정치학자 새뮤얼 파이너(Samuel Finer)가 군이 정치 개입을 하는 것보다 정치 개입을 하지 않는 쪽이 불가사의한 것이라고 논하고 있는 이유도 알 수 있다(Finer, 1988).

다만 쿠데타를 일으키는 자의 입장에서 보면 리스크가 높다. 어떤 국가에서도 쿠데타는 계획한 단계에서 형법상의 중죄가 된다. 평생을 헛되게 만들어버릴지도 모르는 계획을 위해 비밀리에 동료들을 모으기란 어렵다. 그 때문에 쿠데타는 그렇게 쉽게 일어나지 않는다. 결행까지 옮기게 되더라도 실패하는 일이 많다. 한 실증 연구에 따르면, 1960년부터 2010년까지 세계에서 시도되었던 266회의 쿠데타 중에서 성공한 것은 111회(42%)였다(Bruin, 2020).

'정통성의 곤란'에 대한 대처

서장에서 살펴본 바와 같이, 미얀마군은 4회의 쿠데타 모두를 군의 수장이 주도해 성공시켜 왔다. 실패한 쿠데타는커녕, 미수에 그친 적도 거의 없었다. 이 점은 빈번하게 쿠데타가 일어나지만 실패도 많은 태국의 경우와는 다르다. 미얀마의 한 가지 특징이라고 말할 수 있을 것이다.

그렇다면 쿠데타가 잘 이루어졌기 때문에 군사정권이 계속되었다고 말할 수 있는가 하면, 그렇지는 않다. 정권의 탈취와 정권의 운영은 다른 것이다. 또한 다른 곤란이 기다리고 있기 때문이다.

그 곤란은 주로 두 가지가 있다. 하나는 정권의 운영에 있어서의 정당성을 계속해서 주장하는 것이 어렵다는 것이다. 또 하나는 국가 전체를 운영하는 것은 군인에게 힘겨운 일이라는 것이다. 각각을 '정통성의 곤란'과 '통치의 곤란'이라고 일컫도록 하겠다. 미얀마의 군사정권은 두 가지의 곤란에 어떻게 대처했을까?

우선 '정통성의 곤란'이다.

이 곤란은 매우 간단하게 말하자면, '어째서 당신들이 국가를 운영해도 되는 것인가'라는 질문에 대해 답하는 것이 곤혹스럽다는 점이다. 국민의 주권을 전제로 하는 현대 국가에게 무력에 있어서 우월하기 때문에 통치해도 좋다고 답하는 것은 불가능하다(그것이 사실이라고 하더라도 말이다). '어째서 군인인 자신들이 통치해야 하는가'를 설명할 수 없다면 국민으로부터의 지지는커녕 통치하는 측으로부터의 지지도 조만간 사그라들어버리게 될 것이다.

그래서 흔히 취하는 수법이 두 가지 있다. 우선 정권의 자리에 오랫동안 머물러 있지 않고 새롭게 선거를 실시하는 것 등을 통해서 다른 세력에게 정권을 양도한다는 것이다. 일종의 중재자와 같은 역할이다. 앞 장에서 살펴본 바와 같이, 미얀마의 1988년 9월 18일 쿠데타도 당초에는 이것이었다. 군 간부로 구성된 국가법질서회복평의회(SLORC)는 복수정당제에 의한 자유롭고 공정한 선거를 약속했으며, 실제로 1990년에는 선거도 실시했다. 하지만 민족민주연맹(NLD)이 대승을 거두자마자 그 결과를 실질적으로 무시했다. 이 시점에서 그 이후 아무리 겉을 꾸미며 결점을 속이더라도 '정통성의 곤란'을 초월하기란 어려워지게 된다.

또 하나의 수법은 법적 절차의 문제를 초월하는 듯한 가치관이나 이데올로기, 또는 그것을 제창하는 지도자를 만들어내는 것이다. 체제를 밑받침하는 이데올로기에는 예를 들어 공산주의도 있고 민족주의 또는 이슬람교도 있을 수 있다. 그러한 것이 섞여서 합쳐지는 일도 많다. 또한 권력을 장악한 지도자 개인이 신격화되고 지도자의 사상 및 이미지를 국민에게 심는 교화(敎化)가 조합되는 일도 있다. 미얀마의 군사정권은 이러한 초월적인 가치를 지닌 이데올로기는 약하며, 신격화된 지도자에게 의존하는 체제도 아니었다. 장기간 절대적인 권한을 장악한 독재자들은 자신의 신격화에 관심을 갖지 않았을 뿐만 아니라 심지어 매우 혐오했던 것으로조차 알려져 있다.

군의 논리

정통성에 대한 의식이 결여되어 있는 통치는 미얀마의 군사정권에 대해 불온한 인상을 가져다주었다.

하지만 자세하게 살펴보면 군의 '올바름'을 주장하는 일정한 논리가 있다. 구체적으로 ① 군의 후견인 역할(guardianship), ② '위기'에 의한 정당화, ③ 불교 민족주의이다. 아래에서 그 각각을 살펴보도록 하겠다.

① 군의 후견인 역할

군에는 민주주의에 대한 확고한 불신감이 있다. 민주주의는 자기 이익을 추구하는 집단의 싸움이며, 미얀마라는 분단을 경험했던 국가의 이익에는 적합하지 않다는 사고방식이 뿌리 깊다. 이러한 불신감의 반대급부로서 군 자체가 그러한 당파성을 초월해 국가 전체의 이익을 수호하는 존재라는 특권적인 자기 인식이 있다. 이것은 '후견인 역할'이라고 불린다. 또한 아버지가 아들의 이익을 위해서라고 믿고 권위적으로 개입하는 것과 같은 가부장주의라고도 할 수 있다.

이러한 민주주의에 대한 불신감과 후견인 역할은 1990년대에 '정당정치와 국민 정치'로서 개념화되었다. 정당정치(파티나잉간에)란 당파 투쟁을 통해 자기 이익을 지향하는 정치이며, 국민 정치(아묘다나잉간에)는 국가 전체의 이익을 실현하는 것을 도모하는 정치이다. 국민 정치를 실현할 수 있는 것은 군뿐이며, 따라서 잠정 정권을 담당할 수 있는 것도 군뿐이라는 논리가 된다. 국민 정치의 개념은 군사정권 아래에서 기초되었던

2008년 헌법에도 명기되어 있다.

② '위기'에 의한 정당화

군의 정치 관여가 필요하다는 '후견인 역할'의 근거는 민족 해방을 위한 투쟁을 하고 독립 이후에도 줄곧 내전에서 전투해 왔다는 역사적인 위광(威光, 강력한 위엄·권위)이다. 다만 역사만으로는 설득력이 결여되기 때문에 지금 여기에서 군에 의한 통치가 필요한 이유가 있다. 그 이유가 위기이다. 미얀마는 위기에 처해 있으며 그것을 회피하기 위해서 군이 정권을 담당하지 않으면 안 된다는 이치이다.

그렇다면 미얀마가 직면하고 있는 위기란 무엇일까? 현재도 군이 사용하는 '국가의 세 가지 대의(大義)'라는 프로파간다가 그 위기를 상징적으로 나타내고 있다. 세 가지의 대의란 '연방 분열의 회피', '국민 통합의 유지', 그리고 '주권의 영속성'이다. 각각이 소수민족 무장 세력의 위협, 민주화 운동의 위협, 외국 세력에 의한 개입의 위협을 견제하고 있다. 이러한 것은 미얀마군이 줄곧 경계해 왔던 안보상의 긴급사태이며 조직을 움직이는 위협 인식이다.

확실히 소수민족 무장 세력은 국경 지대를 중심으로 20개 이상 존재하고 있으며 일부 지역은 지금도 그러한 세력의 실효 지배 아래에 놓여 있다. 하지만 민주화 운동의 주류인 NLD의 정치 활동은 비폭력적이며, 외국 세력의 개입에 대해서도 냉전은 이미 종결되었고 개입할 동기를 지닌 대국은 없다. 임박한 위협은 아니라고 할 수 있을 것이다. 구체적인 사실 및 가능성이 충분히 고려되지 않은 상태에서 위협이 과대평가되고 군의 정치 개입을 정당화하는 논리가 되고 있는 것이다. 그 결과가 잠정 정권이라고 하기에는 지나치게 긴 약 23년 동안의 군에 의한 직접 통치였다.

③ 불교 민족주의

아울러 두드러졌던 것은 불교 민족주의에 대한 경도(傾倒)이다. 미얀마는 국민의 약 90%가 불교 신자이며 승려의 수는 일시적인 출가 승려를 포함해 30만 명 이상이다. 일반 신자부터 불교 관련 시설 및 승려에 대한 기진(寄進, 기부) 액수도 많으며, 세계에 자선 보급을 도모하는 국제 NGO에 따르면 기부 행위의 보급 정도에서 미얀마가 2010년대에 미국에 이어 세계 제2위로 간주되었다(CAF, 2019). 그중 다수는 불교와 관련된 기부이다.

군은 이러한 불교의 비호자라는 이미지 또는 담론을 유포시키고자 했다. 애당초 미얀마의 민족주의는 불교 사상 및 불교의 옹호라는 의식과 떼려야 뗄 수 없다. '아묘(Amyo), 바타(Batha), 타타나(Thathana)'라는 개념이 있다. 이것은 20세기 초부터 민족주의자 및 불교 승려 사이에서 사용되었던 슬로건과 같은 것으로, '민족, 문화, 불교'라고 번역된다('바타'는 직역하면 '종교' 또는 '언어'인데 여기에서는 문화 일반을 의미하는 것으로 해석한다). 이러한 것을 옹호하는 것이 미얀마라는 국가를 옹호하는 것이라고 간주되었다. 본래 식민지 지배에 의한 문화 위기에 대한 반발이 표출된 반식민주의의 슬로건이었던 것이 독립 이후에는 국가가 담당해야 할 의무, 즉 불교 옹호형 민족주의를 나타내는 용어로 전환되었다.

불교는 미얀마의 국교가 아니다. 하지만 불교를 옹호하는 것이 국가의 역할이라는 인식이 군 내부뿐만 아니라 사회에도 폭넓게 공유되고 있다. 그 때문에 바람직한 불교 신자로서 군의 지도자가 고승(高僧)에 대한 기부 및 불상, 불탑의 건립을 행하고 그것을 국영 신문 또는 국영방송을 통해서 대대적으로 선전하는 것이 일상적인 프로파간다가 되었다.

'통치의 곤란'에 대한 대처

다음으로 군사정권이 직면하고 있는 두 가지의 곤란 중에서 '통치의 곤란'에 대한 대응은 어떠한 것이었을까? 일반적으로 정권을 장악한 군이 장기적으로 그 지위를 유지하고자 할 경우, 관건이 되는 것은 정당을 포함한 정치세력과 정책의 책정·실시를 담당하는 관료에 대한 대우이다.

동(남)아시아의 군사정권에서 많았던 것은 개발 체제(개발독재)라고 불리는 것으로, 그 기본 메커니즘은 정치세력의 활동을 제한하고 정권으로부터 멀리 떨어지게 하는 한편으로, 문민 관료를 중용하고 정책 과정의 합리화를 실현하며 경제개발을 통해 국민의 생활수준을 향상시킴으로써 지지를 조달한다는 것이었다(末廣昭, 2000). 미얀마의 군사정권은 이것과는 달랐다. 정책적인 합리성을 희생시키더라도 군 중심의 체제를 안정시키는 것을 지향했다.

우선 1988년 쿠데타 이후의 최고의사결정기관의 구성원은 결성부터 해산될 때까지의 23년 동안 줄곧 군 간부뿐이었다. 문민은 퇴역 군인도 포함해 들어가지 못했다. 각료도 또한 군인뿐이었다. 〈그림 2-1〉은 1991년부터 2010년의 연초 시점에서의 군 관계자(현역 군인, 퇴역 군인)와 문민의 장관의 수 및 군 관계자가 차지하는 비중을 나타내고 있다. 당초에 겨우 아홉 명의 군인(현역 군인)이 각료 자리를 차지했지만, 각료의 수가 점차 증가하고 그에 따라 문민의 장관도 더해졌다. 그럼에도 군인이 각료 전체의 70%를 넘었던 적은 두 번밖에 없으며 1991년을 제외하면 항상 70%에서 90% 사이에서 추이해 왔다.

다음으로 정치세력에 대해서도 거의 무력화시켰다. 1964년에 기존의 정당을 모두 금지하고 그 이후의 일당제 아래에서 집권당이 되는 버마사회주의계획당(BSPP)만이 활동을 허가받았다. 1990년 총선거 이전에는 복수정당제가 도입되었지만, 앞 장에서 살펴본 바와 같이 군에 저항하는 정당은 엄중한 탄압을 받았다.

문민 관료들도 협력의 상대가 아니라 통제의 대상이 되었다. 역사적인

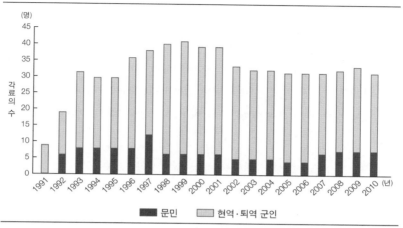

〈그림 2-1〉 **미얀마 군사정권의 각료에서의 군 관계자와 문민**(1991~2010년 각 연초의 시점)

주: 2002년 각료 수의 감소는 부총리와 총리부(府) 직속 장관의 감소를 나타낸다.
자료: アジア經濟硏究所, 『アジア動向年報』(각 연도판)를 토대로 필자가 작성함.

전환점은 1972년이었다. 네윈이 식민지 지배의 유산이라는 대의명분을 내세우며 사무차관의 자리와 현 지사의 자리를 폐지하는 행정개혁을 단행했던 것으로 소급된다(中西嘉宏, 2009).

문민 관료의 권한을 제거하고 그 위에 각 부의 간부 자리에 대한 군인의 전출이 관례가 되어간다. 장관, 부장관(사무차관의 자리를 폐지한 이후 사무 쪽의 수장 역할을 담당)에는 지방 군관구(軍管區) 사령관과 같은 군 내부에서 고위까지 승진한 간부가 취임했다. 국장과 같은 간부 자리에도 군 내부에서 승진을 하지 못했던 장교들이 전출되어 왔다.

이러한 인사 관행을 표현하는 버마어로 '모차슈에코'라는 것이 있다. 직역하면 '황금의 몸이 공중에서 춤추며 내려온다'는 의미이며, 뉘앙스는 '낙하산 인사'에 가깝다. 이처럼 적재적소에 배치하는 것과 정반대의 일을 행한다면, 관료들의 실무 경험은 정책형성에 충분히 활용되지 못하고 정부는 비효율적이 된다. 문민 관료들의 일을 하고자 하는 의욕도 저하되었다.

다만 통치자의 관점으로부터 본다면 이점도 있다. 승진이 멈춘 군 간부가 외부 기관의 요직에 배치됨으로써 이반(離反)할 가능성이 감소될 수 있기 때문이다. 통계적으로 말하자면 군사정권이 붕괴되는 최대의 원인은 시민 혁명이 아니라, 쿠데타이다(Geddes et al., 2018). 따라서 군사정권이 살아남기 위해서는 '엘리트 내부의 통합'이라고 불리는 것이 중요해진다. 군은 일면으로 항상 출세를 놓고 경쟁이 벌어지는 관료 기구이기 때문에, 승진이 정체되면 조직 내부의 인간관계가 삐걱거리게 된다.

하지만 물론 군 중심의 체제를 유지하는 것만으로는 국민으로부터 반발이 생겨난다. 그것을 미얀마군은 오로지 통제와 탄압으로 억눌러왔다. '정통성의 곤란'도 '통치의 곤란'도 해결했다기보다는 군을 근간으로 하는 강권적인 체제를 통해 해결을 뒤로 미루어왔다고 말하는 편이 더 정확할 것이다.

2. 군사정권의 전개

이 절에서는 앞 장에서 고찰해 보았던 민주화 운동의 이면, 즉 1988년부터의 군사정권 내부의 정치 동향에 대해서 살펴보도록 하겠다.

세 번째 쿠데타

군사정권이 발족하게 된 내막으로부터 시작하도록 하겠다.

쿠데타라고 하면 군이 강제적으로 정권을 빼앗는 경우가 많지만, 1988년의 쿠데타는 달랐다. 정권 간부의 구속과 같은 일은 없었고, 정권을 빼앗긴 측과 빼앗으려는 측 쌍방 사이에서 조정이 이루어진 뒤에 권력이 이양된 것이었다. 당시의 군 간부 중에 한 명이었던 킨뉸의 회고록에서는 그 경위가 아래와 같이 기록되어 있다.

〈그림 2-2〉 **네윈**

　최고사령관 소마웅 등, 군 간부들은 쿠데타를 감행하기 전날인 1988년 9월 17일 밤에 양곤 시가의 북쪽 칸도지(Kandawgyi)호 근처에 있는 네윈의 사저를 방문했다. 당시에는 시위대에 의해 무너진 가로수 및 쌓아 올린 흙더미 등으로 도로망이 끊어져 있었으며, 양곤 시가의 조금 높은 언덕 위에 있는 거대한 불탑 '슈웨다곤 파고다(Shwedagon Pagoda)'[2]의 남쪽에 위치해 있는 참모 본부로부터 네윈의 사저가 있는 에디(Ady) 거리까지 10km도 되지 않는 거리를 4시간에 걸쳐 이동했다고 한다.

　결국 네윈의 자택에 도착해 소마웅과 킨뉸이 국내 정세에 대해 네윈에게 보고한다. 보고의 상세한 내용은 명확하지 않지만 소란 및 사회의 혼란을 강조하는 설명이었다는 것은 상상하기 어렵지 않다. 실제로 이날 정부 청사의 일부가 시위대에 의해 점거되었다.

　해당 자택에서 밖으로 나오지 않았던 네윈은 정세를 파악하지 못하고 있었는데 보고 내용을 듣고 놀라게 된다. 이튿날 아침에 같은 장소에서 이번에는 정부 간부도 합류해 회합을 열었다. 그 자리에서 네윈이 혼란을 수습하기 위해 군에 쿠데타를 지시했다고 한다(キンニュン, 2015).

　킨뉸의 이야기는 다소 만들어진 이야기인 것처럼 보이기 때문에 전적으로 받아들일 수는 없다. 무엇보다 왜 이 타이밍에 군의 간부가 모두 네윈의 자택을 방문할 필요가 있었을까가 분명하지 않다. 쿠데타의 지시를

2　석가모니의 머리카락이 묻혀 있는 것으로 알려져 있다. _옮긴이

군 간부는 기대했던 것으로도 보인다. 다만 진위는 알 수 없지만, 여기에서는 네윈의 지시에 의해 군으로의 정권 이양이 당시 정권 간부와 군 사이에서 합의되었던 것으로 되어 있다.

체제의 정비(1988~1997)

이리하여 SLORC가 생겨났다. 그 이후 선거 결과를 무효라고 선언했던 폭거를 통해서도 알 수 있는 바와 같이, 군의 계획은 당초부터 어긋났다. 군이 목적에 맞게 합리적으로 통치를 추진했던 것은 아니다.

갑자기 국가 수장이 된 소마웅은 스트레스를 견디지 못했는지, 1992년에는 정신적 부조(不調)에 빠진다. 집무를 보던 책상 위에 권총을 항상 두었다는 이야기가 있기 때문에, 피해망상에 사로잡혀 있었을지도 모른다. 군 간부들은 소마웅의 SLORC 의장직 사임과 군으로부터 퇴역시키기로 결정하고, 예정보다 앞당겨진 인사를 통해 탄슈웨 육군 총사령관이 군 최고사령관과 SLORC 의장에 취임했다. 군사정권 수장의 교체인데 두드러진 혼란은 발생하지 않았다.

그 이후 탄슈웨는 2011년까지 미얀마를 통치하게 되는데, SLORC 의장으로 취임한 시점에서 그의 이름을 알고 있던 미얀마 국민은 소수였을 것임이 분명하다.

탄슈웨는 1933년에 중부의 작은 마을인 차우세에서 출생했으며 고등학교를 졸업한 이후에 차우세의 남쪽에 있는 메이틸라(Meikhtila)에서 우체국 직원으로 일한 이후 20세의 시기에 사관훈련학교(OTS)에 들어갔다. 당시에는 아직 표준적인 사관학교가 없었으며 6개월 정도의 훈련을 마치면 바로 소위로서 임관하는 것이 통례였다.

탄슈웨의 청년 시절을 알고 있는 사람들에게 말을 들어보면 모두 입을 모아 시골의 순박한 청년이었다고 한다. 예를 들면, 1960년대에 당시 집

권당의 간부양성학교에서 함께 일했던 사
람은 탄슈웨에게는 어금니에 끼인 쿤〔베틀
후추(betel piper)의 잎에 빈랑 열매를 싼 것)[3]을
손가락으로 집고, 그 손가락에 묻은 붉은
타액을 벽에 바르는 습관이 있었다고 말했
다. 그가 없을 때에 사람들이 찾아오면 "저
기 보이는 붉은색의 벽 앞이 그의 책상이
다"라고 전했다면서 웃었다.

〈그림 2-3〉 **탄슈웨**

　그러한 청년이 군 내부에서 껑충 뛰어올
랐다. 전쟁을 하고 있는 군대에서는 전과(戰果)가 인사고과의 중요한 요소
가 된다. 한편으로 집안 및 학력이 갖는 가치는 저하된다. 실제로 탄슈웨
가 장교가 된 것은 1955년에 사관학교가 개교하기 이전의 일이었다. 연이
어 발생한 전투로 인해 군 내부가 심각한 인원수 부족에 빠졌던 시대이
다. 30대 중반 남짓의 나이에 엘리트 부대인 제1보병 대대의 대대장이 되
었고, 그 이후 참모 본부에서의 근무를 거쳐 제88보병 사단의 부사단장
및 사단장, 서남 군관구 사령관(에야와디 삼각주 지역을 관할)을 거쳐 1985년
에 육군의 수장에 취임했다(中西嘉宏, 2009).

　이른바 '밑바닥에서 올라온' 군인 탄슈웨에게 있어서 정권 운영을 위해
군을 장악하는 것은 불가결한 조건이었다. 그 때문에 아무리 장기간 통치
가 계속되더라도 군의 최고사령관 지위를 양보하지 않았다. 만 60세로 정
년을 맞이했던 1993년 이래에는 매년 정년을 연장시키고 결국 78세가 되
는 해인 2011년까지 현역 군인의 상태를 유지했다.

3　예부터 입안의 냄새를 제거하고 입안을 깨끗이 하기 위해서 식후 또는 평상시 담배와 같
　은 역할로 씹었다. _옮긴이

당초에 군 최고사령관의 탄슈웨, 부최고사령관과 육군의 수장을 겸무하고 있던 마웅에(Maung Aye), 군 정보 부장인 SLORC의 제1서기인 킨늇, 육군참모장이자 SLORC 제2서기인 틴우(NLD의 간부 틴우와는 다른 인물) 등의 네 명이 중심이 되어 정권이 운영되었다.

지방에는 법질서회복평의회(LORC)가 설치되고, 전국에 14개가 있는 관구/주 단위의 LORC에는 각지의 군관구 지령부(指令部)의 간부 장교가 취임했다. 지방 통치에서는 군관구 사령관의 영향력이 절대적이다. 그것을 보조했던 것은 내무부 아래에 있는 총무국(GAD)인데, 일상적인 치안 유지(경찰은 내무부 산하에 있음)와 지방행정을 총괄했다.

이것이 법제화된 표면의 틀이라고 한다면 그 이면에서 체제를 밑받침했던 것이 첩보 기관이었다. 북한의 공작원이 한국의 전두환 대통령 일행을 노리며 양곤에서 폭탄 테러를 일으켰던 랑군 사건(1983년)으로 인해 전임자가 해임된 이후 킨늇은 군 정보부의 수장에 취임했고, 그 이래 네원의 지지를 받으며 첩보 기관을 재건했다. 군 정보부는 사회의 감시와 통제를 담당했고 버마어로 첩보를 의미하는 '타우랑예'는 지금도 시민에게 경계와 공포심을 불러일으키는 말이 되고 있다. 킨늇은 첩보 활동의 책임자였을 뿐만 아니라 민주화 세력과의 대화, 외교, 소수민족 무장 세력과의 정전 교섭, 국경의 관리 등 광범위한 영역에서 영향력을 가졌다. 군사정권의 정치 부문에서의 이른바 '설계자'였다.

'개방'의 시대(1998~2004)

1997년에 SLORC에서 국가평화발전평의회(SPDC)로 최고의사결정기관의 명칭이 변경된다. '법질서'에서 '평화발전'으로 명칭이 바뀌었는데, 일부 각료의 교체는 있었지만 통치 체제에는 변화가 없었다. 변함없이 헌법은 부재했고 새로운 헌법을 기초하기 위한 국민회의는 1995년 NLD의 보이콧과 그 이후의 혼란으로 인해 연기되었으며, 체제 이행의 준비는 정체되었다.

그 한편으로 대외 관계에는 변화가 있었다. 우선 아시아의 역내 외교가 활발해진다. 미얀마가 아세안(ASEAN)[4]에의 가입을 승인받았던 것은 1997년의 일이다. 아세안이 미얀마에 대해서 '건설적인 관여'를 시도하며 미얀마의 고립을 막고자 했다. 가입을 뒷받침했던 것은 인도네시아의 당시 지도자 수하르토(Suharto)였던 것으로 알려져 있다.

1995년에는 베트남, 그리고 1997년에는 미얀마와 라오스, 1999년에는 캄보디아가 아세안에 가입했다. 싱가포르, 말레이시아, 필리핀, 인도네시아, 태국 등의 선행(先行) 국가들이 '아세안 파이브(ASEAN-5)'라고 불리는 한편, 캄보디아, 라오스, 미얀마, 베트남은 각각의 머리글자를 따서 'CLMV'라고 불리게 되었던 것도 이 무렵이다.

군과 민주화 세력 간의 싸움이 교착 상태에 빠져 있는 가운데 외교와 경제가 미얀마를 변화시키는 계기가 되지 않을까 하는 기대감이 확산되었다. 하지만 그 기대감은 어이없이 배신당한다. 그 계기는 군 내부의 권력투쟁에 의한 킨뉸의 실각이다.

킨뉸은 개혁파 또는 온건파로 알려져 있었다. 한편 군 내부에서 주류파를 형성하는 작전 장교들은 민주화 세력에 대해서 강경했다. 또한 정보부는 군인에게도 공포의 대상이었으며 경계를 받았다. 군인도 또한 첩보 기관의 감시 대상이었으며 여러 정보가 수집되었기 때문이다. 게다가 정보부의 부정부패와 관련된 소문이 끊이지 않았다. 필자가 알고 지내는 군 장교도 당시에 "그놈들은 너무 많이 먹는다"(버마어로 뇌물 수수는 '먹는다'라

---

4   전체 명칭은 Association of Southeast Asian Nations이며, '동남아시아국가연합'이라고도 표기된다. _옮긴이

고 표현)라며 불만을 토로했다.

이러한 조직 내부의 대립이 킨뉸의 융화적인 접근법에 발목을 잡았고 그 끝에 일어났던 것이 2003년 5월에 발생한 데페인 사건이다. 아웅산수찌의 차량 행렬이 군이 조직한 폭도에 의해 습격을 받은 사건으로, 그 이후 아웅산수찌가 7년 6개월 동안에 걸쳐 가택 연금을 당하는 계기가 되었다.

킨뉸은 데페인의 습격 계획을 알지 못했다. 수모자는 군사정권의 2인 자였던 마웅에였던 것으로 알려져 있다. 민주화 운동을 계속하고 있는 아웅산수찌와 그녀에 대해서 융화적인 킨뉸, 그리고 은연중에 영향력을 과시하는 군 정보부에 대해 군 내부의 강경파가 갖고 있었던 불만이 만들어낸 움직임이었다. 민주화 운동에 대한 탄압과 함께, 군 내부에서의 권력 투쟁의 산물이기도 했던 것이다.

사건이 발생하기 1년 전에 킨뉸의 뒷배였던 네윈이 사망했다는 것도 그의 힘을 약화시켰다. 또한 SPDC의 영수(領袖) 중에서는 온건파로 간주되었던 틴우가 헬리콥터 사고로 2001년에 사망했던 것도 군 최고 간부 내부에서의 '힘의 관계(力關係)'를 바꾸는 계기가 되었다.

세 번째의 아웅산수찌의 가택 연금에 대해서 국제사회는 일제히 비난하는 목소리를 냈다. 외교를 도맡고 있던 킨뉸에게는 어떤 대응이 요구되었다. 자신이 알지 못한 상태에서 일어났던 탄압에 대한 뒤처리를 한다는 것은 불합리한 이야기이지만, 개방을 향해 나아가고 있던 국가(미얀마)를 다시 쇄국하도록 만드는 일은 피할 수 없었을 것임이 분명하다.

그래서 제시되었던 것이 '민주화를 위한 일곱 가지 단계의 로드맵'(2003년 8월 30일 발표)이다. 그 내용은 ① 국민회의의 재개, ② 국민회의에서 진정한 규율 있는 민주주의 시스템의 확립에 필요한 프로세스의 개시, ③ 이미 결정이 완료된 기본 원칙에 적합한 새로운 헌법의 기초, ④ 국민투표에 의한 새로운 헌법안의 승인, ⑤ 의회 설치를 위한 자유롭고 공정한 선거,

ⓖ 새로운 의회의 개최, ⓖ 근대적이며 발전된 민주적 국가의 건설 등으로 되어 있다.

프로세스와 목표와 같은 것이 뒤섞여 있기 때문에 파악하기 어렵지만 단계만을 추출해 본다면, ⓐ 새로운 헌법을 기초하기 위한 회의 → ⓑ 국민투표 → ⓒ 의회 선거 → ⓓ 의회 소집 → ⓔ 정권 간부의 선출이라는 다섯 가지 단계로 구성되어 있었다. 민정 이양의 프로세스로서는 왕도라고 말할 수 있다. 실제로 킨뉸의 회고록에는 이 로드맵이 미국 상원 의원 및 당시 싱가포르의 상급 장관(senior minister)[5]이었던 리콴유(李光耀)의 진언(進言)을 토대로 작성되었던 것이라고 한다. 발표되기 수년 전에 탄슈웨에게 보고했다가 그 상태로 방치되어 있던 것을 이 타이밍에 발표하는 것이 허락되었다고 한다(キンニュン, 2015).

다만 아웅산수찌에 대한 가택 연금 조치가 변하지 않는 이상, 이를테면 '언 발에 오줌 누기'와 같은 것이었다. 미국은 같은 해 안에 '대통령 명령 제13310호'와 '버마의 자유와 민주주의법 2003'을 시행하고 추가적인 비자 발급의 제한 조치, 자산동결, 금융 제한 조치, 수입 제한 조치를 부과했다. 일본도 신규 원조와 관련된 안건은 정지하고 기존의 사업도 실질적으로 중단했다.

로드맵의 발표가 킨뉸에게 있어서 최후의 커다란 업무가 되었다. 그 이듬해 10월 18일, 킨뉸은 '건강상의 이유'로 총리에서 물러났다. 사실상의 실각이었다. 그 여파는 컸다. 권력 기반이었던 군 정보부 그 자체가 해체되었으며 많은 정보 장교들이 체포되거나 투옥되었다. 킨뉸 자신도 부정부패 관련 혐의로 44년의 징역형 판결을 받고 가택 연금에 처해졌다. 첩

---

5 한자로는 국무자정(國務資政)이라고 표기된다. _옮긴이

보 활동을 새롭게 담당한 군 안보국이 설치되었는데, 정치력 및 첩보력은 모두 크게 후퇴되었다.

이리하여 작전 장교들과 정보 장교들 간의 대립에 종지부가 찍혔다. 이 것은 군 내부에서의 융화 노선의 소멸, 즉 민주화 세력에 대한 강경 노선 의 확립을 의미했다. 아웅산수찌가 2010년까지의 동안에 한 차례도 해방 되지 않았던 이유는 여기에 있다.

기묘한 안정의 시대(2005~2011)

데페인 사건과 킨뉸의 실각으로 내정은 '안정'의 시대를 맞이한다.

우선 킨뉸의 실각으로 군 내부의 대립이 해소되고 탄슈웨와 그 측근인 마웅에를 투 톱으로 하는 체제가 굳어졌다. 군 주도의 민정 이양을 위한 준비가 진행되어 간다. 새로운 헌법의 기초를 행할 국민회의가 2004년 5 월부터 7년 만에 재개되었다. 출석자는 군사정권이 선출한 정당 관계자, 소수민족 대표, 공무원, 농민, 노동자, 지식인 등이었다.

역설적인 이야기이지만 킨뉸의 실각으로 인해 로드맵의 각 단계에서의 'NLD 배제'가 이미 결정된 노선이 되었으며, 커다란 혼란 없이 추진되었 다. 다만 혼란이 없었다고 하더라도 그것은 군에게 있어서만 그러했다는 것에 불과했다. 실제로는 국민의 희생 위에 프로세스가 추진되었다. 2007 년 승려 주도의 대규모 반정부 시위를 군은 무력으로 억눌렀으며, 새로운 헌법의 국민투표(2008년 5월 10일)는 그 직전에 도래했던 사이클론 나르기 스(cyclone Nargis)로 인해 인구가 가장 빽빽하게 모여 있는 지역인 에야와 디 삼각주 지대를 중심으로 막대한 피해(사망자·실종자 13만 명 이상, 이재민 240만 명 이상)를 입는 가운데에서도 단행되었다.

새로운 헌법안의 핵심에 대해서도 군이 중심이다. 이미 1992년 발표된 '포고 13/92'에서 여섯 가지 원칙이 명시되었다. 여섯 가지 원칙이란 ① 연방의 통합, ② 국민 통합의 유지, ③ 주권의 영속, ④ 진정한 복수정당제, ⑤ 정의·자유·평등이라는 영구한 원칙의 발전, ⑥ 군의 정치 참여에 의한 지도적 역할이었다. 군의 정치 참여, 그것도 '국민 정치'를 실현하는 지도적 역할을 인정하는 헌법이 아니면 안 되었다.

재개된 이 국민회의를 도맡았던 것이 2011년에 새로운 대통령이 되는 테인세인 중장(당시 SPDC 제1서기)이다. 헌법에 대한 기초를 '지체 없이' 추진했던 것이 그의 공적이 된다. 헌법 초안에 대한 국민투표는 93.82%의 신임을 얻고 성립된다. 만일을 위해서 적어두자면, 이 숫자를 액면 그대로의 신임이라고 믿는 사람은 일단 존재하지 않는다.

이러한 '안정'을 독재와 함께 밑받침했던 것은 경제이다. 그때까지 재정 문제에 고뇌했던 군사정권에게 천연가스라는 재원이 조달된다. 군사정권 아래의 경제는 다음 절에서 살펴보도록 하겠다.

3. 군사정권 아래의 경제

탄슈웨와 군사 평의회가 강력한 권한을 장악하고 군을 근간으로 통치했다고 하더라도 그것만으로는 체제의 안정에 있어서 충분하지 않다. 아무리 비민주적인 체제라고 하더라도 국민이 반발을 계속하게 된다면 통치는 안정될 수 없다는 것은 분명하다. 그런데 미얀마에서는 국민으로부터의 지지도 경제 발전도 결핍된 상태에서 비민주적인 체제가 안정을 계속 유지했다. 이와 같은 군사정권 아래의 경제란 어떠한 것이었을까?

저위 안정

미얀마의 경제는 전반적으로 말해서 저성장이라고 할 수 있지만, 극단적으로 악화되었던 적은 없다. 농업경제학자 후지타 고이치(藤田幸一)는 그것을 '저위(低位) 안정형 경제'라고 불렀다(藤田幸一, 2005).

시장경제화에 나섰던 1988년부터 아시아 통화위기가 발발하는 1997년까지는 어느 정도의 성장이 있었다. 미얀마의 정부 통계에서는 이 사이의 성장률은 평균 5.3%였으며, 체감상으로도 그렇게 벌어지지 않은 숫자였다. 하지만 1990년대 말부터 통계가 이상해진다. 구미의 경제제재가 강화되는 가운데에서도 10%를 넘는 고성장을 기록했고 2003년에는 13.8%라는 일본의 고도 경제성장 시기의 성장률도 초월했다.

결국 정확한 숫자는 알 수 없는 상태이지만 국제통화기금(IMF)의 추계에 따르면 1인당 국내총생산(GDP)이 1000달러를 넘은 것은 2011년의 일이었으며, 군사정권 시대는 줄곧 최빈개도국(LDC)의 수준이었던 것으로 보인다.

경제의 특질을 살펴보면 미얀마는 애당초 농업국이다. GDP의 구성 비율로 보면 1990년대 초에 농업이 63%로 높다. 인구로 말하자면 약 80%의 사람들이 농촌 지역에서 살고 있었다. 이러한 구성 비율도 1960년대부터 2000년대까지 크게 변하지 않았다. 즉, 도시로의 이동을 촉진하는 각종 산업의 발전이 보이지 않았다는 것이다.

실제로 시장경제화로부터 10년이 지났어도 제조업의 GDP 구성 비율은 7% 정도에 불과하다. 성장의 엔진이 되는 해외직접투자도 투자처가 되었던 것은 호텔·관광, 건설, 석유·천연가스, 광산 개발 등의 비제조업 부문이 중심이었다. 노동 집약형의 제조업이 신장되지 못한다면 도시 지역에서의 고용 확대에는 한계가 있다. 농촌 지역에서 인구가 머물게 되고 빈곤은 재생산되었다.

그런데 2000년대 초부터 무역수지가 급속하게 개선된다. 1990년대부터 개발이 진전되었던 안다만(Andaman)해 연안의 천연가스전에서 태국으로의 수출이 본격화되었던 것이다. 천연가스의 수출액은 수출 총액의 1% 이하였지만 2001년에 24.8%로 뛰어올랐으며 2000년 중반에는 약 40%를 차지하게 되었다. 자원 의존형 경제로 전환이 되었던 것이다.

수탈적인 경제

천연자원의 수출이라고 하더라도 중동의 산유국과 같은 막대한 부를 가져왔던 것은 아니다. 또한 농업 및 제조업의 침체는 변함이 없었으며, 자원 수출이 민간 부문의 성장으로 연결되는 선순환은 생겨나지 않았다. 천연자원의 수출로 윤택해진 것은 주로 정부였다. 2000년대 후반부터 물가도 서서히 올라갔으며 국민의 생활은 오히려 힘들어졌다. 일자리를 찾아서 태국 또는 말레이시아로 향하는 이주 노동이 증가했던 것도 이 시기로 여겨지고 있다. 그중에는 불법 입국자 및 인신매매의 피해자도 포함되어 있었다.

이러한 특정한 집단의 이익이 기타 집단의 희생 위에 입각해 있는 경제를 '수탈적인 경제'라고 부른다. 수탈적인 경제는 불공정한 정치가 형성시킨 수탈적인 제도에 의해 생겨난다(アセモグル&ロビンソン, 2013).

예를 들어 농업을 살펴보도록 하겠다. 미얀마의 농촌 경제를 장기간 연구해 온 다카하시 아키오(高橋昭雄)[6]에 따르면, 군사정권의 농업정책은 세 가지의 기둥에 의해 성립되어 있었다(高橋昭雄, 2000). 그것은 ① 토지의 소유권을 인정하지 않고 경작권만을 농민에게 제공하는 농지 경작권 제도, ② 생산된 농산물의 일부를 정부에게 공출시키는 농산물 공출 제도, ③ 생산하는 작물의 종류를 정부가 정한 계획재배 제도이다. 그중에서도 군사

---

6 현재 도쿄대학 동양문화연구소(東京大學東洋文化硏究所) 소장이며, 1993년부터 1995년까지 미얀마 농업부 농업계획국에서 객원연구원으로 재직한 바 있다. _옮긴이

정권은 쌀에 이상할 정도로까지 집착을 보이며 개입을 계속했기에 '쌀 지상주의'라고도 불렸다.

이러한 정책은 합리성을 결여했었다. 무엇보다도 농민들의 인센티브를 빼앗았다. 오카모토 이쿠코(岡本郁子)의 실증 연구가 보여주는 것처럼, 군사정권의 개입이 거의 없었던 녹두 등 두류(豆類)는 수출용 농산물로서 그 생산력이 향상되었다(Okamoto, 2008). 조건까지 정비된다면 농민의 경제 합리성이 작용해 농업이 발전할 여지는 충분이 있었던 것이다. 성장의 맹아를 막았던 것은 군사정권의 통제적인 경제정책이었다.

사람뿐만이 아니라 자연환경도 수탈되었다. 투명성과 원칙을 결여한 가운데 목재의 불법적인 벌채, 광산 자원의 불법적인 채굴이 일상화된다. 예를 들면 천연자원과 분쟁 및 부정부패에 대해서 조사해 왔던 NGO인 글로벌 위트니스(Global Witness)는 2004년에 미얀마에서 중국으로 수출되었던 목재의 95%를 불법적인 벌채와 밀수에 의한 것이라고 보고 있다. 그 양은 100만m³를 넘으며 손실 액수는 300억 엔(円) 정도로 추산되었다 (Global Witness, 2005).

더욱 부가가치가 높은 비취, 루비, 금 등의 광물자원에 대한 채굴도 불법적인 조업이 많고 오염수의 방출 등 환경에 미치는 부하(負荷)도 높으며, 노동자의 안전 등은 거의 배려되지 않았다. 그러한 자원의 일부는 군과 다음 장에서 상세하게 논하는 소수민족 무장 세력 쌍방의 자금원이 되었던 것으로 여겨지며, 이른바 '피의 다이아몬드'(blood diamond, 고부가가치의 천연자원이 폭력적 분쟁의 장기화를 유발하는) 문제가 미얀마에서도 일어났던 것이다.

군 계통의 기업과 연고자본주의의 성장

이러한 경제 아래에서 지대(地代, rent)가 발생한다. 지대란 시장경제에서는 생기지 않는 초과 이익을 말한다. 정부의 권한이 시장경제의 경쟁을 저해하고 불공정한 이익이 생겨난다. 군사정권 아래의 국가라고 한다면, 지대는 군의 주위에서 발생한다.

시장경제 아래에서 군 계통의 기업이 생겨나고 급성장했다. 두 개의 그룹이 있다. 하나는 미얀마연방경제지주회사(UMEHL)[7]이다. 시장경제화가 시작된 직후인 1990년에 설립되었다. 국방부의 일부 부처 및 부대, 현역·퇴역 군인이 주주로서 출자하고 있다. 2007년 시점에서 100% 출자한 회사 35개, 자회사 9개, 계열사 7개를 보유하고 있는 커다란 기업집단이 되었다(Maung Aung Myoe, 2009).

군이 소유하고 있는 또 하나의 기업집단은 미얀마경제공사(MEC)[8]이다. 이것은 UMEHL보다도 다소 늦게 1997년에 설립되었다. 은행, 철강, 시멘트, 대리석, 설탕, 메탄올, 석탄, 맥주, 무역, 금융 등 사업 분야가 여러 갈래로 걸쳐져 있다. 두 회사의 차이점은 근거법과 소관하는 국방부 내의 부처가 다르다는 것 정도에 불과하다.

두 그룹 모두 표면적인 기업 활동의 목적은 현역·퇴역 군인의 복리 후생을 위한 것이다. 2000년대 중반에 일반 사병의 급여는 월액(月額)으로 1500엔 정도로 낮았다. 숙소에서 거주하는 등 조직의 복리 후생이 없으면 생활을 하기가 어렵다. 군 계통의 기업집단이 획득한 수익은 국가 예산과는 별도의 세입으로서 군의 구성원에 대한 급여를 보전하는 수단이 되었다. UMEHL 주식의 이율은 국채 및 은행의 예금 금리보다도 높게 설정되어 있으며 군인들에게 저축을 장려시키기 위한 수단이 되기도 했다.

---

7   전체 명칭은 Union of Myanmar Economic Holdings Limited이다. _옮긴이

8   전체 명칭은 Myanmar Economic Corporation이다. _옮긴이

한편으로 시장경제화에 따른 민간 부문의 성장은 새로운 사업가 계층을 만들어냈다. 그 가운데로부터 군과의 커넥션을 이용해 민간 기업집단으로서 성장하는 재벌이 나타났다. 이러한 재벌은 종종 크로니(crony)라고 불렸다. 애당초 친구 및 동료를 의미하는 이 용어는 경쟁보다도 연고 또는 인맥을 통해 부가 축적되는 불공정한 시장〔crony capitalism 또는 연고자본주의(緣故資本主義)〕에서 성장하는 사업가 및 기업집단 등을 지칭해 사용된다. 버마어에서도 '크로니'라고 영어와 마찬가지의 형태로 사용된다. 일본어의 정상(政商)[9]이 갖고 있는 뉘앙스에 가깝다. 이 재벌에 대해서는 다음 장에서 다시 검토하도록 하겠다.

예기치 않았던 '개혁의 시대'로

1988년에 시작된 군사정권은 탄슈웨를 정점으로 직접 군이 정권을 담당하고, 아울러 사회경제의 통제를 기본으로 하는 통치와 수탈적이며 '저위 안정형'의 경제가 지속되면서 23년간 계속되었다. 그 결과, 민주화 및 경제성장이 진전되었던 동남아시아 국가들을 곁눈질로 바라보며 미얀마는 정체되었다.

하지만 정체되었다고 하더라도 결코 붕괴의 낭떠러지에 있었던 것은 아니다. 강력한 독재 아래에서 천연가스의 수출로 정부의 재정은 개선되었으며 민주화 세력은 탄압에 의해 약체화되었다. 군사정권이 발표한 '민주화'를 향한 로드맵에는 시간표가 없다. 기한을 연장시키겠다고 생각한다면 언제까지라도 뒤로 미룰 수 있을 것임에 틀림없다. 하지만 탄슈웨는 은퇴를 결정했다. 그리고 거의 기대감이 없는 가운데 미얀마는 민주화와

---

9 여기서 정상이란 정부 또는 정치가와 결탁해 특별한 이권을 얻는 상인을 지칭하는 말이다. _옮긴이

경제 발전의 시대에 진입했다. 왜 그러한 일이 일어났던 것일까? 그 이유를 다음 장에서 살펴보도록 하겠다.

제3장

독재의 종식, 예기치 않은 개혁(2011~2016)

2011년 3월 30일 미얀마의 군사정권은 신헌법에 기초해 새로운 체제로 이행되었다. 지금에 와서 돌이켜보면 이 새로운 체제로의 이행을 계기로 미얀마에서 민주화가 진전되고 경제도 성장했다며 사정을 잘 알고 있다는 듯이 말할 수 있다. 하지만 당시에는 이러한 체제 이행은 형식일 뿐이며 실제로는 군사정권이 계속될 것이라는 견해가 대세였다. 필자도 그렇게 생각했었다(中西嘉宏, 2009).

그런데 2011년부터 미얀마는 크게 변화했다. 정치, 경제, 사회, 외교의 모든 방면에서 미얀마는 거의 다른 나라가 되어버린 듯했다. 그렇게 되자, 이번에는 미얀마가 군사정권으로 돌아가지 않을 것이라는 목소리가 지배적이 된다. 필자도 그렇게 말했다. 그런데 쿠데타가 다시 일어났기 때문에 예측은 참으로 어려운 것이다.

이 장에서는 최근에 처음으로 대부분의 예상을 뒤집었던 테인세인 정권 시기의 5년 동안, 즉 2011년부터 2016년까지의 정치 경제 영역에서의 변동에 대해서 고찰해 보도록 하겠다. 미얀마는 장기간 정체되었던 군사정권으로부터 왜 변화할 수 있었던 것일까?

1. 군이 바꾸어버린 정치

위로부터의 이행

미얀마에서 2011년에 발생한 체제 이행은 군사정권으로부터 문민 정권으로의 이행이며 '민정 이양'이라고 불린다. 민정 이양은 민주화와 동일한 것이 아니다. 군인 중심의 체제에서 문민 중심의 체제로 이행하는 것을 의미할 뿐이며, 민주화가 이루어지는 일도 있지만, 군사정권으로부터 다른 비민주적인 체제로 이행하는 일도 있다. 미얀마의 경우에는 후자에 해당한다. 게다가 군이 민주화를 요구하는 국민의 목소리에 굴복했던 것은 아니며, 군이 일관되게 관리했던 '위로부터의 이행'이었다.

이렇게 말하면 큰 변화가 아닌 것처럼 느껴질지도 모른다. 하지만 군사정권의 관리 아래에 있다고 하더라도 헌법도 의회도 없었던 것으로부터 헌법이 성립하고(2008년 5월 10일), 총선거가 실시되었다(2010년 11월 7일). 의회의 소집(2011년 1월 31일), 의원들의 투표에 의한 대통령 선출(2011년 2월 4일), 조각(組閣) 및 지방 수장의 임명으로 나아가게 된다. 군에게 집중되어 있었던 국가권력이 입법부 및 행정부에 분할되고, 나아가 지방정부에도 일부 권한이 이양되었다. 민주화가 아니라고 하더라도 변화의 폭으로서는 작지 않았다.

게다가 이 민정 이양은 지도자가 교체되는 타이밍이기도 했다. 탄슈웨는 1933년에 출생했으며 2010년에 이미 77세의 나이였다. 부의장이자 파트너였던 마웅에도 73세였으며, 두 사람 모두 고령이었다. 두 사람 사이에 선양(禪讓)이 이루어질 것이라고 생각하기는 힘들었는데, 만약 그렇게 된다면 약 20년 동안 국가의 지도자이자 군의 최고사령관이기도 했던 인물과 그 최측근이 정계로부터 은퇴하는 것이 된다.

그렇다면 후계자는 누구일까? 미얀마는 법치보다도 인치(人治)의 국가

이므로 새로운 헌법이라는 제도의 적용도 지도자에 따라서 여하히 변한다. 최고 지도자에 더해 중요한 것은 군의 수장이다. 새로운 헌법에서는 대통령으로 현역 군인이 되는 것은 불가능해졌기 때문에 23년 만에 국가의 최고 권력자와 군의 최고사령관에 각각 다른 인물이 취임하게 된다. 도대체 누가 새롭게 군을 이끌 것인가?

과묵한 독재자의 진의는 군 간부도 헤아릴 수 없기에 정권 관계자는 긴장했다.

테인세인

2011년 3월 30일 새로운 대통령에 취임했던 것은 테인세인이었다.

테인세인이 태어난 곳은 에야와디 삼각주의 서남쪽 끝에 있는 웅가푸도(Ngapudaw)군의 촌쿠(Kyonku) 마을이다. 에야와디강의 지류인 파테인강의 하구로부터 15km 정도 위로 올라간 곳에 있다. 하천의 폭은 3km이며 웅대하다고 말할 수도 있지만 마을의 지면과 강 표면의 표고 차이가 별로 없으며 처음 보면 큰 강에 삼켜져버리는 듯한 긴장감에 몸이 굳어진다.

이 마을에서 출생한 테인세인의 부친은 농업 노동자였다. 농업 노동자는 미얀마의 농촌에서 가장 빈민층에 해당한다. 전기도 없는 마을의 농업 노동자 가족의 막내로 자라났다. 마을에는 소학교밖에 없었기에 중학교는 다른 마을에서 다녔으며, 그 이후 에야와디 관구의 중심지 파테인의 고등학교에 입학했다. 서로 알고 지내는 집을 전전하면서 다녔다고 한다. 학업 성적은 좋았지만 경제적으로 대학에 다니기란 어려웠기 때문에 돈도 벌고 학력도 얻게 된다는 이유로 군의 사관학교에 시험을 치르고 들어갔다. 1963년에 제9기생으로서 졸업했고 육군에 배치되었다.

침착한 성격과 뛰어난 업무 능력으로 인해 순조롭게 승진한다. 전기(轉機)가 되었던 것은 지방의 대대장에서 참모 본부로의 이동이었다. 1991년

〈그림 3-1〉 **테인세인**

의 일이다. 그로부터 머지않아 탄슈웨가 군 최고사령관에 취임했다. 탄슈웨의 아래에서 고급 막료로서 일하면서 신뢰를 얻는다. 새로운 군관구인 삼각지대 군관구(Triangle Regional Military Command, 샨주 동부)의 개설을 사령관으로 맡게 되고, 그 이후 다시 참모 본부로 불려 들어와 군무 국장(軍務局長)에 취임했다. 킨뉸이 실각한 이후 2004년에 국가평화발전평의회(SPDC) 제1서기가 된다. 2007년에는 총리에 취임했다.

착실하고 온화한 성격이라고 관계자는 입을 모아 말한다. 장기간 그의 주변에서 일을 해왔던 비서관의 이야기에 따르면, 테인세인이 언성을 높이며 화내는 것을 본 적이 없다고 한다. 화를 낼 때는 있지만 그때에는 단지 입을 다물고 있다. 군인 특유의 보스인 척하는 행동은 보이지 않았으며, 그런 까닭에 탄슈웨에게 순종적인 예스맨으로 여겨졌으므로 물망은 결코 높지 않았다.

본인도 자신이 대통령에 취임하게 될 것이라고는 예상하지 못했다고 한다. 필자와의 인터뷰에서 테인세인은 대통령에 취임하게 될 때까지를 회고하며 대체적으로 다음과 같이 말했다.

그는 SPDC 제1서기로서 국민회의에서 새로운 헌법의 초안을 정리하고 사이클론 나르기스(2008년 5월에 에야와디 삼각주를 직격해 240만 명 이상의 이재민을 만들어냈음)의 부흥 지원을 총괄하는 '자연재해대책 중앙위원회'의 위원장도 맡았다. 총리에도 취임해 외교 무대에도 서게 되었다. 하지만 그 이후에 은퇴할 생각이었다. 왜냐하면 탄슈웨 장군에게는 마음속에 두고 있는 후계자가 있었기 때문이다. 소윈(Soe Win, 1961~) 장군(킨뉸이 실각한 이후 총리에 취임)을 후계자로서 생각했던 것으로 여겨진다. 그런데 2007년 소원이 질병으로 사망해 버렸다. 후임으로 총리를 맡았지만 그럼에도 후계자 후보는 아니었다. 가장 유력한 후보는 삼군(三軍) 합참의장[1]인 투라 슈웨만(Thura Shwe Mann) 장군이었다. 그런 가운데 2010년의 선거에 입후보하게 되었고 대통령으로까지 취임하게 되었다. 그 누구도 예상하지 못했다. 가슴에는 인공 심장 박동기도 박혀 있었기 때문에, 대통령의 격무는 건강에도 좋지 않다. 가족도 은퇴하기를 바랐다. 아내는 남편이 대통령이 되었음에도 기뻐하지 않았으며 한 차례도 해외 순방 등에 동행하지 않았다.

테인세인이 정말로 대통령에 취임하는 것을 바라지 않았는지 여부에 대해서는 유보할 필요가 있지만, 정권의 중추에 있는 사람들에게 2011년은 탄슈웨가 후계자를 지명하는 타이밍이었다는 것이 전해진다. 승진을 놓고 벌어지는 경쟁에서 승리를 쟁취한 장군들이 권력의 계승에 강한 관심을 갖는 것은 불가사의한 일이 아니다.

그리고 탄슈웨가 선택했던 것은 작전 장교로서 출세 코스의 왕도를 걸었던 투라 슈웨만이 아니라, 소극적이며 조정(調整)과 조직을 관리하는 데 강점이 있었던 테인세인이었다. 투라 슈웨만은 여당의 당수 및 하원 의장이 된다. 이것도 결코 낮은 지위는 아니지만, 본인은 매우 낙담했던 것으로 알려져 있다.

새로운 최고사령관
그 무렵 군의 새로운 인사에서도 예상 밖의 결과가 있었다. 새로운 최

---

1   영어로는 Joint Chief of Staff of the Army, Navy, and Air Force라고 표기된다. _옮긴이

고사령관의 가장 유력 후보자로서 간주되었던 인물이 마지막 순간에 배제되었던 것이다.

2010년 8월에 지방 사령관의 수장인 군관구 사령관 이상의 역직(役職)에만 37개의 자리가 바뀌었다. 이 이동으로 탄슈웨와 마웅에를 제외한 50대 후반에서 60대 후반 나이의 간부들이 모두 퇴역했다. 물론 그냥 물러나게 하는 것은 아니다. 퇴역한 군 간부의 다수는 연방단결발전당(USDP)[2]으로부터 11월의 선거에 입후보하게 되었다. 선거가 자유롭고 공정하다고는 그 누구도 생각하지 않았고 USDP가 반드시 승리하게 될 선거라고 예상되었으며, 의원으로 '재취직(낙하산 인사)'할 곳을 준비하고 군의 연소화(年少化)를 도모하는 인사였다.

이 시점에서 차기 최고사령관의 유력 후보자였던 것은 투라 민아웅(Thura Myint Aung) 중장이었다. 전술한 인사이동 시에 그 이름은 간부 명단에서 사라졌으며 탄슈웨 장군과 행동을 함께했다. 새로운 정권의 발족과 함께, 최고사령관이 되는 시나리오를 구상하고 있었을 것이다. 하지만 최종적으로는 투라 슈웨만의 후임으로 삼군 합참의장으로 승진했던 민아웅흘라잉이 후임자가 되었다.

테인세인에 따르면, 투라 민아웅의 친족에게 취임을 방해했던 원인이 있었다고 한다. 앞 장에서 살펴본 바와 같이, 2004년 킨뉸의 실각에 따라 군 정보부가 해체되었다. 그때 많은 정보부의 군인이 체포·투옥되었는데, 투라 민아웅의 친족이 거기에 포함되어 있었다는 것이 발각되어 후계할 후보자로부터 배제되었다고 한다.

대통령이 될 유력 후보자였던 투라 슈웨만의 취임이 뒤로 미루어지게

---

2   전체 명칭은 Union Solidarity and Development Party이며, 2010년 6월 2일에 창당되었다. _옮긴이

된 것에 대해서도 아들 두 명이 재벌의 요직에 올랐고 그중의 한 명은 정상(政商)의 딸과 결혼하는 등, 가족과 재계가 너무 깊이 연결되어 있었던 게 이유라고 말해진다. 두 사람 모두 '신체검사'에서 걸려서 발목 잡혔다고 할 수 있다.

이러한 탄슈웨의 결정은 미얀마의 군사독재가 지닌 일종의 버릇과 같은 것과도 관계되어 있다. 탄슈웨의 권한은 강대했고 재산도 모았으며 가족은 많은 특권을 누리고 있다. 하지만 인척 관계를 군 간부의 인사에 가지고 들어오는 일은 없었다. 일종의 공사 구별과 같은 것이 거기에는 작용했다. 친족을 우선하는 인사는 군 내부에 쓸모없는 부작용을 일으키기 때문이다. 탄슈웨는 군의 외부에 지지 모체를 갖고 있지 않았기 때문에 군 내부의 정치에는 신경을 곤두세워왔다. 실로 20년 만에 정권과 군의 지도자가 교체되는 것이라면 각별한 배려가 필요하다. 탄슈웨의 신중함을 엿볼 수 있는 새로운 인사였다.

2. 제도가 변하고, 행동도 변하다

테인세인 정권이 발족했을 당초에 기대감은 높지 않았다. 독재가 끝났다고는 하더라도 군사정권 시대의 간부들이 정권에 버티고 앉아 있었기 때문에 자연스러운 추측이라고 할 수 있다. 그런데 그 이후 예상을 초월해 급속하게 개혁이 추진된다.

다만 세계의 민주화 사례를 관찰해 보면 이러한 일은 그다지 드물지 않다. 민중의 혁명으로 일어난 민주화보다도 권위적인 체제가 스스로 자유화 및 민주화를 추진하는 쪽이 수적으로 많다(Albertus and Menaldo, 2018). 이러한 개혁을 이끈 것은 종종 구체제 내에 있었던 개혁파로, 테인세인과 그를 밑받침했던 간부들은 실로 그러한 사람들이었다.

공식 제도의 변화

우선은 2008년 헌법에서의 제도의 설정을 알아둘 필요가 있을 것이다. 새로운 헌법에서는 집정부(행정부), 입법부, 군이 분리되어 있었다. 미얀마의 경우에는 사법부는 공식 제도로서는 독립되어 있더라도 실제의 권력은 약하기에, 여기에서는 설명을 생략하기로 한다. SLORC 및 SPDC 등의 군사 평의회에 권한이 집중된 체제는 종식되고 권력균형의 틀이 생겨났다(〈그림 3-2〉 참조). 아래에서는 각각의 기관이 갖고 있는 특징을 살펴보도록 하겠다.

우선은 집정부이다. 2008년 헌법은 대통령제와 의원내각제가 혼합되어 있는 형태를 취하고 있다. 집정부의 수장은 대통령인데, 대통령은 의원에 의한 투표로 선출된다. 구체적으로는 연방의회 의원을 세 가지의 선거인단, 즉 ① 하원의 민선의원, ② 상원의 민선의원, ③ 상원·하원 양원의 군 대표 의원으로 나누고 각각이 대통령 후보자를 선출하고 전체 의원의 투표를 통해 대통령과 부통령 두 사람을 선출한다.

대통령, 부통령, 각료가 의원을 겸무하는 것이나, 정부의 간부가 정당활동을 하는 것은 금지되어 있으므로 정부 간부로 취임한 의원은 의원을 사직해야 한다. 대통령에 의한 의회 해산권도 없으며, 집정부와 의회 간의 균형이 의식된 대통령제적 요소가 있다. 의회가 통과시킨 법안을 대통령이 거부할 권한은 인정되지만, 연방원(상원·하원 양원의 합동 회의)에 의한 과반수의 찬성으로 재가결된 법안은 대통령이 서명하지 않더라도 법률로서 성립된다. 따라서 강한 거부권이 아니다.

다음으로 입법부이다. 연방의회가 설치되어 입법 과정에서 이전보다 투명성이 생겨났다. 일본의 국회에 해당하는 연방의회는 하원(인민원)과

〈그림 3-2〉 **민정 이양 이후의 통치 기구 조감도**

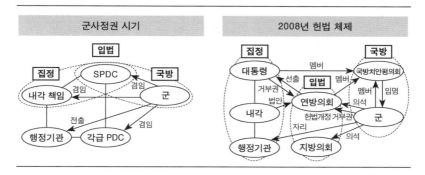

상원(민족원)으로 구성되는 양원제를 채택하고 있다. 하원(정수 440명)은 전국의 군(郡, township)을 기초로 단순 소선구제에 의해 선출된 민선의원(정수 330명)과 군 최고사령관이 지명하고 대통령이 임명하는 군 대표 의원(최대 정수 110명)으로 구성되어 있다. 상원(정수 224명)은 전국에 일곱 개가 있는 관구(管區, region)와 소수민족이 다수파를 차지하고 있는 지역에 해당하는 일곱 개 주(州, state), 각각에 동수(同數)의 12개 의석을 할당해 선출되는 민선의원(168명)으로 구성된다. 하원은 마찬가지로 군 최고사령관이 지명하고 대통령이 임명하는 군 대표 의원(최대 정수 56명)이 있다.

마지막으로는 군이다. 55세의 장군을 수장으로 하는 체제로 연소화된 위에 각료와 공무원의 겸무는 원칙적으로 금지되었으며, 현역 군인이 각료의 대부분을 차지하는 일은 없어졌다. 정치에 대한 관여를 약화했다고 말할 수 있다. 그렇다고 하더라도 그것은 어디까지나 과거와 비교해서 하는 말이며, 군의 조직적 독립성 및 정치·행정에 대한 관여는 여러 형태로 보장되었다(〈표 3-1〉 참조).

2008년 헌법의 제6조 '기본 원칙'은 군의 정치 참여를 통치의 원칙으로서 정하고 있다. 또한 행정 기구로 군 장교들을 파견해 근무시키는 것을

〈표 3-1〉 **군의 정치적 역할에 관한 주요 헌법 조문**

분류	조항	내용
국가의 기본 원칙	제6조(f)	정치 리더십에 대한 군의 참여
	제20조(e)	연방의 비분열, 국가 통합의 비분열, 주권의 영속에 책임을 갖는 군
	제20조(f)	헌법을 수호하는 것이 군의 주요 책임
입법권 관계	제14조	연방의회·지방의회에서의 군 최고사령관에 의한 군 대표 의원의 지명
	제74조	상원·하원에서의 군 대표 의원
	제109조(b), 제141조(b)	상원·하원의 군 최고사령관에 의한 지명
집정권 관계	제17조(b)	국방, 치안, 국경 개발·관리에서의 군 최고사령관이 지명한 군인의 관여
	제60조(b)(iii)	대통령 선거인단을 군 대표 의원으로부터 구성
	제232조(b), 제234조(b)	국방, 내무, 국경 장관 및 차관의 군 최고사령관에 의한 지명
비상사태선언 관계	제40조(b)(c)	비상사태선언을 요하는 경우, 군은 위험을 방지하고 보호를 제공
	제417조, 제418조(a)	비상사태선언에 의한 입법, 행정, 사법권의 군 최고사령관에의 이양
	제420조	비상사태선언 아래에서의 국민의 기본적 권리에 대한 제한
	제421조(a)	비상사태선언에서의 군 최고사령관의 의회에 대한 보고 의무
	제422조	비상사태선언 아래에서의 군 최고사령관의 임무 종료 이후의 절차

주: 이 밖에도 국방치안평의회(NDSC)를 통한 정치에 대한 관여가 있는데 간접적인 것이므로 여기에서 열거하지 않았
다(151~152쪽 참조).

인정하고, 연방의회의 상원·하원 정원의 최대 4분의 1을 군 최고사령관
이 지명한 의원(군 대표 의원)으로 삼고 있다. 또한 국방 장관, 내무 장관,
국경(國境) 장관도 또한 군 최고사령관으로부터의 추거를 토대로 임명되
었다. 입법·행정에 대한 관여가 보장되어 있는 것이다.

군이 입법·행정에 관여해 왔다고 하더라도 그 수장의 인사권을 대통령
이 억누른다면 통제가 가능하지만, 그것도 불가능해졌다. 군 최고사령관
의 인사는 국방치안평의회(NDSC)[3]의 추천을 받아 대통령이 임명하는데,

---

3   전체 명칭은 National Defence and Security Council이다. _옮긴이

해당 평의회를 구성하는 11명은 대통령이 만약 문민이라고 하더라도 과반수의 여섯 명을 군 관계자(현역 군인, 퇴역 군인 또는 군의 추천을 받은 자)가 차지하고 있다. 즉, 군의 최고사령관에 대한 인사는 군에서 결정하게 되어 있는 것이다. 군을 지휘하는 최고 책임자도 대통령이 아니라 군의 최고사령관이다.

그러한 군은 더 나아가 헌법 개정을 거부할 수 있는 권한을 갖고 있다. 헌법 개정 법안의 통과에는 양원 각각 정수의 4분의 3을 넘는 찬성을 얻을 필요가 있다. 그 위에 국민투표가 필요한 것으로 되어 있다. 의회 정수의 4분의 1을 차지하고 있는 군 대표 의원의 찬성 없이는 헌법 개정은 불가능하기 때문에 군은 헌법이 규정하고 있는 정치체제를 **바꾸지 않을** 힘을 갖고 있다.

집단지도체제

대통령제, 의원내각제, 그리고 군사정권의 요소를 합쳐서 지니고 있는 체제는 그때까지의 미얀마의 두 가지 헌법, 즉 ① 상징적인 대통령을 옹립한 아래에서의 의원내각제를 정한 '1947년 헌법', ② 사회주의국가를 모델로 삼았던 '1974년 헌법' 등과는 전혀 다른 것이었다.

이 새로운 헌법과 통치 기구에는 대통령의 권한이 가장 크지만, 여당은 입법 과정에 영향을 사용해 대통령을 견제하는 것이 가능하다. 군도 정부의 일부이면서 실질적으로는 독립해 집정부와 입법부에도 관여하고 헌법 개정을 거부할 수 있다. ① 대통령, ② 여당(의회), ③ 군 최고사령관이라는 삼자 간에 권력의 균형이 생겨나는 것이 상정되고 있다.

그러한 공식 제도의 이면에 군인의 네트워크가 펼쳐져 있다. 대통령에는 군사정권 시대의 전(前) 4인자가 취임해 있다. 여당의 당수이자 의회의 의장은 군사정권의 전 3인자이다. 군 최고사령관에는 탄슈웨가 직접 지명했던 차세대의 장군이 취임했다. 장관 및 여당 간부는 퇴역한 군 간부들이다(대통령, 부통령을 포함해 33명의 각료 중에서 28명이 현역 장교 또는 퇴역 장교이다). 즉, 민정 이양은 퇴역한 장군과, 그것보다 한 띠(12살)가 젊은 현역 장교들에 의한 집단지도체제로의 이행이기도 했던 것이다.

각료 명부는 테인세인 신임 대통령이 스스로 만들었고, 탄슈웨로부터 승인을 얻었다. 최초의 조각 이래 정권 운영에 대해서 탄슈웨로부터 지시가 내려진 적은 없었다고 한다. 이와 같은 테인세인의 말을 믿는다면, 이른바 원정(섭정)[4]이 펼쳐지지는 않았다고 할 수 있다.

개혁의 원동력

테인세인은 군사정권 기간에 개혁의 아이디어를 품고 있었던 것은 아니다. 그래서 많은 대통령 고문을 고용했다. 장기간 군 내부에서 닫혀 있었던 정책 형성 과정을 외부를 향해 개방한 것이 갖는 의의는 크다.

경제, 정치, 법률 분야의 세 개 팀이 만들어지고 경제 팀에는 캘리포니아주립대학 버클리 분교(UCB)에서 경제학 박사 학위를 취득하고 유네스코(UNESCO)[5]에서도 근무했던 경험이 있는 경제학자 우민(U Myint), 나중에 일본이 주도하는 틸라와(Thilawa) 경제특구의 개발에 진력하게 되는 세아웅(Set Aung)이 있었다. 정치 팀에는 군으로부터 정보부로 전출해 조사·분석에 종사했던 코코흘라잉(Ko Ko Hlaing)과 사업가이자 문필가였던 네진라트(Nay Zin Latt)가 들어갔다.[6] 고문으로 취임할 때까지 테인세인 대통

---

4 원정은 현직에서 은퇴했으나 계속해서 막후에서 실권을 장악하고 있는 것을 의미한다. _옮긴이

5 정식 명칭은 유엔교육과학문화기구(United Nations Educational, Scientific and Cultural Organization)이다. _옮긴이

령과는 면식이 없었던 사람도 많다.

　정권 수립으로부터 1년 6개월에 걸쳐서 각내의 진용도 더욱 지도력을 발휘하기 쉬운 포진으로 교체되었다. 2012년 9월 대통령실 소속 장관을 그때까지 두 명에서 여섯 명으로 증원하고 그들이 대통령으로부터 지시를 받아 각 장관을 총괄했다. 그중에서도 최측근은 두 명이었다.

　우선 한 사람은 소테인(Soe Thein)이다. 전 해군 사령관으로 민정 이양 이전에 제2산업 장관(Minister for Industry-2)에 취임했었다. 그 이후 대통령실 소속 장관 중의 한 명이 되어 주로 경제 관청의 각료로 구성되어 있는 경제위원회 위원장으로서 경제 안건을 한 손에 총괄했다. 각의에서도 경제에 대해서는 소테인만이 원칙적으로 발언하는 것이 허락되었다고 한다. "정권 발족부터 6개월 동안 민주주의가 무엇인지를 알게 되었다"라고 필자에게 말했던 소테인은 영국에서 체재했던 이력이 있고 영어를 유창하게 말하며 외부 세계를 알고 있다. 또한 주류인 육군 출신이 아니기 때문에 과거 지도자로부터의 속박이 적었다.

　또 한 사람은 아웅민(Aung Min)이다. 육군에서 군관구 사령관까지 승진한 이후 2003년에 철도운송 장관(Minister for Rail Transportation)에 취임하고 그 지위를 8년 동안에 걸쳐 맡았으며 뛰어난 실무 능력이 좋은 평가를 받아 민정 이양 이후에도 유임되었다. 테인세인으로부터 소수민족 무장 세력과의 화평 교섭을 추진하도록 지시를 받고, 자신의 아래로 NLD와 일선을 긋고 내부로부터 개혁을 지향해 왔던 제3세력을 모았다(제3세력에 대해서는 제1장을 참조하기 바란다). 망명 생활을 했던 활동가들 또는 해외에 있던 지식인들도 협력한다. 화평 교섭뿐만 아니라 테인세인 대통령에 대

6　한편 법률 팀(legal advisory board)은 시에(Sit Aye)의 주도 아래 구성되었다. _옮긴이

한 각종 조언 및 외교단과의 중개자 역할을 수행하게 되었다.

이 두 사람은 모두 군의 주류파가 아니었다. 소테인은 전 해군 장교이며 육군 중심의 미얀마군에서는 방계이다. 아웅민도 군관구 사령관 출신으로 장관 자리에 낙하산 인사로 들어온 군인이며, 군 내부의 톱클래스는 아니다. 종래의 군 내부 서열을 배려하지 않고 테인세인은 측근으로서 그들을 중용했던 것이다. 그 측근들 아래에서 내외의 실무가 및 지식인 등이 연계되었다. 군사정권 시대에는 없었던 한 가지의 연계라고 말할 수 있다.

한편으로 개혁 노선에 저항하는 각료들은 힘을 잃었다. 예를 들면 부통령에 취임했던 틴아웅민우(Tin Aung Myint Oo)는 군 참모 본부에서 병참국장 및 SPDC 제1서기를 역임했던 유력자였으며 민주화 세력에 대한 강경한 자세와 친중국 성향의 인물로서 알려져 있었는데 2012년에 사직했다.

체제의 약점

테인세인 정권에는 약점도 있었다. 구체적으로 세 가지를 들어보도록 하겠다.

우선 벗어나기 힘든 군사정권의 이미지다. 테인세인이 아무리 개혁을 추진하고자 하더라도 군사정권 시대의 총리였다는 과거는 변하지 않는다. 정권의 간부도 전 장군들이 대부분이다. 개혁이 추진되더라도 과거의 군사정권 이미지를 불식시키는 것은 어려웠다.

다음으로 여당의 약점이다. 체제의 유지라는 관점에서는 이것이 가장 심각한 문제라고 말할 수 있다. 여당 USDP는 양원에서 과반수의 의석(2012년 시점에서 하원에서는 51.5%, 상원에서는 54.9%)을 차지했다. 이 정당의 모체는 1994년에 결성된 대중 동원 조직인 연방단결발전협회(USDA)이다. USDA는 공무원 및 군인의 가족 등에게 가입해야 하는 의무가 있으며, 공식 구성원은 1000만 명이었다.

이 USDA를 정당으로서 재편했던 것이 USDP이며, 장군들이 퇴역해 USDP의 최고 간부에 취임했다. 소속 의원의 프로필을 살펴보면, 양원 모두 사업가와 공무원 출신자가 각각 30% 남짓 차지하고 있으며 군인은 간부층을 중심으로 10% 미만이다(中西嘉宏, 2015). 필자가 이야기를 전해 들었던 바에 의하면, 의원들의 사기는 대체적으로 낮았다. 군으로부터 입후보와 관련된 의뢰가 있었고 거절할 수도 없었기에 받아들여 당선되었던 사람도 적지 않다. 따라서 정당으로서의 통합력이 약하다.

그리고 세 번째의 약점은 입법부와의 대립이다. 하원 의장인 투라 슈웨만이 의원으로부터 지지를 받는 것을 배경으로 점차 득세를 하며 대통령과 대립하게 되었다. 아웅산수찌가 야당 의원이 된 이후에는 아웅산수찌에게도 접근하려 했다. 대통령 후보자로부터 일전해 하원 의장이 된 투라 슈웨만이 권력에 대한 의지를 드러냄으로써 대통령과 야당 간의 보조가 맞추어지지 않게 되어간다.

미얀마의 새로운 체제는 집단지도체제이기는 하더라도 베트남과는 달랐다. 베트남은 공산당에 의한 일당 지배를 기초로 공산당 서기장, 국가주석, 총리, 국회 의장의 '네 가지 기둥'이 국가를 움직이는 집단지도이다. 한편 미얀마에서는 대통령, 여당 당수, 군 최고사령관이 각각의 지지 모체가 다르기 때문에 시간의 추이와 함께 집단지도 내부에 균열이 발생하고 긴장 관계가 생겨났다.

3. 자유화와 정치 화해

자유화는 어떻게 추진되었던 것인가?

민주화에는 정치 참여의 확대와 사회의 자유화 등이 포함된다. 테인세인 정권 시기의 의원들은 자유롭고 공정한 선거에 의해 선출되지 않으면 안 되었다. 따라서 정치 참여의 확대라는 점에서는 한계가 있었으며 민주적인 정권이라고는 말할 수 없을 것이다. 변화의 폭이 컸던 것은 자유화이다.

예를 들어 결사의 자유를 살펴보도록 하겠다. 2012년부터 각지에서 농민에 의한 토지 반환 운동이 빈발했던 '써레 싸움'(통도웅타이브웨)이라고 불리는 이 운동은 군정 시대에 정부 또는 기업에 수용되었던 농지의 반환을 요구하는 것이었다. 한 NGO의 조사에 따르면, 전국에서 2000건 이상의 부당한 토지 수용과 관련된 보고가 있었으며 상세한 내용이 파악된 사례만 해도 분쟁이 발생한 농지의 면적은 25만ac(약 $1000km^2$)를 넘었다. 이제까지 권력에 순종적인 존재로 간주되어 왔던 농민들이 행동을 일으키는 힘이 되었던 것은 2012년에 제정된 노동조합법과 신(新)농지법이다. 농민들이 이 법률에 의해 조합을 결성하고 정부에 대한 불만을 표명하게 되었던 것이다.

정치 운동으로서는 '검은색 리본 운동'과 '노란색 리본 운동'도 시대의 변화를 느끼게 만들었다. '검은색 리본 운동'은 보건부에서 근무하는 의료 관계자들이 보건부로 13명의 군인이 이동한 것에 대해 반대했던 운동으로 그들은 이의를 제기하기 위해 앞가슴에 검은색 리본을 달고 일을 했다. 한편 '노란색 리본 운동'은 대법원의 사무 부문에 군인이 부임하는 결정에 대해서 주로 변호사들이 노란색 리본을 앞가슴에 달고 반대 의사를 보였던 운동이다. 과거에 비공식적인 인사 관행으로서 당연하게 여겨졌던 군 장교의 '낙하산 인사'에 대항하는 운동을 정부가 허용하게 되었던 것이다.

이 밖에도 괴멸 상태에 있었던 학생운동이 부활했으며 개발 및 사회운동을 담당하는 NGO도 각지에서 늘어났다. 이 결사의 증가가 나중에 쿠데타에 대한 시민의 저항으로 연결된다.

언론의 자유도 대폭 완화되었다. 컸던 것은 사전 검열의 철폐이다. 검열의 책임 기관이었던 보도심사·등록국[7]이 2012년 8월에 사전 검열을 중단했으며, 그 이듬해에는 해당 기관이 해체되었다. 2014년 3월에는 자유로운 출판 활동을 인정하는 인쇄출판회사법이 시행된다.

정부는 미디어 산업에 대한 민간의 참여도 추진했다. 그때까지 국영 신문밖에 없었던 일간지에 신규 라이선스가 발행되고 20개 단체 및 기업이 참여했다. 마찬가지의 일이 주간지, 월간지, 방송(TV) 등에서도 일어났다. ≪이라와디(The Irrawaddy)≫, ≪미짐마(Mizzima)≫, ≪민주 버마의 목소리(Democratic Voice of Burma)≫ 등 망명 미얀마인들이 해외를 거점으로 설립한 저널 및 미디어에 대해서도 미얀마 국내에서의 활동을 허가했다.

검열의 폐지 및 기존 미디어에 대한 민간의 참여와 병행해 추진되었던 것이 인터넷의 보급이다. 스마트폰이 급속하게 확대되고 휴대전화를 통한 정보 통신, 그중에서도 소셜 미디어(SNS)의 이용이 단기간 안에 일상화되었다. 인터넷을 포함한 통신사업은 장기간 운수통신부(Ministry of Transport and Communications) 산하의 미얀마 우편전화공사(MPT)[8]가 독점했었는데, 2013년의 새로운 통신법의 시행에 따라 해외 기업 2개사, 국내 기업 2개사에 신규 라이선스가 발행되었다. 노르웨이의 텔레노르(Telenor)와 카타르의 오레두(Ooredoo)가 경쟁입찰로 낙찰을 받아 통신 네트워크 부설과 휴대전화 서비스업에 참여한다. 국영 MPT는 일본의 스미토모상사(住友商事)와 KDDI가 공동으로 사업을 운영하게 되었다. 회사 간 경쟁으로 통신 서비스의 이용 요금이 크게 내려갔다.

7 　영어로는 Press Scrutiny and Registration Division이라고 표기된다. _옮긴이

8 　전체 명칭은 Myanmar Posts and Telecommunications이다. _옮긴이

과거에 20만 엔이 필요했던 휴대전화도 저렴한 SIM 카드와 중국에서 수입된 스마트폰으로 도시와 농촌을 불문하고 손쉽게 구입할 수 있게 되었다. 스마트폰과 소셜 미디어(SNS)로서 가장 많이 이용되었던 페이스북 (Facebook) 양자가 미얀마의 시민사회를 크게 변화시켰다.

마주 닿은 손

자유화와 병행해 추진되었던 것이 정치 화해였다.

2011년 8월 19일 네피도의 국제회의장에서 200명 이상의 출석자가 대통령이 주최하는 세미나가 시작되기를 기다리고 있었다. 오후 1시로 예정되어 있던 시각으로부터 1시간이 벌써 넘었지만 아직 시작되지 않았다. 대통령의 도착이 늦어졌기 때문이다.

그럼에도 출석자로부터는 불만의 목소리가 없었다. 한 장관은 "늦으면 늦을수록 좋다"라며 주위에 작은 목소리로 말했다고 한다(Kyaw Yin Hlaing, 2014). 그 무렵 대통령실에서는 테인세인과 아웅산수찌가 회담하는 중이었다. 두 사람이 직접 얼굴을 마주한 것은 처음 있는 일이었다. 대통령 고문 중 한 명이 회담을 준비하며 세미나에 아웅산수찌를 초대해 실현되었다. 회담 내용은 알 수 없지만 나중에 그녀는 "(테인세인) 대통령이라면 협력할 수 있다"라고 말했다. 세미나 2일째에는 그녀도 출석했으며 가장 앞줄에 자리가 마련되었다.

이 회담에서의 반응과 '시민 자유'의 확대, 또한 정치범의 석방이 추진됨으로써 아웅산수찌의 자세가 연화되었다. 그 결과가 보궐선거에 대한 참가이다. 2012년 4월 보궐선거에 NLD는 정당으로 등록했고 그리고 압승했다. 선거가 실시되어 경합이 이루어진 45개 의석 중에 43개 의석을 획득한다. 당선된 의원 중에는 물론 아웅산수찌도 포함되어 있었다.

그녀를 포함하는 새로운 의원들은 5월에 처음으로 등원했고 선서에서는 2008년 헌법을 준수하기로 약속했다. 2008년 헌법을 인정하고 싶지 않았던 아웅산수찌에게 이 선서는 본의가 아니었을 것이다. 실제로 선서를 기피해 등원을 일단 보이콧했을 정도였다.

확실히 선서가 의미하는 것은 무거웠다. 의회에 참가해 장래적으로 정권을 획득할 기회가 생겨나지만, 그 상태 그대로 유지된다면 야당 의원으로 남게 되어버릴 가능성이 있다. 또한 헌법에는 과거 군사정권에 대한 면책조항이 있으며(제445조), 헌법을 준수한다는 것은 '과거의 탄압 및 인권침해를 모두 없었던 일로 한다'는 의미이기도 했다.

한편 테인세인도 리스크를 안고 있었다. 그녀를 의원으로서 받아들이는 것은 새로운 체제의 포섭성을 내외에 선보인다는 점에서 유리했지만, 정권 및 체제의 장래에 불확실성을 생겨나게 한다. 군을 포함한 보수적인 세력으로부터의 반발도 예상할 수 있다. 쌍방이 이해를 계산하며 행해졌던 '손뼉 치기',⁹ 그것이 아웅산수찌가 의원에 취임하는 것의 의미였다고 할 수 있다.

그 이후 아웅산수찌는 미얀마에서 추진하는 개혁에 대한 일종의 국제 홍보 대사와 같은 역할을 수행한다. 특히 그녀의 구미 사회에 대한 호소는 효과적이었다. 2012년 9월에 아웅산수찌는 미국을 방문하고 힐러리 클린턴(Hillary Clinton) 국무장관과 회담 이후에 워싱턴(Washington, DC)의 싱크 탱크에서 연설하며 "민주화의 흐름을 유지하기 위해 미국의 제재를 의지해서는 안 된다고 생각한다"라고 발언한다. 제재 완화와 테인세인 정권에 대한 지지를 호소했던 것이다. 같은 무렵, 테인세인 대통령도 유엔 총회에 출석하기 위해 뉴욕을 방문 중이었는데, 같은 타이밍에 자신의 개

---

9   여기에서 '손뼉 치기(手打ち)'란 화해 등이 이루어지려는 징후에 그 관계자들이 서로 손뼉을 치며 화해가 일단 성립되었음을 알리는 의미를 갖고 있다. _옮긴이

혁이 갖는 의의를 세계를 향해 호소했다.

그리고 미얀마에 대한 제재의 완화가 추진되었다. 그 속도는 놀라운 것이었다. 미얀마에는 구미 국가들의 국익이 옅다. 새로운 정권의 발족으로부터 겨우 2년도 채 되지 않아, 게다가 정권의 지도자층은 거의가 군 관계였다. 그럼에도 제재 완화가 추진되었던 것은 '아웅산수찌 효과' 없이는 설명할 수 없다.

야당의 당수라는 입장을 고려한다면 정권에 이렇게까지 영합할 필요는 없다. 하지만 여기에서 새로운 정권의 개혁을 뒷받침한다면 NLD와 미얀마의 장래에 이점이 있다는 계산이 아웅산수찌를 움직이도록 만들었을 것이다. 또한 나이가 그녀를 서두르게 했을지도 모른다. 1945년 출생한 그녀에게 지도자로서 남은 시간은 그리 길지 않았다. 2015년에 예정되어 있는 총선거를 향해 테인세인의 개혁을 최대한으로 이용하며 자신의 존재감을 보였다고도 말할 수 있다.

의회에서도 그녀는 새로운 얼굴을 보였다. 2012년에 중부의 사가잉 관구 모니와군에 있는 레파다웅(Letpadaung)에서 광산 개발을 둘러싼 분규가 발생했다. 이 개발 사업은 미얀마 정부와 앞 장에서 언급한 군이 소유하고 있는 기업인 미얀마연방경제지주회사(UMEHL), 그리고 중국의 국유기업인 중국완바오광산유한공사(中國萬寶鑛山有限公司)가 관여했다. 이 사업 구역 안에서 퇴거하는 것을 거부하는 일부 농민들과 해당 운동을 지지하는 단체 및 승려 들이 연좌시위를 했다. 그것을 경찰이 강제적으로 해산시켰을 때에 부상자가 발생해 스캔들이 되었다.

같은 해 12월에 대통령에 의해 조사위원회가 설치되고 하원 의원 아웅산수찌가 위원장이 된다. 그로부터 3개월 후에 제출된 최종 보고서의 결론은 주민의 호소에 일정한 이해를 표시하고 사업 내용의 개선을 조건으로 삼으면서도 광산 개발 사업의 계속을 제언하는 것이었다.

보고서가 발표된 이후 그녀가 설명을 위해 레파다웅을 방문하자, 반대파 주민들이 따지고 들며 비난을 했다. 시민으로부터 적의가 겨누어지는, 그녀에게는 이제까지 없었던 경험이었을 것이다. 사람들을 이끄는 활동가가 아니라 유권자로부터 비판을 받는 정치가 아웅산수찌의 모습이 있었다.

4. 분쟁에 대한 새로운 접근법

다민족으로 구성된 국가

테인세인의 개혁에는 여러 가지가 있는데 그중에서도 중요한 과제로 자리하던 것이 소수민족 무장 세력과의 화평 교섭이다.

미얀마에는 무장 세력이 크고 작은 것을 합쳐 약 50개 존재한다. 그중에 정부와 적대하고 있는 세력의 다수는 주요 민족인 버마족의 중앙 집권적인 통치 체제에 저항하며 자민족의 자치권 확대를 요구해 왔다. 근거지는 주로 중국과 태국의 국경 지역이다. 이러한 세력과 군은 독립 이래 전투를 벌여왔으며, 분쟁이 미얀마의 발전을 저해해 왔다는 데 이의를 제기할 사람은 없을 것이다. 테인세인은 화평을 향한 첫걸음으로서 미얀마 전역에서의 정전을 지향한다.

정전 교섭에 대해 살펴보기 전에 먼저 미얀마의 민족 구성에 대해서 파악해 보도록 하겠다.

다민족국가인 미얀마에는 여덟 개의 주요 민족, 그 각각의 하위분류를 합쳐서 135개 민족이 1980년대 중반부터 정부에 의해 공인되어 왔다(〈표 3-2〉 참조). 여기에서 여덟 개의 주요 민족이란 버마족, 친(Chin)족, 카친족, 카렌(Karen)족, 카야(Kayah)족, 몬(Mon)족, 라카인(Rakhine)족, 샨(Shan)족

〈표 3-2〉 **미얀마 정부가 정한 135개 토착 민족의 명칭**

주요 민족	하부 민족
카친족(12)	카친, 타로네(Tarone), 달라웅(Dalaung), 징포(Jinghpaw), 구아리(Guari), 카쿠(Hkahku), 둘렝(Duleng), 마루(Maru), 라왕(Rawang), 라시(Lashi), 앗시(Atsi), 리수(Lisu)
카야족(9)	카야(Kayah), 자에인(Zayein), 카윤(Ka-Yun, 파다웅(Padaung)], 게코(Gheko), 케바(Kebar), 브레(Bre, 카요(Kayaw)], 마누마노(Manumanaw), 인탈레(Yintale), 인보(Yinbaw)
카렌족(11)	카렌(Karen), 카인퓨(Kayinpyu), 파레치(Pa-Le-Chi), 몬카인(Mon Kayin), 스고(Sgaw), 타레프와(Ta-Lay-Pwa), 파쿠(Paku), 브웨(Bwe), 모네프와(Monnepwa), 몬프와(Monpwa), 푸오카인(Pwo Kayin)
친족(53)	친(Chin), 메이테이(Meithei), 살리네(Saline), 카린코(Ka-Lin-Kaw), 카미(Khami), 므로키미(Mro-Khimi), 코노(Khawno), 카웅소(Kaungso), 카웅사잉친(Kaung Saing Chin), 쿠알심(Khualsim), 크앙리(Kwangli), 군테(Gunte), 궤테(Gwete), 응곤(Ngorn), 시장(Si-zang), 센탕(Sentang), 사잉잔(Saing Zan), 자하우(Zahau), 조퉁(Zotung), 조페(Zo-Pe), 조(Zo), 잔니아(Zanniat), 타퐁(Tapong), 티딤(Tiddim), 타이잔(Tay-Zan), 타숀(Tashon), 타도(Thado), 토르(Torr), 딤(Dim), 다이(Dai), 나가(Naga), 탕쿨(Tangkhul), 말린(Malin), 파눈(Panun), 마군(Magun), 마투(Matu), 마라(Mara), 미에(Mi-er), 므간(Mgan), 루샤이(Lushay), 레묘(Laymyo), 렌테(Lyente), 라우투(Lautu), 라이(Lai), 라이자오(Laizao), 와킴(Wakim), 후알릉고(Hualngo), 아누(Anu), 아눈(Anun), 우푸(OoPu), 린부(Lhinbu), 아쇼(Asho), 롱투(Rongtu)
버마족(9)	버마(Burman), 다웨이(Dawei), 베이크(Beik), 요(Yaw), 야베인(Yabein), 카두(Kadu), 가난(Ganan), 살로네(Salone), 폰(Hpon)
몬족(1)	몬(Mon)
라카인족(7)	라카인(Rakhine), 카메인(Kamein), 카미(Khami), 다잉네(Daingnet), 마라마지(Mara-magyi), 므로(Mro), 테(Thet)
샨족(33)	샨(Shan), 윤(Yun), 크위(Kwi), 핀(Pyin), 야오(Yao), 다나우(Danau), 팔레(Pale), 엔(En), 손(Son), 카무(Khamu), 코(Kaw), 코캉(Kokang), 캄티샨(Khamti Shan), 쿤(Hkun), 타웅요(Taungyo), 다누(Danu), 팔라웅(Palaung), 만지(Man Zi), 인차(Yin Kya), 인네(Yin Net), 샨갈레(Shan Gale), 샨지(Shan Gyi), 라후(Lahu), 인타(Intha), 에익스와이(Eikswair), 파오(Pa-O), 타이로이(Tai-Loi), 타이렝(Tai-Leng), 타이론(Tai-Lon), 타이레(Tai-Lay), 마잉타(Maingtha), 모샨(Maw Shan), 와(Wa)

주: 편의상 '하부 민족'의 명칭 뒤에 족은 생략했다.

이다. 버마족은 주요 민족으로 주로 관구라고 불리는 행정구 내에 살고 있으며, 기타 일곱 개의 민족은 소수민족으로서 각각의 민족 명칭을 붙인 주를 갖고 있다.

민족별 인구는 그 실태를 잘 알 수 없다. 마지막으로 주요 민족별 인구의 수가 발표되었던 것은 1983년으로, 약 40년 전의 일이었다. 그것도 전국에서의 민족별 비율이 제시되어 있을 뿐이며, 지역별 자료가 아니다.

〈그림 3-3〉 **각 관구·주의 민족 구성**

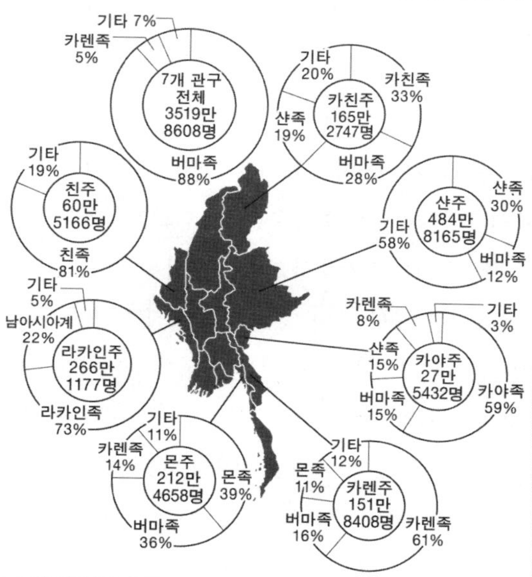

버마족	33,266,381	68.1%
카렌족	3,122,388	6.4%
샨족	2,263,026	4.6%
라카인족	2,113,688	4.3%
몬족	1,304,478	2.7%
친족	998,848	2.0%
카친족	824,725	1.7%
카야족	181,964	0.4%
기타 공인 민족	3,273,789	6.7%
화인 계통	316,813	0.6%
남아시아 계통	1,218,261	2.5%
합계	**48,884,361**	**100.0%**

주: 오른쪽 표를 토대로 각 군의 총무국 자료를 기반해 필자가 작성함.

2014년에 30년 만에 다시 인구조사가 실시되었지만, 민족 구성은 사회적인 영향을 고려했는지 발표되지 않았다.

그래서 내무부 산하의 총무국(GAD)이 군별로 작성하고 있는 기록을 집계해 민족별 인구를 추려낸 것이 〈그림 3-3〉이다. 국제기관의 지원을 받아 실시된 인구조사의 결과보다도 인구가 300만 명 정도 적게 나타나 있는 등, 신뢰도는 다소 떨어진다. 하지만 내무부에는 주민 관련 정보가 모여서 실무에 사용되고 있기 때문에 참고가 될 수 있을 것이다.

내무부에서의 민족 분류는 135개의 민족으로 구성되는 토착 민족(타잉잉다)과, 그 이외의 민족 및 외국인으로 크게 구별된다. 토착 민족이란 영국에 의한 식민지 지배 이전부터 미얀마의 땅에서 살았던 민족으로 여겨지고 있는 여러 집단을 말한다. 전술한 여덟 개의 주요 민족이 그것에 해당한다. 한편으로 중국계 및 인도계 등, 식민지 지배 이후에 미얀마로 이주해 왔던 것으로 여겨지는 집단과 그 자손으로 간주되는 사람들은 토착민족이 아닌 것으로 간주된다.

전국적으로 보면 주요 민족인 버마족이 68.1%를 차지하고 있다. 1983년의 조사 결과와 거의 동일하다. 지리적인 분포를 살펴보면 버마족은 주로 중앙의 평야 지역과 삼각주 지대에 거주하고 있다. 한편 주변에 있는 소수민족의 주에서는 각각의 지역에서 주의 명칭이 되고 있는 민족이 많다. 다만 그 비율에는 주마다 차이가 있는데 라카인주와 친주에서는 각각 라카인족과 친족이 과반수를 차지하고 있는 한편으로 카친주, 몬주, 샨주에서는 과반수를 넘는 민족이 없다. 그중에서도 샨주는 15만 5000km²로 광대하며 산악지대가 계속해서 펼쳐져 있기 때문에 다양한 민족 집단이 살고 있다는 것을 알 수 있다. 많은 소수민족 무장 세력이 이러한 샨주 내부에 거점을 갖고 있다.

정전 교섭

분쟁 당사자의 주요 조직을 제시한 것이 〈표 3-3〉이다. 국내에 무장 세력을 갖고 있는 국가가 세계에 많이 있기는 하지만, 이렇게까지 크고 작은 다양한 세력이 장기간에 걸쳐서 존재하고 있는 지역은 드물다.

독립 이래 국토의 전체를 정부가 실효 지배했던 적이 없는 미얀마에서 화평의 시도는 수차례 있었다. 예를 들면, 1988년 쿠데타 이후에 킨뉸이 국경 지대의 무장 세력과 개별적으로 정전 합의를 성립시켰다. 그러한 것과 비교해 보면, 테인세인의 시도는 전국 규모에서 게다가 합의 문서에 기초한 정전을 지향했다는 점에서 새롭다.

이러한 움직임의 시작은 일찍이 2011년 8월에 대통령이 '화평 교섭을 위한 초대'라는 성명을 발표하며 국내 화평을 호소한 것이었다. 당초의 구상은 3단계에 걸쳐 무장 세력을 통합시키는 것이었다. 구체적으로는 ① 주(지방정부)에서의 정전의 실현과 무장 조직의 연락 사무소 설치, ② 무장 조직이 연방으로부터 이탈하지 않겠다는 약속 위에서 정당에 의한 합법적 정치 활동으로의 전환, ③ 연방의회에서의 항구적 화평 합의에 대한 서명이다. 그런데 이 방안은 무장 세력에게 받아들여지지 않았다. 중앙정부의 우위를 전제로 설정되었기 때문이다. 저널리스트 이가라시 마코토(五十嵐誠)가 지적하는 바와 같이, 미얀마의 소수민족 무장 세력은 자민족의 권리뿐만 아니라 민족 간의 평등 및 소수민족 주에 대한 분권을 요구해 왔다(五十嵐誠, 2015).

더욱 분권화가 진전되었던 국가 구상은 '페데랄 피타웅주'라고 불린다. 영어로 연방을 의미하는 '페더럴(federal)'에 버마어로 연방을 의미하는 '피타웅주'를 겹친 것으로 언뜻 보면 기묘한 용어이지만, 이들이 지향하는 바는 기존의 형식적인 연방제가 아니라 소수민족의 주에 자치를 더욱 인정하는 연방제의 확립이다. 현행 제도에 각 세력을 편입시키고자 하는 정부의 의향은 그러한 요구로부터 동떨어져 있었다.

정부도 발걸음을 맞추지 못하고 있었다. 화평을 위한 협의 중에 2011년에 카친주에서 중국 국경 지대를 근거지로 삼고 있는 카친독립기구/카친독립군(KIO/KIA)과 군 사이에 충돌이 발생했다. 카친독립기구(KIO)는 규모도 큰 유력한 조직이다. 그러한 조직과 전투를 하는 가운데에서는 전국적인 정전을 실현하는 것은 멀어지게 된다. 대통령은 군 최고사령관에게 작전을 중지하도록 지시했던 것으로 알려져 있다.

교섭이 난항을 겪는 가운데 정부는 유연한 자세로 태도를 바꾸었다. 정치 대화를 뒤로 미루고 우선은 전국적인 정전의 합의를 우선시하게 되었던 것이다. 2014년 8월에는 정부와 무장 세력 간의 교섭이 이루어진 결과

<표 3-3> **주요 소수민족 무장 조직 일람**

조직명(약칭)	조직명(정식 명칭)	세력(인원수)	설립 연도
AA	아라칸군(Arakan Army)	3,000명	2009
ABSDF	버마학생민주전선(All Burma Students Democratic Front)	400명 이상	1988
ALP	아라칸해방당(Arakan Liberation Party)	60~100명	1968
CNF	친민족전선(Chin National Front)	200명 이상	1988
DKBA-5	민주카렌불교도군-5여단(Democratic Karen Buddhist Army-Brigade 5)	1,500명 이상	2010
KIO/KIA	카친독립기구(Kachin Independence Organization)/카친독립군(Kachin Independence Army)	1만~1만 2000명	1961
KNPP	카레니민족진보당(Karenni National Progressive Party)	600명 이상	1957
KNU	카렌민족연합(Karen National Union)	5,000명 이상	1947
KNU/KNLA Peace Council	카렌민족연합/카렌민족해방군(Karen National Liberation Army) 평화평의회	200명 이상	2007
LDU	라후민주연합(Lahu Democratic Union)	100명 미만	?
MNDAA	미얀마민족민주동맹군(Myanmar National Democratic Alliance Army)	2,000명 이상	1989
NDAA-ESS	동부샨주민주민족동맹군(National Democratic Alliance Army-ESS)	4,000명 이상	1989
NMSP	신몬주당(New Mon State Party)	800명 이상	1958
NSCN-K	나가랜드민족사회주의평의회(National Socialist Council of Nagaland-Khaplang)	500명 미만	1980
PNLO	파오민족해방군(Pa-O National Liberation Army)	400명 이상	1949
SSA/SSPP	샨주군(Shan State Army)/샨주진보당(Shan State Progress Party)	8,000명 이상	1964
SSA/RCSS	샨주군(Shan State Army)/샨주재건위원회(Restoration Council of Shan State)	8,000명 이상	1964
TNLA	타앙민족해방군(Ta'ang National Liberation Army)	6,000명 이상	1992
UWSA	와주연합군(United Wa State Army)	3만 명	1964

자료: Myanmar Peace Monitor 웹사이트를 토대로 필자가 작성함.

합의 문서안에 '민주주의와 연방주의에 기초한 연방 국가를 수립한다'는 문구를 포함시키는 것이 합의되었다. 또한 무장 세력과 군이 대등하게 통합된 연방군의 설치도 정전 합의 이후의 교섭을 통해서 의제로 상정하는 것이 약속되었다. 군 내부에서 장기간 '페더럴리즘'(연방주의)라는 용어는 금기시되었으며 입 밖으로 꺼내는 것도 꺼려져왔다. 테인세인이 큰 발걸

활동 지역
미얀마 북동부 관리 구역, 라카인주 북부
미얀마 북동부와 남부의 관리 구역
라카인주 북부, 카렌주
친주 중앙부에서 서부의 일부
카렌주 중앙에서 남부
미얀마 북동부(카친주와 산주 북부의 경계)
카야주 남부
카렌주 북서부에서 중앙부 및 서부의 중앙, 바고 관구의 동부(카렌주의 경계 부근), 카렌주 중앙의 남부 및 남부, 타닌타리(Tanintharyi) 지방의 북부
카렌주 남부 및 중앙의 서부
산주 남부(태국 국경 부근)
산주 북부 및 남부
산주 동부, 중국에서 라오스 국경 부근의 메콩(Mekong)강 부분
몬주 전역(북부, 중앙부, 남부)
사가잉 관구 북부
산주 북부, 남부 및 서남부
산주 전역
산주 전역
산주 북부에서 북서부
산주 동북부

음으로 다가섰던 것이다.

이 새로운 화평 노선을 밑받침했던 것은 테인세인의 측근이었던 아웅 민 대령과 미얀마화평센터(MPC: Myanmar Peace Center)였다. 간부 보좌진 중에는 국경에서의 무장투쟁에 참가했던 경험을 갖고 있으며 소수민족 무장 세력 관계자와 인맥으로 연결된 사람들이 있었다. 무장 세력과 일상적으로 대화를 거듭함으로써 세력 간의 신뢰 양성을 추진하고자 했다.

2015년 3월 31일에 연방 국가의 비분할을 원칙으로 한 위에 정전 시의 조건 및 민간인의 보호, 정전 감시 등에 대해서도 합의 사항을 기재한 문서(NCA)[10]가 정리된다. 그중에는 연방군의 창설도 검토 사항으로서 포함되었으며, 동시에 통합으로부터 내전 종결을 위한 일곱 가지 단계의 로드맵[① NCA 서명, ② 정치 대화·치안 부문의 통합에 관한 협의 사안의 책정, ③ 정치 대화·치안 부문의 통합을 실시, ④ 연방 회의 개최, ⑤ 연방 헌장 서명, ⑥ 연방 의회 승인, ⑦ 실시]도 작성되었다.

그리고 테인세인 정권의 임기 종반에 해당하는 2015년 10월 15일에 여덟 개의 소수민족 무장 세력에 의한 정전 합의에 대한 서명으로 결실을 맺는다. 서명을 한 조직 중에서도 1949년부터 무장투쟁을 계속해 왔던 카렌민족동맹(KNU)의 합의는 역사적인 사건이라고 말할 수 있었다. 하지만 서명했던 것은 교섭에 참가한 조직의 절반 정도인 여덟 개 조직에 그쳤으며, 게다가 규모가 큰 카친독립기구(KIO) 또는 와주연합군(UWSA),[11] 샨주진보당(SSPP)[12] 등의 세력은 포함되어 있지 않았다.

미얀마의 분쟁의 역사로부터 고려해 보면 비교할 수 없는 성과였지만, 당초의 목표로부터 논하자면 기대했던 것을 하회했다고 말하지 않을 수 없을 것이다.

---

10   전체 명칭은 Nationwide Ceasefire Agreement(전국정전합의)이며 정식 명칭은 Nation-wide Ceasefire Agreement between the Government of the Republic of the Union of Myanmar and the Ethnic Armed Organisations이다. _옮긴이

11   전체 명칭은 United Wa State Army이다. _옮긴이

12   전체 명칭은 Shan State Progress Party이다. _옮긴이

종교 분쟁

무장 세력과의 교섭이 추진되고 있는 가운데, 다른 대립이 폭력적인 충돌로 발전했다. 바로 종교 분쟁이다. 그중에서도 첨예해졌던 것이 불교 신자와 무슬림(이슬람 신자) 간의 대립이었다. 그 계기는 2012년 서부 라카인주에서 발생한 '로힝야(Rohingya)족'이라고 불리는 무슬림이 불교 신자 여성을 폭행한 사건이었다. 사건의 가해자는 체포되었지만 그들과는 전혀 관계가 없는 로힝야족이 탑승한 버스가 이번에는 라카인주에서 다수파인 라카인족 불교 신자들에 의해 습격을 받고 10명이 살해되는 사건이 발생했다. 거기로부터 전국으로 충돌이 확대되었다.

여기에서 이해해 두기를 바라는 것은 미얀마에서 살고 있는 무슬림의 다양성이다. 전체 인구의 4.3%로 추정되는 무슬림 중에서(2014년 시점의 인구 중에서 약 200만 명) 최대 다수는 라카인주에 거주하는 무슬림이며 그 대다수는 로힝야족이라고 불린다. 로힝야족에는 왕조 시대부터 라카인주에 거주했던 사람도 있는가 하면, 영국의 식민지 시기에 주로 벵골 지방(현재의 방글라데시)에서 육로로 이주해 온 사람도 있다. 또한 전후(제2차 세계대전 이후)에 식민 또는 노동을 목적으로 이주했던 사람도 있는 것으로 여겨지고 있다. 로힝야족을 정부는 토착 민족으로 인정하고 있지 않으며, 그 때문에 그 다수가 불법 이민이라는 오해가 사회에 확대되고 있다. 거기에 '이슬람 위협론' 또는 음모론도 더해져서 국적을 부여받지 못하는 차별적인 상황에 로힝야족은 놓여왔다.

로힝야족 이외에도 예를 들어 북쪽에는 과거에 중국과 인도를 왕래하는 행상이었던 '중국계 무슬림' 판타이(Panthay)족[13]이 있으며, 남쪽에는

---

13 중국어로는 판타이(潘泰)인이며, 한국어로 '빤데'라고 표기되기도 한다. _옮긴이

파슈(Pashu)라고 불리는 '말레이계 무슬림'도 있다. 양곤과 같은 도시 지역에는 남아시아 각지에서 이주해 온 무슬림들이 독자적인 정체성을 지니고 살고 있으며, 버마족 중에도 이슬람으로 개종한 '바마(Bama) 무슬림'이라고 불리는 사람들도 있다.

2011년에 시작된 분쟁에는 그러한 다양한 무슬림이 급진적인 불교 신자들의 표적이 되었으며, 전국에서 종교 간의 긴장이 고조되었다. 양곤, 만달레이를 포함한 도시 지역을 중심으로 충돌이 발생하고 산발적으로 2014년까지 계속되었다. 충돌에 의한 희생자는 200명 이상이 되었으며, 피란민은 14만 명에 달했다. 그리고 이 분쟁은 아웅산수찌 정권 아래에서의 '로힝야 위기'로 연결되어 간다.

5. 경제개발

민정 이양으로 군의 직접 통치는 종식되었지만 외교상의 고립 상태, 그 중에서도 미국에 의한 경제제재를 해제하지 못하는 한, 미얀마의 경제 발전은 전망이 없었다. '정치 화해 → 경제 발전의 조건 정비'라는 지름길은 경제학자가 아니더라도 알 수 있다. 제재 완화의 관건은 아웅산수찌였다.

그래서 테인세인은 아웅산수찌와의 화해를 추진하며 2011년 12월 힐러리 클린턴 미국 국무장관의 미얀마 방문을 통해 국제사회에 '복귀'하는 것을 목표로 설정했다. 일본, 한국을 포함한 아시아 각국이 미얀마의 경제적 잠재력에 주목하며 '버스에 늦게 탑승하지 않기 위해' 미얀마에 접근하는 흐름이 시작되고, 개혁이 가속화되었다.

기대하고 바라왔던 성장

경제학자 미에노 후미하루(三重野文晴)에 따르면, 테인세인에 의한 경제개혁에는 세 가지의 측면이 있었다고 한다. 그것은 ① 인프라 정비와 직접투자의 도입, ② 재정·금융 제도를 중심으로 하는 군정 아래에서 이루어진 규제에 대한 폐지, 그리고 ③ 노동 및 기업에 관련된 법제 및 금융 제도 등 시장경제 거래의 규칙을 정비하는 것이었다(三重野文晴, 2021).

사령(司令) 경제형의 규제에 대한 폐지는 공식·비공식 환율이 100배 이상이나 차이가 났던 고정환율제가 변동환율제로 이행되고 금융, 무역, 통신 등의 각 분야에서 자유화가 추진되었으며, 국내의 규제(예를 들면 농업에 대한 통제)도 대폭 완화되었다. 외국투자법의 개정, 새로운 중앙은행법의 제정, 경제특구법(일명 'SEZ법')의 개정, 최저임금의 도입 등도 실현되었다.

경제개혁은 즉시 결실을 맺었다. 국제통화기금(IMF)에 따른 미얀마의 경제성장률을 살펴보면 2010년대에 진입한 이후 테인세인 정권이 끝나는 전년까지의 성장률 추이는 2010년 5.2%, 2011년 5.5%, 2012년 6.5%, 2013년 7.9%, 2014년 8.2%, 2015년 7.5%였다. 기다리고 바라왔던 성장의 시대가 결국 찾아왔다고 말할 수 있다.

경제성장의 원동력이 되는 해외직접투자도 정부의 투자위원회가 인가한 투자액으로 2011년도(4월부터 그 이듬해 3월까지)의 약 3억 달러에서 2012년도에는 14억 달러로 약 4.5배가 되었으며, 2013년도에는 약 세 배 규모의 5억 달러가 되었다. 이웃 나라 태국의 2015년도 해외직접투자는 3140억 달러로 33배이기 때문에, 투자가 증가했다고 하더라도 아직 걸음마 수준의 단계에 있다. 하지만 장기간 정체되어 고통을 겪어왔던 미얀마 경제였다. 민정 이양과 새로운 정권의 리더십으로 급속하게 경제 상황이 개선된 것은 '아시아 최후의 프런티어'로서 미얀마의 잠재력을 보여준 것이라고 할 수 있다.

더욱 상세하게 살펴보면, 해외직접투자가 향했던 업종은 제조업이 70%를 넘는다. 대다수는 수출산업이며 그중에서도 봉제업에 대한 주목도가 높았다. 군사정권 시대에 인프라(수력발전)와 천연자원 개발(석유·천연가스)에 투자가 편중되었을 때로부터 변해 간다. 투자처가 된 국가 및 지역은 싱가포르, 중국, 홍콩, 한국, 일본 등 동아시아 국가들이 압도적으로 많으며, 구미 국가들에서는 영국과 네덜란드가 상위 10위 중에 포함되어 있지만 존재감은 옅다.

　　이미 동남아시아 국가들을 넓고 깊게 뒤덮고 있는 제조업의 공급망 중에서 미얀마는 장기간 누락되어 있었던 하나의 조각이었다. 저렴한 노임과 비교적 높은 인재의 질이 노동집약형 산업으로 향하고 있다는 인식을 각국의 산업계는 갖고 있었다.

　　게다가 시장으로서의 매력도 미얀마는 갖추고 있었다. 약 5000만 명의 인구는 같은 정도의 발전 수준에 있는 캄보디아(약 1500만 명) 또는 라오스(약 700만 명)보다도 그 규모가 훨씬 크다. 성장이 궤도에 잘 오른다면, 중산계급이 확대되어 소비 붐이 일어날 것으로 예상되었다. 그렇게 된다면 오토바이 및 자동차가 팔리고 휴대전화가 팔리고 맥주가 팔리고 부동산의 가치가 오르게 되며, 교육 관련 투자가 확대된다. 어쨌든 이것은 동남아시아 국가들에서 일어났던 일이며, 최근에는 베트남이 실로 그러한 경험을 했다. 미얀마에서도 마찬가지의 일이 분명히 일어나게 된다. 그렇게 여겨졌던 것이다.

유지되었던 권익

　　마지막으로 경제개혁의 어두운 부분에 대해서도 눈을 돌려보도록 하겠다. '방 안의 코끼리(an elephant in the room)'라는 영어의 관용 표현이 있다. 방 안에 코끼리가 있다면 누구라도 주의하게 될 것임이 분명하다. 그런데 그 방에 있는 사람들이 평온하게 있는 상황을 상상해 보기 바란다. 실제로 존재하지 않는 것처럼 모두가 행동하는 커다란 문제가 '방 안의 코끼리'라는 말이 의미하는 바이다.

군의 존재는 실로 그러한 '코끼리'의 모습이었다. 군 자체가 미얀마연방경제지주회사(UMEHL)와 미얀마경제공사(MEC)라는 커다란 기업집단을 갖고 있는 것에 더해(제2장 참조), 군과 관계가 깊은 재벌이 존재한다. 이 재벌은 경제개혁에 의한 성장의 혜택을 받으며 권익을 확대시켰다.

〈표 3-4〉는 다이와총연(大和總研)[14]이 정리한 미얀마의 주요 재벌에 관한 정보이다. 모두가 군사정권 아래에서 성장한 기업집단이기 때문에 군과의 연계도 퇴역 군인이 요직을 차지한 테인세인 정권과도 강하게 연계되어 있다. 아래에서 그중의 몇 가지를 소개해 보도록 하겠다.

군과의 연계라고 하는 점에서는 HGC(Htoo Group of Companies)가 필두에 서 있다. 대표 타이자(Tay Za)는 애인과의 결별을 이유로 군의 사관학교를 중퇴한 이후에 정미기(精米機)[15]의 임대 회사를 1990년대 설립한다. 그 이후 태국 국경 지역에서의 목재 채벌권을 획득하고 미국에 목재를 수출해 재산을 모았다. 항공기 부품의 수입, 건설, 부동산 등에 투자해 사업을 더욱 확대하자, 2000년대에는 군에 접근해 러시아군으로부터 무기를 조달하는 것을 대리하는 기업을 설립하고 전투기 등의 구입에 관여했던 것으로 알려져 있다. 탄슈웨와의 관계는 물론이고 2000년대에 그 후계자로서 급속하게 힘을 증가시키고 있던 투라 슈웨만과 친했고 그의 아들을 그룹의 이사로 맞아들였다.

---

14   일본 다이와증권그룹(大和證券グループ) 산하의 연구소이다. _옮긴이

15   벼를 찧어서 쌀로 만드는 기계를 지칭한다. _옮긴이

재벌 명칭	설립 연도	대표자 이름
미얀마연방경제지주회사(UMEHL)	1990	
미얀마경제공사(MEC)	1997	
HGC(Htoo Group of Companies)	1990	타이자(Tay Za)
칸바우자(KBZ: Kanbawz) 그룹	1988	아웅코윈(Aung Ko Win)
슈웨타웅그룹(Shwe Taung Group)	1990	아웅조나잉(Aung Zaw Naing)
막스미얀마그룹(Max Myanmar Group)	1993	조조(Zaw Zaw)
아시아월드그룹(Asia World Group)	1993	로싱한(羅興漢, Stephen Law)
에덴그룹(Eden Group)	1990	칫카인(Chit Khine)
IGE(International Group of Entrepreneurs)	1992	네아웅(Nay Aung)
다곤그룹(Dagon Group)	1990	다곤윈아웅(Dagon Win Aung)
A1그룹(A1 Group)	1990	얀윈(Yan Win)
SPA(Serge Pun & Associates)	1983	서지 푼(Serge Pun)
CDSG(Capital Diamond Star Group)	1960	코코지(Ko Ko Gyi)

주: CDSG(Capital Diamond Star Group)의 설립 연도는 1960년대이다. _옮긴이
자료: 大和總研, "ミャンマー主な財閥槪要"(2020.7.3)를 토대로 약간 수정해 필자가 작성함.

막스미얀마그룹(Max Myanmar Group)의 창설자인 조조(Zaw Zaw)는 선원으로 중간에 들렀던 일본에서 중고차 및 중고 기계를 취급하는 수입 회사에 취직을 해 3년 동안 일본에서 살았다. 그 과정에서 습득한 일본어와 형성된 인맥을 활용해 복귀한 이후에 일본으로부터 중고차, 중고 기계 등의 수입 사업을 시작했다. 그리고 거기에서 성공을 거두며 획득한 자금으로 건설 회사를 설립한다. 정부로부터 도로, 댐, 관개시설 등의 건설을 수주했으며, 2000년대 전반의 새로운 도시 네피도를 건설하는 과정에서도 상당한 이익을 획득한 것으로 알려져 있다. 또한 호텔, 비취 광산 개발, 은행업에도 사업을 확대하며 미얀마 유수의 기업집단이 되었다.

양곤에서 출생한 화인 출신의 '푼(Pun) 형제'[16]는 화교의 부활조이다. 사

16　서지 푼[Serge Pun, 일명 테임와이(Theim Wai)]과 그의 남동생 마틴 푼(Martin Pun) 등으로 구성되어 있다. _옮긴이

주요 취급 업종
맥주, 담배, 보석, 비취, 철, 화학, 호텔, 생명보험·손해보험, 여행
맥주, 타이어, 볼트·너트, 통신, 생명보험
농업, 식품·식료, 가구·인테리어, 건설, 시멘트, IT, 호텔, 항공·운수, 국제 물류, 생명보험·손해보험, 주유소
농업, 광업(비취·루비), 제조업, 통신, 항공, 부동산, 헬스케어, 생명보험·손해보험, 증권
부동산, 시멘트, 건설·건설자재, 생명보험·손해보험, 호텔, 주유소, BMW 공인 거래점
고무, 시멘트, 에너지, 건설, 고속도로 운영, 생명보험·손해보험, 증권, 호텔, 주유소
소매, 건설, 부동산, 호텔, 항만(양곤항), 공항(양곤, 네피도), 생명보험·손해보험
농업, 건설, 부동산, 주유소, 호텔, 레스토랑, 골프장
통신, 전력, 에너지, 건설, 부동산, 증권, 호텔
농업, 식품 가공, 목재, 고무, 건설·부동산, 호텔, 주유소
석유·가스 개발, 시멘트, 광섬유, 의류, 건설, 통신, 금융, 호텔·리조트 개발
플랜테이션, 금융, 부동산, 헬스케어, 자동차 판매, 여행
식품, 소매, 건설, 부동산, 생명보험, 헬스케어, 자동차·농업 기계 판매

회주의화에 의해 가족 전체가 미얀마를 떠나 베이징(北京), 윈난성(雲南省), 홍콩(香港), 미국 등에서 거주한 이후 1983년에 홍콩에서 사업을 일으켰다. 1991년에는 양곤에서 SPA(Serge Pun & Associates)를 설립한다. 금융, 부동산, 무역, 제조업, 인프라 등 폭넓은 사업을 전개한다. 경영 최고 책임자인 서지 푼[Serge Pun, 중국명: 판지쩌(潘繼澤)]의 아들들[17]은 미국에 유학해 투자은행에서 근무한 이후에 부친의 기업에 합류했다. 글로벌화에 적응한 앵글로 차이니즈(Anglo-Chinese)에 의한 기업집단이다(白石隆·ハウ, 2012).

또 하나의 변종으로는 중국 국경에 위치해 있는 코캉(Kokang) 출신으로 마약 사업으로 부를 쌓은 로싱한[Lo Hsing Han, 중국명: 羅興漢, 일명 스티븐

---

17 장남 멜빈 푼(Melvyn Pun), 차남 사이러스 푼(Cyrus Pun), 삼남 아이번 헬름스 푼(Ivan Helms Pun), 사남 서배스천 푼(Sebastian Pun)의 네 아들이 있다. _옮긴이

로(Stephen Law)]이 있다. 1990년대 초에 코캉 지역 및 와주 지역의 무장 세력과의 정전 교섭을 중개함으로써 군으로부터 신뢰를 얻고, 그후로 아시아월드그룹(Asia World Group)을 설립해 양곤국제공항의 운영 및 양곤항 최대 터미널의 경영을 담당한다. 마약 사업을 통해 수익을 올리는 그룹이 공공 인프라의 유지 및 관리 가운데 일부를 담당하고 있는 것이 미얀마이다. 왜곡된 경제라는 것을 알 수 있을 것이다.

아웅산수찌의 정권으로

위에서 살펴본 바와 같이, 미얀마는 테인세인 정권 아래에서 크게 변했다. 변화를 가져온 최대의 이유는 테인세인의 지도력이었다. 유연하고 행동력 있는 대통령이 출현한 것은 미얀마에게 있어서 행운이었다고 말할 수 있다. 군사정권 시대의 총리였다는 것은 불식하기 어려운 과거이지만, 오히려 군인이기 때문에 정치 안정이 생겨났다.

그의 개혁적인 자세에 아웅산수찌 및 미국, 일본 등의 많은 관계자와 관계국이 도박을 걸었고 그 결과, 민주화, 자유화, 경제 발전, 화평 교섭, 외교 관계의 개선이 동시에 추진되어 가는 양호한 환경이 조성되었다. 물론 많은 과제가 남아 있었으며 종교 분쟁처럼 악화된 문제도 있다. 하지만 국가가 좋은 방향으로 향해 나아가고 있다는 기대감을 만들어냈다는 것은 틀림없다.

이러한 양호한 환경과 기대의 도달점이 2016년 아웅산수찌 정권의 발족이었다. 개혁의 다음 단계가 시작된다. 세계는 그렇게 받아들였다. 아웅산수찌 정권의 탄생과 그 이후의 전개를 다음 장에서 살펴보도록 하겠다.

조심조심 움직이는 민주주의(2016~2021)

    2017년의 건기에 아웅산수찌 정권이 발족한 이후 약 2년이 지나가고 있던 무렵에 필자는 연방의회 의원과 하루 동안 동행한 적이 있다. 민족민주연맹(NLD)에 소속되어 있는 그 의원은 치과 의사 출신으로 날씬한 체형의 청년이었다. 2015년 선거에서는 투표율 80.9%로 2위를 기록한 후보자에게 5만 5000표의 차이를 벌리며 압승했다. 학력은 높지만 이름이 알려져 있는 명사(名士) 일족의 출신은 아니다. 당 사무소도 간소한 작은 방이었다. 그럼에도 그가 압승했던 이유는 한마디로 말하자면 아웅산수찌의 인기이다.

    그 의원과 동행했던 목적은 개발 예산의 사용 방식을 알기 위해서였다. 각 군에는 1억 짯(Ks,[1] 약 850만 엔)의 개발 예산이 의회를 통해서 매년 배분되었다. 지역 의원들의 재량으로 각지의 공공사업에 사용할 수 있다. 빈곤국이라고 하더라도 1억 짯으로 할 수 있는 것은 제한되어 있는데, 많은 경우에 기초적인 인프라의 정비에 사용되었다.

---

[1]   미얀마의 통화이며 단수는 K, 복수는 Ks로 표기된다. 1짯(kyat)은 100빠(pya)이다. _옮긴이

이날 자신의 선거구에 도로를 만들고 있는 모습을 의원은 필자에게 보여주겠다고 했다.

장소는 어느 소학교의 문 앞이었다. 교문의 위치가 낮아서 배수가 나쁘기 때문에 우기에 물웅덩이가 생겨버린다. 아이들은 발과 론지가 젖은 채로 등교해야 한다. 그래서 지역 주민들로부터의 기부금, 그리고 전술한 개발 예산을 합쳐서 교문 앞의 도로를 포장하는 일이었다.

포장하는 도로는 폭이 약 5m, 길이는 약 20m로 짧았다. 현장에는 레미콘 차량 한 대와 노동자 다섯 명을 데리고 왔던 건설업자, 지역에서 기부금을 모았던 건설 위원회의 대표가 있었다. 흔히 하는 소규모 포장 공사이지만, 이 학교에 아이들을 통학시키는 부모들에게는 염원해 왔던 공사일 것이다.

기부금을 모았던 지역사회 지도자는 얼마나 이 포장 공사가 아이들에게 중요한 일인지, 많은 사람들이 기꺼이 건설을 위한 자금을 기부해 주었는지를 필자에게 말해주었다. 그것을 옆에서 듣고 있던 의원도 자랑스러워했다. 하원 의원이라고 하더라도 급료는 월액으로 10만 엔도 되지 않는다. 평균 연봉보다는 높지만 많은 것은 아니다. 게다가 급료의 25%를 당 본부에 활동 자금으로 상납하지 않으면 안 된다. 양곤으로부터 수도를 향해 이동하는 것도 의원의 대다수는 장거리 버스를 이용했다. 개발 예산에 대한 관리는 의원에 의한 '지역으로의 환원'이라는 절호의 기회이다.

한편 공사를 수주한 건설업자인 청년 남성은 이러한 짧은 도로의 포장은 비즈니스로서는 이익이 나지 않기 때문에, 공덕을 쌓기 위해 행하고 있다고 말하면서 웃었다.

대충 이야기를 듣고 필자는 공사를 옆에서 지켜보았다. 그러자 한가한 시간을 주체 못 하는지 전술한 건설업자가 접근해 왔다. 그리고 지금 양곤의 어느 곳에 필자가 거주하고 있는지, 일본은 이 시기에 추운지, 자신에게 일본에서 일하고 있는 친척이 있다는 등의 흔한 이야기였다. 필자도 듣고 싶은 것을 물어보았다.

"아웅산수찌 정권이 발족된 시기를 전후해 이와 같은 종류의 건설공사에서의 발주 내용에 무언가 변화가 있었습니까?"

그는 "이전에도 개발 예산으로 짧은 길을 포장하는 일은 많았으며 별로 변하지 않았을 것이다"라고 답했다. "하지만"이라고 덧붙이며 잠시 뒤에 그는 계속해서 말했다. 즉, "이전의 포장 공사에서는 계획된 포장도로의 폭 중에서 양쪽 끝의 1페(1ft, 약 30cm)는 포장하지 않았다. 그 부분을 나는 추가로 청구했지만 공사비는 받지 못했다. 그 이유는 '당신이라면 내가 말하지 않아도 알 것이다'라는 것이었다. 그런데 지금은 달라졌다. 계획한 대로 끝에서 끝까지 포장을 하고 있는 것이다".

단지 양쪽 끝의 1페의 '길의 폭'일지도 모르지만, 도로 전체가 포장됨으로써 불투명한 공금의 흐름이 변하게 되었다. 민주적인 감시가 효과를 발휘하는 거버넌스가 기능하며 뇌물을 주고받는 관습을 바꾸었던 것이다. 물론 각지에서 같은 일이 일어나고 있다고는 생각되지 않지만, 이러한 점진적인 진보가 민주주의의 정착에는 필요할 것이다. '1페의 민주화'이다.

한편 관료, 사업가, 저널리스트 등 엘리트들의 입으로부터는 아웅산수찌에 대해 실망하는 목소리가 많이 들려왔다. 국제사회도 마찬가지로 그녀에 대한 비판이 강해졌으며 정권이 발족했을 당시의 열광은 한순간에 차가워져버렸다.

그렇다면 그녀의 정권은 사람들의 기대에 어느 정도로 부응했던 것일까? 한계는 어디에 있었던 것일까? 나중에 쿠데타에 이르는 군과의 관계는 어떠한 것이었을까? 이 장에서는 아웅산수찌 정권의 탄생부터 정변의 발생 직전까지를 살펴보도록 하겠다.

1. 정권 교체의 현실

2015년 총선거

우선 아웅산수찌 정권이 탄생하게 된 경위를 논해 보도록 하겠다.

2015년 11월 8일 상원과 하원으로 구성되는 양원제의 연방의회 중에서 군 최고사령관이 지명하는 의석을 제외한 4분의 3의 의석이 새롭게 선출되었다. 선거의 결과는 NLD의 대승이었다. 상원에서 선거가 실시된 168개 선거구 중에서 135개(80.4%), 하원에서는 323개 선거구 중에서 255개(78.9%)의 선거구에서 NLD가 의석을 획득했다. 선거 없이 의석을 얻는 군 대표 의원의 수를 더하더라도 단독 과반수가 된다. 한편 '여당' 연방단결발전당(USDP)은 참패했다. 상원에서 11개, 하원에서 30개 의석을 획득해, 개선되기 이전의 양원 합계 342개 의석에서 대폭 줄어들었다. '그림 같은' 여당과 야당 사이의 역전극이었다.

왜 NLD가 승리했던 것일까? 승리를 거두는 원인이 되었던 다섯 가지를 아래에서 제시해 보도록 하겠다.

첫째, 아웅산수찌의 인기이다. 군사정권 시대에는 군이 아웅산수찌에 대한 네거티브 캠페인[2]에 온갖 수단을 동원해 왔지만, '전혀'라고 해도 좋을 정도로 효과가 없었으며 그녀의 인기는 절대적이었다. 필자는 여러 명의 NLD 후보자의 선거 활동을 직접 관찰했는데, 유권자에게 호소가 되었던 것은 오로지 아웅산수찌의 이름(부친 아웅산 장군의 이름도 사용되었음)과 NLD라는 당명이었다. 누가 후보자인지는 중요하지 않았다.

둘째, 당 조직으로서 NLD가 활성화된 점이 있었다. 2012년 보궐선거에

---

2 상대 후보자의 정책상 단점 또는 인격상의 문제점을 비판해 신뢰성을 떨어뜨리는 선거 전술 등을 지칭한다. _옮긴이

참가 이래 장기간 정체되어 있었던 당의 조직화가 진전되었다. 보궐선거 그 이듬해에 당원은 20만 명이 되었고, 당 지부도 모든 현 및 군에 설치되었다. 거의 모든 선거구에서 입후보자를 옹립하고 60일 동안의 선거운동 기간 중에 농촌 지역에서도 '표 모으기' 활동을 광범위하게 전개했다. 시민들의 열광이 밑받침된 운동이었다고 말할 수 있다.

셋째, 대항하는 USDP가 조직적으로 취약했다. 테인세인이 정계 은퇴를 결심해 새로운 리더십이 필요한 가운데, 당 간부의 대립이 표면화되었다. 그중에서도 당수이자 하원 의장이었던 투라 슈웨만이 테인세인과 가까웠던 의원들을 냉대하고 아웅산수찌에게 접근하자, USDP 내부에서 반발이 확대되었다. 결국 투라 슈웨만은 당 의장에서 해임된다. 선거운동도 여러 이익을 제공함으로써 인기를 얻고자 힘썼지만 NLD와 같은 열광은 없었다.

넷째, 선거제도도 NLD에게 순풍이 되었다. 단순 소선거구제에서는 2위 이하는 득표수에 관계없이 낙선하기 때문에 사표가 많아지며 그만큼 승리하는 정당이 득표율을 상회하는 의석 점유율을 얻게 된다. 2015년 총선거의 경우에는 NLD의 득표율은 하원, 상원 각각에서 57.2%, 57.7%였던 것에 반해서, 획득한 의석수는 약 80%였다. 한편 USDP의 득표율은 28.3%, 28.4%로 획득한 의석수의 비중(9.3%, 6.6%)보다 훨씬 높다.

다섯째, 소수민족 정당의 부진이다. 선거전은 사실상 NLD와 USDP의 '일대일 대결'이 되었다. 소수민족이 다수파를 차지하는 주에서는 양당 모두 고전하지 않을까 하는 예상도 있었지만, 샨민족민주연맹(SNLD)[3]과 아라칸민족당(ANP)[4]을 제외한 소수민족 정당이 획득한 의석수는 얼마 되지

---

3   전체 명칭은 Shan Nationalities League for Democracy이다. _옮긴이

않았다.

　승리를 거두고 그 이튿날 아웅산수찌는 당 본부의 위층에서 지지자에게 연설을 했다. "패배한 자는 용기를 갖고 길에서 물러나야 하며, 한편으로 승자는 교만하지 않고 그 승리를 축하해야 할 것이다. 그것 자체가 진정한 민주주의이다." 설법과 같은 것이었다. 평소 갖고 있던 아웅산수찌의 신념이었지만, 그 이후 패배한 자에게 경의를 표하도록 호소했다. NLD는 1990년 총선거에서 거두었던 승리를 군이 무효화시켰던 경험을 갖고 있다. 뭔가 이유를 붙여서 또다시 군이 정권 이양을 방해할지도 모른다. 아웅산수찌를 포함해 NLD 관계자 중의 다수가, 정권 이양이 실시될 것인지 여부에 대해 불안감을 갖고 있었던 것도 무리한 일은 아니라고 할 수 있다.

　아웅산수찌는 신중하게 일을 추진했다. 선거 그다음 달인 12월에는 탄슈웨와 21년 만에 회담을 했으며, 민아웅흘라잉과는 같은 12월과 그 이듬해 1월 및 3월에 세 차례에 걸쳐 회담을 했다. 회담의 상세한 내용은 파악되지 않고 있지만, 아웅산수찌가 헌법 제59조(f)의 개정에 대해서 이해해줄 것을 요구했다고 알려져 있다.

　제59조(f)는 대통령의 자격을 정하고 있는 조항이다. 배우자 및 아이가 외국 국적인 자에게 대통령이 될 수 있는 자격을 인정하지 않는 것으로 정해져 있다. 아웅산수찌는 해당 조항의 개정을 과거에 테인세인에게도 요구했으나 거절을 당한 바 있다. 선거를 통해 민의를 자기편으로 만들고 민아웅흘라잉에게도 마찬가지의 일을 요구했을 것이다. 하지만 실현되지는 못했다. 한편 민아웅흘라잉은 자신의 퇴역 연령을 5년간, 즉 의회의

4　전체 명칭은 Arakan National Party이다. _옮긴이

1회기만큼 연장시키고 NLD 정권과 직접 대치하기 위한 준비를 정비해 나갔다.

'국가고문'이라는 비법

정권이 발족되기 직전까지 도대체 누가 대통령이 될 것인지도 알 수 없었으며, 다양한 억측이 빗발쳤다. 최종적으로 NLD가 추천한 후보자가 되고 연방 의원에 의한 투표를 통해 대통령으로 선출된 것은 아웅산수찌보다 한 살 어리고 당내에서도 두드러진 활동 실적이 없는 틴초(Htin Kyaw)였다.

틴초는 저명한 작가 민투운(Min Thu Wun, 1990년 선거에서 NLD 소속으로 입후보해 당선됨)이 부친이며 자신은 1992년에 공무원을 그만두고 NLD에 입당했다. 정치범으로서 투옥되었던 경험도 있다. 그의 처 수수르윈(Su Su Lwin)은 NLD 소속의 하원 의원이다. 유년 시절부터 아웅산수찌와 가족 전체 차원에서 친교가 있었으며 틴초가 아웅산수찌의 모친의 이름을 딴 도킨치재단(DKKF: Daw Khin Kyi Foundation)에서 직원으로 근무했던 것도 그에 대한 아웅산수찌의 신뢰가 두텁다는 것을 보여준다고 할 수 있다.

이 인사를 통해 확실해진 것은 예를 들어 대통령이 되지 못하더라도 아웅산수찌가 스스로 통치한다는 것이었다. 대통령 선거가 실시되기 이전의 기자회견에서 아웅산수찌는 "대통령이 될 자격은 없지만 정권을 획득하게 된다면 어떻게 할 것인가?"라는 질문에 대해 "대통령의 위에 서게 될 것이다"라고 답했다.

대통령이 선출된 이후의 조각에서 아웅산수찌는 외교부 장관과 대통령실 실장을 겸무하게 되었는데(당초에는 네 개의 장관 자리⁵를 겸무하는 것으로 발표되었으나 나중에 두 개의 자리에 다른 인물을 임명함), 이것으로는 최고 지도자가 되지 못한다. 그래서 NLD가 마련한 방책이 국가고문이라는 자리를 설치하는 것이었다.

　연방의회의 모두(冒頭)에 NLD가 제출한 '국가고문 법안'은 아웅산수찌를 '대통령보다 위'에 있도록 하기 위한 수단이다. 이 법안에서는 국가고문에게 헌법에 위반되지 않는 범위 내에서 정부에 대해 조언을 할 수 있는 권한을 인정하고 있다. 조언의 목적은 ⓐ 복수정당제 민주주의의 촉진, ⓑ 시장경제 제도의 견지, ⓒ 연방 국가의 건설, ⓓ 연방의 평화와 발전 등으로 대단히 광범위하며, 게다가 조언이 도대체 무엇을 의미하는지가 명확하지 않다. 제4조에는 아웅산수찌를 임명하는 것이 명기되어 있으며, 그녀를 위해서만 기초된 법안이라는 것은 확실했다. NLD는 해당 법안을 헌법 제217조에서 인정되고 있는 대통령의 행정권 가운데 일부를 부여한 것에 해당하는 것으로 위헌이 아니라고 한다.

　당연히 예상할 수 있는 것이지만 이 법안에 군은 맹렬하게 반대했다. 광범위하게 인정되었던 조언의 목적이 집정부와 입법부 간의 분리라는 헌법상의 원칙에 반한다고 주장했다. 헌법을 있는 그대로 읽는 한에서는 지당한 주장이지만, NLD는 그 과반수의 힘으로 해당 법안을 가결시키는 단계로 넘겼다. 군 대표 의원들은 투표를 보이콧했으며 의회 회의장에서 기립해 반대한다는 의사를 보였다.

　이리하여 아웅산수찌는 국가고문이 되어 실질적인 국가원수로서 집무를 하게 되었다. 보좌 기관으로서 국가고문부[6]도 신설되었다. 민주화의 진전이라고 환영했던 여러 외국도 그녀를 국가의 최고 지도자로서 대우했다.

5　　나머지 두 개의 장관직은 전력에너지부 장관과 교육부 장관이었다. _옮긴이

6　　영어로는 Ministry of the State Counsellor Office라고 표기된다. _옮긴이

한편 군에게 있어서 국가고문직의 설치가 위협으로 비추어졌다는 것은 말할 필요도 없다. 이러한 일이 반복되자, 헌법 개정에 실질적인 거부권을 갖고 있는 군의 '권한의 의미'가 없어져버리게 된다. 맨 처음부터 아웅산수찌는 레드 라인을 넘어버렸던 것이다.

그 대가는 폭력이었다. 희생을 당했던 것은 국가고문 법안의 기초를 당내에서 지휘했던 코니(Ko Ni)이다. 코니는 인도계 무슬림 출신 변호사로 장기간 아웅산수찌의 법률고문을 맡은 이후에 2013년 NLD의 당원이 되었다. 당내에서도 급진파였으며 2008년 헌법의 폐지와 NLD에 의한 새로운 헌법을 기초할 것을 주장했다. 군의 '후견인 역할'을 정면에서 부정하는 사고방식이다. 그러했던 그가 초안을 만들어 의회에 제출했던 것이 국가고문 법안이었다.

2017년 1월 29일 인도네시아 말루쿠(Maluku)제도의 출장에서 귀국한 코니는 양곤국제공항에서 가족의 마중을 받고 자동차에 탑승하려고 할 때 뒤쪽으로부터 총을 맞았다. 후두부에 총탄을 맞고 즉사했다. 실행범은 그 직후에 체포되었고 사주했던 인물도 나중에 태국 국경에서 경찰에 의해 잡혔다. 전직 장교였다. 또한 세 명의 전직 장교가 계획에 관련된 것으로 알려져 있다. 이 사건을 '군이 조직적으로 감행했던 보복이자 위협'이라고 인식하지 않는 NLD 관계자는 일단 없다.

카리스마가 통합시키는 정부와 의회

이와 같이 아웅산수찌 정권은 첫 시작부터 군에 도전적이었으며 그러한 자세는 조각에도 나타났다. 각료(장관) 자리가 군인들의 이권이 되었다면서 각료 수를 대폭 삭감한다. 36개가 있었던 장관 자리가 21개가 된다(발족 직후에는 국가고문장관'이 신설되어 22개였다).

그 위에 각료에는 실무 경험자 또는 유권자를 등용했다. 현역 군인 출신의 각료 세 명을 제외한 19명 중에서 관료가 일곱 명, 지식인 세 명, 실무 경험자 다섯 명(전직 장관 두 명도 포함되어 있지만 취임 직후에 USDP로부터 탈당함), 소수민족 정당 관계자 한 명이었다. 국가고문장관에 취임한 초틴 스웨(Kyaw Tint Swe)는 전 유엔 대사를 맡았던 외교관으로 그 이후 아웅산 수찌의 최측근으로서 정권을 밑받침한다.

NLD 간부는 의회의 요직, 그리고 관구와 주의 수장인 관구 총리, 주 총리에 취임했다. 하원 의장에는 장기간 당의 요직을 맡아 당원으로부터의 신뢰도 두터웠던 윈민이 취임했다. 윈민은 2018년에 틴초를 대신해 대통령이 된다. 대통령이 임명하는 지방의 총리는 전원이 NLD에 소속되어 있었으며, 그중에 여덟 명은 당 간부였다. 연방정부, 지방정부, 그리고 당이 그녀의 강한 리더십 아래에서 통합되었다.

이러한 통합에는 부정적인 측면도 있었다. 정권이 교체된 이후에 있기 쉬운 일이기는 하지만, 이데올로기가 선행하고 실무가 정체되었다. 전술한 각료 수의 삭감도 실무적인 배려가 결여되어 있었다. 확실히 각료 자리가 군 간부의 '낙하산 인사'의 장소가 되어 이권화되었던 측면은 있었지만, 미얀마의 행정 실무는 톱다운 형태이기에 장관, 차관의 결정이 우선 필요하다. 그 톱의 수가 줄어들면 의사 결정은 늦어지게 된다. 게다가 취임한 장관의 다수는 경험이 부족했으며 때로 아웅산수찌에게 의사 결정을 위임하는 일도 있었기 때문에 실무가 갈수록 지체되었다.

한 가지 참고 자료로서 의회에서 입법이 이루어진 법안의 수를 살펴보도록 하겠다. 미얀마에서의 입법의 대부분은 정부가 제출한 법안이며 각부의 내부에서 기초된다. 정부의 의사 결정의 속도를 비교하는 힌트가 된

---

7   영어 명칭은 Union Minister of the State Counsellor's Office이다. _옮긴이

〈그림 4-1〉 **연방의회에 제출된 법안과 성립된 법안 수의 추이**

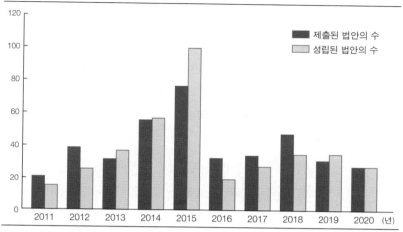

자료: 연방의회 의사록을 토대로 필자가 작성함.

다. 〈그림 4-1〉은 각 연도별(2011년부터 2020년까지) 연방의회에 제출된 법안의 수와 성립된 법안의 수를 제시하고 있다. 테인세인 정권 시기에는 모색하는 단계의 입법 작업이 시작되었던 점도 있어, 초기에는 지체되었지만 그 이후에는 매년 성립된 법안의 수가 증가하고 있다. 한편 아웅산수찌 정권 아래에서는 정권 이양 이후의 저조함은 아직 어쩔 수 없다고 하더라도, 그 이후에도 제출된 법안의 수와 성립된 법안의 수가 모두 저조하다는 것을 알 수 있다.

정권이 지향했던 것

아웅산수찌 정권의 공약은 크게 세 가지가 있었다. 구체적으로 ① 소수민족 무장 세력과의 화평, ② 더욱 민주적인 헌법으로의 개정, 그리고 ③ 국민 생활수준의 개선을 지향하는 경제개발이다. 이 각각에 대해 어디까지 실현했는지에 대해 아래에서 검토해 보도록 하겠다.

① 소수민족 무장 세력과의 화평

우선 화평 교섭부터 살펴보도록 하겠다. 화평에 대한 아웅산수찌의 생
각은 강했다. 하지만 그것을 실현하기 위한 새로운 아이디어는 없었으며,
테인세인이 지향했던 전국정전합의(NCA)의 협의를 실질적으로는 계승했
다. '연방화평회의: 21세기 팡롱(The Union Peace Conference: 21st Century
Panglong)'이라고 정전 교섭 합의의 명칭을 바꾸고 그 최초의 회담을 2016
년 8월에 개최했다.

회의 명칭에 포함되어 있는 팡롱이란 샨주 남부에 있는 마을의 이름으
로 아직 영국으로부터의 독립을 교섭하는 중이었던 1947년 2월 이 지역
에서 아웅산을 중심으로 독립을 지향했던 세력이 샨, 카친, 친(당시 간접
통치가 실시되었던 '변경 지역')의 영주들과 대화를 하는 장소가 되었다. 연
방제 아래에서 영국 버마주 전역에서의 독립을 지향했던 아웅산과, 다
수파 민족의 우위를 경계하는 소수민족 세력 간의 교섭은 난항을 겪었지
만, 최종적으로는 독립 이후 소수민족 지역의 권리를 보장하는 것 등을 조
건으로 연방 국가로서 독립하는 것이 합의되었다〔일명 '팡롱 합의(Panglong
agreement)'〕. 독립 이후 팡롱 합의는 민족 통합과 아웅산의 지도력을 상징
하는 것이 되었다. 아웅산수찌는 아웅산의 딸이다. 부친의 위광(위상·권
위)도 빌리며 민주적인 정권 아래에서 정전 교섭을 앞을 향해 추진할 생각
이었다.

당초에는 6개월마다 개최될 것으로 전망되었지만, 제1차 회의 이후에
2017년에 1회, 2018년에 1회, 2020년에 1회가 개최되었을 뿐이었다.
2018년에 두 개의 소수민족 무장 세력이 정전 협정에 서명했지만, 모두
작은 세력이었고 약간의 전진을 이룬 것에 불과했다. 전 정권에서 정전에
합의했던 조직과 협의하는 것도 지체되었음을 함께 고려해 보면, 정전 교
섭은 후퇴했다고 할 수 있다.

원인은 주로 두 가지가 있었다. 하나는 실동 부대(實働部隊)의 약함이다. 테인세인 정권 시기의 화평 교섭을 밑받침한 것은 앞 장에서도 논한 바와 같이, 미얀마화평센터(MPC)의 보좌진들이었다. 아웅산수찌는 MPC 보좌진과의 계약을 해제했다. MPC의 명칭도 국민화해화평센터(NRPC)[8]로 변경하고 그 실질적인 총괄자 역할에 아웅산수찌의 주치의였던 틴묘윈(Tin Myo Win)을 임명했다. 아웅산수찌로부터의 신뢰는 있었다고 하더라도 화평 교섭의 경험도 없었으며 지원하는 보좌진도 적었기 때문에 주치의에게는 매우 부담이 되는 무거운 직책이었다.

또 하나의 원인은 군이 강경한 태도를 보였기 때문이다. 이미 합의된 것이 분명한 정전 문서 중에는 없었던 '분리·독립의 비승인'과 '단일한 군대'라는, 무장 세력 측이 반발할 수 있는 문언을 정치 대화의 의제로 추가하는 것을 군이 제안했기 때문에 협의는 정체되었다. 또한 카렌주의 정전 지역에서 군이 도로를 건설하는 등, 정전 조건을 위반하는 행위도 이루어졌다. 제3차 회의에서는 민아웅흘라잉이 정전을 서둘러야 한다며 책임을 전가하는 듯한 연설을 해 참석자로부터 불만을 샀으며, 또한 군이 독자적인 화평 교섭 팀을 조직하고 코로나19(COVID-19) 팬데믹으로 이동 및 대규모 회합이 어렵게 되자 협의는 완전히 교착 상태에 빠졌다.

② 더욱 민주적인 헌법으로의 개정

헌법 개정에 대해서는 NLD 내부에서 당초부터 단념하는 분위기가 있었다. 군이 인정해 줄 리가 없다고 여겨졌기 때문이다. 의회에서 공식적으로 헌법 개정을 검토하는 위원회가 설치되었던 것은 2019년 2월의 일

---

8   전체 명칭은 National Reconciliation and Peace Centre이다. _옮긴이

이다. 정권이 발족된 지 3년째가 되는 시기였다. 군 대표 의원도 포함해 의원 45명으로 구성된 헌법개정 검토위원회가 설치되고 해당 위원회 내에서의 검토 및 관계 기관과의 협의를 거쳐 114개의 수정안을 해당 위원회가 결정하고 연방의회에 법안으로 제기했던 것이 2020년 1월이다.

헌법개정 검토위원회에는 군의 대표도 참여했지만 그들은 해당 위원회 모임에서는 거의 발언을 하지 않았다. 그 대신에 보수계 야당과 함께 독자적인 헌법 개정 법안을 의원입법으로 의회에 제출했다. 해당 위원회를 무시하는 사보타주라고 말할 수 있다. 이러한 군 대표 의원의 태도를 보면, 법안이 성립되지 않을 것이라는 것이 눈에 보였다. 그럼에도 NLD가 절차를 추진했던 것은 2020년 선거를 내다보았기 때문일 것이다. 공약인 이상, 제안한 뒤에 의회에서 군이 부결했다는 형태로 최소한 만들 필요가 있었던 것이다.

법안은 연방의회에서의 심의를 거친 이후 3월에 의회 내부에서 투표가 행해져 114개의 수정 사항들 중에서 110개가 군 대표 의원을 중심으로 하는 반대에 의해 부결되었다. 가결된 네 개는 거의 용어 변경에 대한 것으로 전혀 중요하지 않았기 때문에, 국민투표는 무한정 연기되었다.

③ 국민 생활수준의 개선을 지향하는 경제개발

아웅산수찌 정권에서도 추진했던 것이 경제개발이다. 다만 그것도 또한 정권의 새로운 정책에 의한 것이라기보다는 테인세인 정권의 개혁 노선을 계승함으로써 생겨났다.

전 정권의 성과가 나타나기 시작했던 것이 이 무렵이다. 새로운 투자법(2016년)과 새로운 회사법(2017년)의 시행으로 해외투자의 편리성 및 출자 비율을 제고시켰으며 외자의 진입 분야가 확대되었다. 새로운 투자법은 세계은행(World Bank), 새로운 회사법은 아시아개발은행(ADB: Asia

Development Bank)이 개혁 작업을 지원했으며 전 정권 시기부터 준비되었다. 그 밖에도 일본의 국제협력기구(JICA: Japan International Cooperation Agency)의 지원으로 '미얀마 투자 촉진 계획'이 책정되었다.

이러한 개혁 노선의 계승을 밑받침했던 것은 실무 능력이 뛰어난 정권 간부들의 존재였다. 2018년에는 외교관으로 아웅산수찌의 측근이었던 타웅툰(Thaung Tun)이 투자위원회 위원장에 취임했으며, 재무 장관에는 딜로이트(Deloitte) 계통 회계 사무소의 간부였던 소윈(Soe Win, 1938~),[9] 재무부 차관에는 전 중앙은행 부총재였던 세아웅과 재무계획부(Ministry of Planning and Finance) 사무차관 출신의 마웅마웅윈(Maung Maung Win)이 취임해 주변의 기반을 확고히 했고, 나아가 세계은행에서 근무했던 경험도 있는 민에파잉헤인(Min Ye Paing Hein)을 공업부 차관으로 발탁했다. 그 이후 재무계획부와 공업부가 통합되어 주요한 경제 관청의 의사 결정 라인이 정비되었으며 국영기업 개혁 등 새로운 움직임을 보여주고자 했다.

실물경제도 나쁘지 않았다. 2016년부터 2019년까지의 평균 경제성장률은 6.3%였다(IMF 자료). 테인세인 시기의 평균 경제성장률은 7.1%였으므로 약간 열세한 정도였다. 미얀마 경제를 전문 분야로 연구하는 구도 도시히로(工藤年博)[10]는 이러한 저하를 '급성장의 자연스러운 조정'이라고 평가한다. 실제로 해외직접투자, 정부개발원조 및 외국으로부터의 송금은 모두 연평균(코로나19 시기를 제외)이 테인세인 정권의 시기보다도 상승했으며, 크게 차이가 나는 고성장은 아니지만 견실한 신장을 보였다.

개발 및 성장의 혜택이 농촌 지역에 도달했던 것은 아웅산수찌 정권 아

---

9 앞에서 언급된 미얀마군의 소윈 장군과는 동명이인이다. _옮긴이
10 일본 정책연구대학원대학(政策研究大學院大學) 교수이다. _옮긴이

래에서의 일이었다. 세계은행이 발표한 농촌 지역의 전력 접근 비율(농촌 인구 중에서 전기에 접근할 수 있는 인구의 비중)은 2016년에 39.8%였던 것이 2019년에는 57.5%로 개선되었다. 기지국의 확대로 휴대전화의 이용자도 늘어났으며, 2017년에 1400만 명이었던 인터넷 이용자의 수는 2020년에 2200만 명으로 증가했다. 빈곤 감소도 진전되어 1일 1.25달러 이하에서 살고 있는 사람들의 비중을 나타내는 빈곤율은 2015년의 32.1%에서 2017년에 24.8%로 저하되었다(그 이후 코로나19로 인해 다소 악화된다).

화평과 헌법 개정이 교착 상태에 빠지고, 아울러 후술하는 로힝야 문제로 인한 국제적 비난 속에서 기둥으로 삼았던 세 가지 공약 중의 두 가지에서 성과가 나오지 않는 가운데, 아웅산수찌가 경제개발로 중점을 옮겼던 것은 합리적인 판단이었다고 할 수 있다. 경제정책은 군과의 사이에서 조정할 필요가 없으며, 동아시아로부터의 투자와 원조에 의해 밑받침된 미얀마 경제에 구미 국가들 또는 인권 단체로부터의 비판이 미치는 영향은 한정적이었기 때문이다.

하지만 그것에도 한계가 있었다. 기존의 권익을 침해하지 않는 범위에서 개혁이 진행되었기 때문에, 군 계통 기업 또는 재벌이 지배적인 경제구조는 온존되었다. 군 계통 그룹 중의 하나인 미얀마경제공사(MEC)는 2017년에 베트남의 군 계통 통신회사인 비엣텔(Viettel)과 합자로 미텔(Mytel)을 설립해 통신업에 뛰어든다. '크로니'라고 종종 비판받았던 재벌도 그 지배적인 지위에 변화는 없었다. 샨주 및 카친주에서의 아편 생산, 그리고 일부 무장 세력이 행하고 있는 합성 마약의 생산과 밀수 등 암경제[11]도 축소될 기미는 없었다.

---

11 지하경제(underground economy)라고도 표기되며, 세무 당국의 시선이 미치지 않는 경제를 지칭한다. _옮긴이

풀뿌리 민주화

아웅산수찌 정권에 대한 평가는 다양하지만, 애당초 아웅산수찌에 대한 주위의 기대감은 너무나도 높았다. 아웅산수찌의 그녀 자신에 대한 기대감도 대단히 높았을 것이다. 민주화의 유포리아(euphoria, 과도한 행복감)이다. 국제 원조의 세계에서는 그 어떤 국가에서도 정치경제 체제가 자유민주주의와 시장경제에 가깝다(혹은 가까워야 한다)는 전제를 '이행 패러다임'이라고 부르기도 하는데, 미얀마의 개혁에 대한 세계의 반응은 그러한 냉전 이후의 패러다임이 지금도 건재하고 있음을 느끼게 만들었다.

냉정하게 생각해 본다면 약 50년 동안 군사정권이 계속되었던 국가가 그리 간단하게 변할 리는 없다. 변화는 많은 경우에 있어서 느슨하며 진보와 후퇴를 반복한다. 이 장의 앞부분에서 언급했던 '1페의 민주화'는 그러한 느슨한 진보의 한 가지 예이다. 풀뿌리 차원에서 본다면 그 밖에도 좋은 변화가 있었다.

연방의회의 폐회 기간에 의원이 선거구로 돌아가서 주민과 접점을 갖는 일이 늘어나고, NLD의 정당 사무소에 주민이 상담을 하러 찾아오게 되었다. 농촌 지역의 촌장 및 마을의 구장(區長)이 세대별 투표를 통해 선출되었던 것은 아웅산수찌의 정권 아래에서의 정구촌락구(町區村落區) 행정법의 개정에 의한 것이었다. 그 결과, NLD를 지지하는 구장 및 촌장이 수많이 생겨났다. 농민 및 노동자의 시위, 학생운동에 대해서 경찰이 폭력으로 진압하는 일도 전 정권에 비해서 현격하게 감소했다.

양적인 조사로서 참고가 되는 것은 아시아의 넓은 지역에서 여론조사를 실시하는 아시아바로미터(Asian Barometer Survey)의 조사 결과이다. 그 중에 '자유가 있다고 생각하는가'라는 질문 항목이 있다. 2019년의 응답에서는 결사의 자유에 대해서 '강하게 동의한다', '어느 정도 동의한다'가 합쳐서 74%, '언론의 자유'가 70%였으며 2015년에 행해진 조사 결과보다 각각 3%p와 6%p가 상승했다. 더욱 현저하게 변화가 나타났던 것은 정치제도(법원, 경찰, 정당, 의회, 군대, 연방정부, 공무원, 지방정부, 대통령, 지방행정)에 대한 신뢰도이다. 2015년에는 대통령을 제외하고 모든 제도의 신뢰도가 50%를 하회했던 것에 반해서, 2019년에는 과반수의 항목에서 신뢰도가 70%를 넘었다. 대통령과 행정에 대해서는 78%가 신뢰한다고 응답했으며, 경찰 및 군대에 대해서조차 신뢰도가 상승했다.

이것을 있는 그대로 받아들인다면, 사회의 정부에 대한 불신이 상당히 해소되었다는 말이 된다. 다만 이 결과가 위태롭게 느껴지는 것은 정부의 신뢰가 정권의 실적보다도 지도자에 대한 신봉에 의해 밑받침되고 있는 것처럼 보인다는 점이다. 사람들은 그 실적과는 꼭 관계없이 아웅산수찌를 지지하고 있으며, 한편으로 군 또는 보수 세력은 아웅산수찌의 '정권 운영' 능력에 불만을 품고 있다. 이러한 차이가 쿠데타의 원인(遠因)이 된다. 아웅산수찌와 군 간의 공방을 다음 절에서 살펴보도록 하겠다.

2. 보스와 카리스마의 공방

민아웅흘라잉

공방을 벌이는 양자 중의 한 명인 아웅산흘라잉은 어떤 인물일까? 본인이 자신의 생애에 대해서 말했던 것은 2020년 10월 TV와의 인터뷰가 최초였다.

1956년에 태어났으며 출생한 장소는 마궤(Magwe) 관구의 작은 마을 민부(Minbu)이다. 부친[12]은 남부 타닌타리(Tanintharyi) 관구의 중심 마을 다웨이 출신으로 민부에 있는 학교의 미술 교원이었다. 5세까지 민부에서 자랐으며 그 이후 제2의 도시 만달레이로 이사해 소학교 및 중학교에 다닌다. 부친은 만달레이교원양성학교에서 미
술을 가르쳤기 때문에 사회계급으로서는 중
산계급으로 여겨진다. 빈곤국의 중산계급은
층이 얇기 때문에 사회 전체로 본다면 혜택
을 받은 가정이었던 것으로 여겨진다. 1967
년 12세의 시기에 양곤으로 다시 이사한다.
부친이 건설부 본부로 소속이 옮겨졌기 때
문이다.

〈그림 4-2〉 **민아웅흘라잉**

1972년에 양곤대학 법학과에 입학했다.
당시 대학 입시 제도는 공통 시험의 성적으로 상위로부터 의학교 및 공과
대학, 종합대학의 이과 계열로 할당되었으므로 수험생의 의사와 관계없
이 입학하는 학과가 결정되었다. 양곤대학 법학과에 합격했다는 것은 톱
클래스가 아니더라도 학업 성적이 좋았다는 것은 분명하다.

그 이듬해 민아웅흘라잉은 사관학교(DSA)[13]에 원서를 냈다고 한다. 그
이유는 명확하지 않다. 양곤대학에 1년 반 정도 다니다 중퇴해 미얀마 중
부의 핀우르윈에 있는 DSA에 15기 생도로 입학했다. DSA를 졸업한 이후
당시의 제1 샨 소총부대(the First Shan Rifles) 대대에 소위로 배속되었으며
양곤의 북쪽에 있는 모비(Hmawbi)의 주둔지에서 7년 6개월을 보낸다.

미얀마군의 사관들 사이에서는 최초에 배속된 부대를 '친부대'(親部隊,
미킨타)라고 부르는 관행이 있다. 인터뷰 중에 자신의 친부대 출신자에는
나중에 군 간부, 정부 간부가 된 선배들이 많이 있다고 구체적인 인명을

---

12   킨흘라잉(Khin Hlaing)을 지칭한다. _옮긴이

13   전체 명칭은 Defence Services Academy이며 1954년에 설립되었다. _옮긴이

들며 민아웅흘라잉은 자랑스럽게 말했다. 그중 한 명이 테인세인이다. 제
1 샨 소총부대에는 서로 엇갈리게 소속되었다.

그 이후 민아웅흘라잉은 동기들 중에서 가장 출세한 인물로 순조롭게
승진하며 군관구 부사령관 시기에는 지방의 평화발전평의회(PDC) 의장
으로서 행정 경험도 쌓았다. 2004년에는 서부 군관구 사령관에 취임한다.
서부 군관구는 방글라데시와 접하고 있는 라카인주를 총괄하는 중요한
지역이다. 다음으로 샨주 동부로 태국, 라오스와 국경을 접하고 있는 삼
각지대 군관구 사령관을 맡은 이후에 제2특별작전실 사령관으로 승진했
다. 그 이후 매우 짧은 기간이지만 투라 슈웨만의 후임으로서 삼군 합참
의장이 되었으며 2011년 3월 미얀마군 제8대 최고사령관에 취임한다.

새로운 군대

같은 인터뷰에서 민아웅흘라잉은 군의 근대화에 대해서 길게 말했다.
군 장비의 근대화가 자신의 임무라고 했다. 전투기 발전을 비유로 들면서
지금은 세계적으로 제5세대이지만 자신의 힘으로 군비를 제4세대까지 업
그레이드했다고 한다. "과거 30년, 40년간 노력해 왔지만"이라면서 선인
들에게 배려를 하면서도 군비의 미비를 지적하고 육군뿐만 아니라 공군·
해군의 발전을 지향하고 있다고 말했다. 현행 국방비를 고려해 보면 도저
히 불가능한 목표이며 군비의 근대화에 대한 의식이 높다는 것은 알 수 있
지만, 현실적 판단보다도 야심이 앞서간 목표였다.

국제 표준에 대한 인식은 군의 공식 문서에도 반영되어 간다. 2015년에
미얀마군은 처음으로 국방백서를 발표했는데, 그 가운데 국방 정책의 원
칙으로 다음과 같은 여섯 가지가 제시되었다. 즉, ① 연방의 유지, 국민 단
결의 유지, 주권의 유지로 구성되는 '세 가지 대의', ② 국민과 국내 자원을
이용한 군 중심의 인민 전쟁 채택, ③ 외국 세력에 의한 침공 및 개입의 저

지, ④ '평화공존 5원칙'에 기초한 우호 외교, ⑤ 군사동맹 및 외국군의 기지 설치 금지, ⑥ 비전통적 안보 문제와 대테러 대책을 위한 국제 협력이다. 이 중에 ①부터 ⑤까지는 이전부터 있었던 원칙인데 ⑥의 비전통적 안보 문제(군사에 한정되지 않은 국가에 대한 위협) 및 국제 협력에 대한 언급은 고립주의적인 미얀마군에서는 결여되어 있었던 발상이다.

여러 외국도 개혁을 뒷받침하기 위해 미얀마군과 교류를 실현해, 능력 향상을 목적으로 초보적인 방위 교류가 시작되었다. 미국, 영국, 호주, 일본이 그 상대국이 되었다. 다만 민아웅흘라잉이 국제 표준을 의식했다고 하더라도 그것은 어디까지나 군사 방면의 이야기이다. 문민 통제와 같은 정치와의 관계는 그의 머릿속의 국제 표준에는 포함되어 있지 않다. 군은 헌법을 수호할 의무를 갖고 있다고 말했으며 그 후견인 역할을 바꾸려는 모습은 전혀 엿볼 수 없었다.

요설의 사령관

전임자 탄슈웨는 과묵했다. 20년 이상 최고 권력자의 지위에 있으면서 한 말은 군인을 향한 훈시뿐이었으며, 국민을 향한 말은 거의 발언한 적이 없었으며 자신의 신격화에도 흥미를 보이지 않았다. 세계에서 가장 눈에 띄지 않는 독재자 중 한 명이었을지도 모른다.

한편 민아웅흘라잉은 달변가이다. 2017년 8월에 로힝야 위기가 발생할 때까지는 외신 인터뷰에도 답했으며 방문하는 외국의 주요 인사와도 빈번하게 만나고 외유에도 적극적이었다.

민아웅흘라잉의 자기상(自己像)에 대해서는 페이스북 계정이 참고가 된다. 〈그림 4-3〉은 민아웅흘라잉 사령관의 계정이 2013년 11월 28일에 개설된 이후부터 2017년 9월 30일까지 게재된 것의 내용을 분류한 것이다. 국내 방문과 해외 내빈과의 회합, 훈련을 포함한 군의 행사, 해외 방문 등

〈그림 4-3〉 **민아웅흘라잉의 페이스북 게시물**
(2013년 11월~2017년 9월)

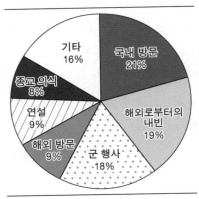

자료: 中西嘉宏(2020a), p.133.

과 관련된 것이 위주였다.

2017년 9월 말 시점에서 각 (페이스북) 게시물에 대한 '좋아요!'를 누른 수를 집계해 보면 가장 많았던 것은 2016년 7월 19일 '순교자의 날'에 아웅산 묘에서 행해진 기념식에서의 모습이다('좋아요!'를 누른 수는 4만 3000개였다). 두 번째로 많았던 것은 2016년 9월에 실시된 육군과 공군의 합동훈련에 관한 게시물로 약 4만 개의 '좋아요!'가 기록되어 있다. 그런데 군사훈련의 모습이 사진 및 동영상이 첨부되어 공개되는 일은 이제까지 없었기 때문에 귀중한 것이라고 할 수 있다. 세 번째로 많은 반응을 모았던 것은 2016년 11월 군최고사령관 내외가 육군·해군·공군 삼군의 관계자와 함께 만달레이에 있는 승원(僧院, 마소네인)에 기진(봉납)을 했다는 내용의 게시물이다('좋아요!'를 누른 수는 3만 1800개였다).

각각의 게시물은 민족주의, 군사, 불교와 관계되어 있는 것이며 모두 군의 조직적 정체성과 연결되어 있다. 또한 팔로워에 대해서는 군이 조직적으로 작성한 이른바 가짜 계정이 다수 포함되어 있으며 '좋아요!'를 누른 수는 일반 이용자가 지지하는 것이라기보다는 최고사령관이 국민에게 선보이고자 하는 '자기 이미지'라고 이해해야 할 것이다(中西嘉宏, 2020a).

2018년 8월 28일 페이스북은 미얀마에서의 혐오 발언에 대한 대책을 강화하기 위해 민아웅흘라잉의 계정을 포함한 18개 미얀마군 관계의 계정과 52개의 페이지를 삭제했다. 삭제된 페이지는 약 1200만 명의 팔로워가 있었다고 한다. 페이스북 계정 없이는 설명할 수 없는 숫자이다.

계속되는 아웅산수찌의 도전

최고사령관에 취임한 이래 군 개혁을 추진하며 자신감을 심화했던 민 아웅흘라잉에게 아웅산수찌는 도전을 계속했다. 하지만 아웅산수찌를 밑 받침하고 있는 국민의 지지는 그것만으로는 군의 실력 행사를 억누르기 에 충분하지 않다. 군은 민의를 대체적으로 두 가지 종류의 견해로 이해 하고 있다. 즉, ① 감정적인 행동이거나 ② 구미에 의한 개입이다. 우민관 과 음모론이라고 바꾸어 말해도 좋은데, 이러한 견해가 계속되는 한은 아 무리 선거에서 승리를 하더라도 군이 정치에 관여하지 않을 것은 기대할 수 없다.

그러한 군과 비폭력 투쟁을 신념으로 삼는 세력 간의 권력투쟁이기 때 문에, 군이 실력을 행사한다면 언제라도 승리할 수 있다. 물론 그러한 것 은 민주화 세력이 제일 잘 알고 있다. 아웅산수찌는 합계로 15년 동안에 걸쳐 연금을 당했으며 의원 중 다수는 투옥을 당했던 경력이 있다. 즉, 군 에 의한 실력 행사의 피해자나 다름없다. 이러한 비대칭적인 힘의 관계 중에서 군의 최후 수단의 행사를 억지하면서 군 중심의 체제를 바꾼다는 어려운 과제에 아웅산수찌는 도전했다.

여기에서는 세 가지 도전의 사례를 논해 보도록 하겠다.

우선 첫째는 국방치안평의회(NDSC)이다. 앞 장에서도 언급했지만, NDSC 는 군의 후견인 역할을 보장하는 제도 중의 하나이다. 11명의 구성원 중 에 여섯 명이 현역 군인 및 퇴역 군인 또는 군 관계자이다. 헌법상 부여된 권한은 광범위하게 걸쳐져 있는데, 예를 들어 외교 관계의 단절(제206조), 침략에 대한 군사행동 시의 협의(제213조), 국민 총동원 시의 동의(제340조), 새로운 군 최고사령관의 제안과 승인(제342조), 비상사태선언 발령을 위한 협의(제410조, 제412조, 제417조) 등이다. 그러한 중대한 결정을 위해서뿐만 아니라, 테인세인 정권 시기에는 안보 관련 정보의 공유와 협의를 위해 정기적으로 NDSC의 회합이 개최되었다. 하지만 아웅산수찌는 이 NDSC를 개최하지 않았다. 아웅산수찌는 군과 접촉하지 않음으로써 군이 개입할 기회를 감소시키고 정권 운영의 주도권을 장악하고자 했던 것이다. 다만 그 폐해로 '두 개의 정부'가 있다고 말해질 정도로 양자 간의 소통은 결여되었다.

둘째는 내무부에 대한 개입이다. 2018년 말, 내무부 아래에서 지방행정을 담당하는 총무국(GAD)을 현역 군인이 장관을 맡고 있던 내무부로부터 신설한 연방정부부[14]로 이관시켜 관계자를 놀라게 만들었다. GAD는 경찰과 함께 내무부의 일익을 담당해 오던 조직으로 약 4만 명의 인원을 보유하고 있으며, 지방에서는 각 부처의 파출 기관을 총괄하고 주민들에 대해서도 강한 영향력을 갖고 있었다. 군사정권 시대의 통치를 밑받침하는 기구였으며, 군 장교들이 가장 많이 전출되었던 조직이기도 했다. 이러한 GAD를 문민정부 측에서 각의 결정만으로 이관시켰던 것이다.

셋째는 국방부 예산이다. 국방부 예산은 통상의 법률과 마찬가지로 위원회와 의회에서 심의되어 다수결을 통해 가결된다. 즉, 아웅산수찌 정권 아래에서 예산심의 과정은 NLD의 수중에 있었던 것이다. 〈그림 4-4〉는 국방부의 예산을 보여주고 있다. 이러한 모든 것이 방위에 이용되는 예산은 아니지만, 중요한 장비의 조달 비용은 포함되어 있어 대략적으로 그 경향은 파악할 수 있다.

모든 부처의 예산 중에서 국방부 예산이 차지하는 절대 액수는 거의 보

---

14   Ministry of Union Government Office(MUGO)를 지칭한다. _옮긴이

〈그림 4-4〉 **미얀마 국방부 예산**

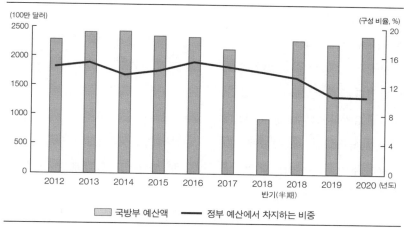

자료: 각 연도 예산을 토대로 필자가 작성함.

합 상태를 유지하는 것으로 추이하고 있으며 2020년도에 약간 상승했다
는 것을 알 수 있다. 비중을 살펴보면 2011년에 전체 예산의 14.5%였던
국방부 예산은 2020년에는 10.3%까지 저하되었다. 한편 교육부 예산의
비중은 2017년도의 5.9%에서 2020년도에는 13.9%로 늘어났으며, 경제
관련 부처의 예산이 차지하는 비중도 크게 확대되었다. 군이 우선적으로
예산을 배분받는 메커니즘이 조금씩 변화하는 중이었던 것이다.

3. 어려워진 공존

정권 내부에서 양 세력은 미묘한 균형 아래에서 다소 기만적인 형태로
공존했다. 하지만 아웅산수찌 정권의 후반기가 되자, 그러한 균형이 무너
지는 사건이 계속해서 발생한다.

라카인주의 실패

군은 아웅산수찌 정권에 대해 불신감을 강화했다. 그 최대의 이유 가운데 하나는 군과 소수민족 무장 세력 간의 충돌이 증가하게 된 것이다.

우선 로힝야 위기가 있다. 2017년 8월 25일 라카인주 북부에서 분쟁이 발발한다. 장기간 박해받아 왔던 로힝야의 해방을 지향하는 무장 세력 아라칸로힝야구세군(ARSA: Arakan Rohingya Salvation Army)이 군 및 경찰의 시설을 습격했다. 습격 시에 ARSA는 전략적으로 해당 지역의 주민들을 휘말려들게 했고 장기간의 차별을 참아왔던 사람들도 습격에 가담했기에 민중 봉기가 되었다(中西嘉宏, 2021).

습격의 대상이 된 군 및 경찰의 시설은 30개가 넘었다. 이러한 규모로 거의 동시에 습격을 받았던 경험이 군에게는 없었다. 즉시 응전해 토벌 작전이 시작된다. 이에 따라 무력 충돌이 각지에서 발발한다. 민간인 중에서도 다수의 사망자가 발생했으며 60~70만 명의 난민이 이웃 나라 방글라데시로 유출되었다.

이뿐만 아니라 라카인주 전체가 불안정화되었다. 〈그림 4-5〉는 2010년부터 2020년 초까지의 미얀마 전역에서의 무력 충돌 횟수를 나타내고 있다. 테인세인 정권의 종반기에 해당하는 2015년부터 증가했으며, 그 이후 아웅산수찌 정권 아래에서는 2019년 후반부터 급격하게 증가했다는 것을 알 수 있다.

급증하게 된 원인은 아라칸군(AA: Arakan Army)과의 전투가 증가했기 때문이다. 그런데 '아라칸(Arakan)'이란 현재의 라카인주 서안(西岸)의 영어식 호칭으로 포르투갈어의 '아라코(Arako)'에서 변화한 것이라고 한다. 이 라카인주의 북부에 있는 마을 브라우크우(Mrauk-U)를 중심으로 과거에 왕조[15]가 해상 교역을 통해 번영했다. 그 왕조가 버마족의 왕조였던 콘바웅 왕조에 의해 멸망되었던 것이 18세기 후반의 일이다. 브라우크우 왕

〈그림 4-5〉 **무력 충돌의 수**(2010~2020년 제1사분기)

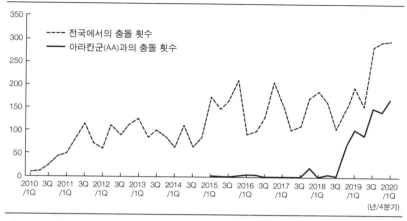

자료: The Armed Conflict Location & Event Data Project의 데이터베이스를 토대로 필자가 작성함.

조의 멸망과 정복의 역사, 그리고 '버마족 중심의 국가' 주변에서 가장 빈곤한 지역 중 하나가 된 굴욕감이 있기에 라카인족은 버마족에 대한 강한 대항 의식을 갖고 있는 것으로 알려져 있다.

AA가 결성된 것은 2009년으로 비교적 얼마 되지 않았다. 생겨난 장소는 라카인주가 아니라 북부 카친주의 중국 국경의 마을 라이자(Laiza)이다. 지도자는 트완므라나잉〔Twan Mrat Naing, 아라칸어: 툰무아나잉(Tun Myat Naing)〕이다. 그는 라카인주의 주도(州都)인 시트웨(Sittwe)에서 출생했으며 해당 지역의 대학을 졸업한 이후 영어 교사 및 여행 가이드를 했다. 라카인족 출신이자 외과 의사였던 뇨트완아웅〔Nyo Twan Aung,[16] 일명 뇨툰아웅(Nyo Tun Aung)〕과 만나게 됨으로써 정치 운동에 눈을 뜨고 카친주의 비

---

15 므라우크우 왕조를 지칭한다. _옮긴이

16 본명은 조므로테(Zaw Mro Thet)이다. _옮긴이

취 광산 등으로 이주 노동을 하러 왔던 라카인족 출신의 청년들과 함께 라이자에서 AA를 결성했다.

결성되기는 했지만 2017년까지는 병력이 수백 명 정도의 소규모 집단에 불과했다. 라이자는 라카인주로부터 멀리 떨어져 있으며, 존재는 하지만 두드러진 활동은 없었다. 이 사이에 AA를 비호하고 조직을 육성했던 것은 카친독립기구(KIO) 및 미얀마민족민주동맹군(MNDAA), 와주연합군(UWSA) 등의 무장 세력이었다.

군과 처음으로 교전했던 것이 2015년 3월이다. 라카인주의 북쪽에 있는 친주에서의 일이었다. 그 직후에 라카인주 북부에서 AA는 군의 시설을 공격하고 그곳을 점거하는 데 성공했다. 그 이후에도 주로 군 및 경찰의 시설에 대한 습격을 계속하자, AA는 급속하게 라카인족의 지지를 모았다. 그 배경에는 라카인주에서의 아웅산수찌 정권에 대한 반발, 그리고 높아진 민족주의의 고양이 있다. 지지 세력이 증가하면, 병력의 수도 늘어나고 기부금이 모여든다. 2018년에는 병력의 수가 약 8000명까지 늘어나며 조직이 확대되었다. 다른 무장 세력의 지원으로 장비도 훈련 수준도 제고되었다.

AA의 목적은 단기적으로는 라카인주의 자치권 확대이다. 하지만 조국의 해방을 소호하는 트완므라나잉은 장래 독립까지 시야에 넣고 있다. 2017년에는 '아라칸의 꿈'을 슬로건으로 내세우며 소셜 미디어(SNS)에서의 홍보 활동을 활발하게 진행하고 있으며, 군에게는 연방을 분열시키는 위협으로 간주되었을 것이다. 2020년 3월에 AA는 '테러리스트 단체'로 지정되었다.

2020년의 선거 이전에는 AA가 NLD의 후보자 세 명을 구속하는 사건이 발생해 선거관리위원회가 라카인주 북부에서 선거의 실시를 연기하는 결정을 내렸다. 라카인주 북부는 라카인족을 주체로 하는 소수민족 정당

(2020년 선거에 참가했던 것은 라카인민족당[17])이 강해 NLD가 승리할 전망이 옅은 지역이었기 때문에, 정권이 의도적으로 선거의 실시를 연기시킨 것이 아닌가 하고 의심하는 목소리가 나왔다.

요컨대 아웅산수찌 정권 아래에서 라카인주 통치는 실패했던 것이다.

다른 주에서도 아웅산수찌 정권에 대한 실망의 목소리가 들려왔다. 정권이 통제하고 있음이 분명한 지방분권에 대해서도 자치를 담당할 것이 분명한 지방의회는 저미했다. 그럼에도 불구하고 소수민족 주에 아웅산 장군의 동상을 세우고 몬주에서는 다리 이름에 아웅산 장군의 이름을 붙이려 하는 등, 버마족 중심의 민족주의를 밀어붙이는 행동이 목도되었다.

아웅산수찌 정권에는 다수파의 의사를 정치에 반영시킨다는 의미에서의 민주화를 추진할 의사는 있었지만, 그것과 소수파에 대한 포섭을 양립시키는 균형 감각은 결여되어 있었다고 말할 수 있다. 그것은 아웅산수찌의 민주주의관과 카리스마에 의존하는 민주화 운동이 안고 있는 한계였을지도 모른다.

코로나19 팬데믹 아래에서의 총선거

코로나19도 아웅산수찌 정권에 대한 군의 불신을 조장했다.

2020년 3월 4일 연방의회의 군 대표 의원들은 갑자기 의료용 마스크를 착용한 모습으로 등원했다. 정부로부터는 마스크 착용을 의무화하는 지시가 내려지지 않았으며, 일반 의원들 중에는 마스크를 착용한 사람은 없었다. 미디어에 그 이유를 질문받은 한 명의 군 대표 의원은 몸을 보호하기 위해서라고 짧게 답했을 뿐이었지만 정부의 늦은 대책에 대한 군의 항

---

17 아라칸민족당(ANP: Arakan National Party)을 지칭한다. _옮긴이

의라는 것은 명백했다.

확실히 정부의 초동은 늦었다. 하지만 초동 자체는 늦었지만 그 이후의
법 규제에 의한 시민의 행동 제한은 오히려 엄격했다. 각국의 규제 강도
를 비교한 '코로나19 대책 엄격도 지표(Covid-19 Stringency Index)'에 따르
면, 동남아시아에서의 미얀마의 순위는 2020년 4월 후반부터 그 이듬해
정변이 발생할 때까지 줄곧 상위 3개국 안에 들어갔다. 4월 27일에는 경
제 구제 계획을 정부가 발표하고 금리 인하 및 저리 융자를 위한 기금 설
립, 법인세 지불 기한의 연장, 사회 보험료의 지불 유예, 전기 요금 면제,
각종 면세 조치, 긴급 식량 지원 등의 대책이 취해졌다.

아웅산수찌 정권의 코로나19 대책에 특별히 큰 문제가 있었던 것은 아
니다. 코로나19 이후의 경제 회복도 전망하면서 아시아개발은행은 성장
률이 1.8%로 떨어진 이후에 6.0%까지 회복할 것이라는 예측을 발표했다.

하지만 많은 국가와 마찬가지로 감염은 확대되었다. 미얀마에서는
2020년 8월 말에 라카인에서 100명을 넘는 감염이 판명되고 그 이후 전국
으로 확대되었으며, 10월에는 매일 같이 1000명을 넘는 감염자 수가 발표
되었다. 검사 체제의 취약함을 고려해 보면 실제 감염자 수는 더 많았을
것으로 여겨진다. 그러한 흐름이 수습되었던 것은 12월에 들어서면서부
터의 일이며, 1000명대의 감염자 수가 발표되었던 와중인 11월 8일에 총
선거가 실시되었다. 연기를 요구하는 야당의 반대를 억누르며 정부에 의
해 총선거가 실시되었다.

코로나19의 감염 확대가 선거에 미친 영향은 컸다. 다음과 같은 세 가
지를 들 수 있다.

첫째, 선거운동에 제한이 부과됨으로써 온라인, 특히 소셜 미디어(SNS)
를 통한 운동이 통상 이상으로 효과를 발휘했다. 감염 방지를 위해 50명
을 넘는 집회가 금지되었기 때문에, 2015년 총선거 시에 힘을 발휘했던

풀뿌리 집표 활동과 일정한 사회적 열광을 NLD는 재현할 수 없었다. 그만큼, 온라인에서의 캠페인을 강화한다.

온라인이 되자, 아웅산수찌와 같은 시각적인 상징의 전술적 가치가 높아진다. 아웅산수찌도 하고자 하는 의사를 보였다. 당의 선거대책위원회의 톱으로서 선거운동의 선두에 섰으며, 선거에서 승리해 정부의 업무를 집행하게 된 이후에 선거대책본부를 방문했다고 한다. 'NLD 의장'의 명의로 자신의 페이스북 계정을 개설하고 거기에서 당 간부 및 청년 당원을 대상으로 스스로 인터뷰를 하는 동영상을 올린다. 그 시청자에 해당하는 유권자도 2015년과는 비교할 수 없을 정도로 인터넷 이용자가 증가했다. 회선의 속도도 빨라지고 농촌에서도 동영상을 시청할 수 있었다.

둘째, 코로나19로 국제적인 교류가 제한되는 가운데 군의 고립이 진전되었다. 애당초 로힝야 위기 이래에 구미 국가들 및 유엔과는 적대 관계에 있으며, 교류의 빈도는 상당한 정도로 내려갔다. 2015년의 선거 시에는 평화적인 정권 이행을 위협할 수 있는 군의 행동에 국제사회도 국제 미디어도 주목했으며 각국의 주요 인사 및 미디어가 민아웅흘라잉과 만나 선거 결과에 대한 존중과 평화적 이양의 의사를 확인했었다. 그런데 그로부터 5년 후에 지금의 민아웅흘라잉은 제노사이드(genocide, 집단 학살)의 수모자라고 하는 혐의를 받고 있으며 게다가 코로나19로 내빈도 줄어들었다. 선거를 둘러싸고 고조되는 분위기도 없고 국제적 관심은 대단히 낮았다.

셋째, 미디어 및 여론조사 기관이 자유롭게 취재 및 조사를 할 수 없게 됨으로써 선거에 관한 공공적인 정보가 결여되었다. 선거 이전에 행해진 여론조사의 수는 극히 적으며, 그 제한된 여론조사 중의 하나에서는 옛 여당 USDP의 지지율은 7%로 낮았고 NLD는 39%였다(PACE, 2020). 한편 '지지하는 정당이 없다'라고 답한 사람은 20%였고, USDP의 비인기를 고려해 보면 이 층은 소극적인 지지자로서 NLD에 투표한 것으로 여겨진다. NLD의 적극적인 지지자와 합쳐 60% 정도의 표가 들어갔다고 한다면, 단순 소선거구제에서는 70%에서 80%의 의석은 NLD가 획득한다. 전문가 대부분의 예상도 이 숫자와 크게 다르지 않았다. NLD가 고전을 겪게 된다면 그것은 소수민족의 주에서의 일이라고 간주되었다.

그러나 이러한 예상이 군과 보수 세력에게는 공유되지 않았다. 군의 폐쇄적인 조직문화에 더해, 톱이 대통령이 되고 싶어 한다는 것은 모두가 알고 있다. 그중에서 제대로 된 선거 예측이 최고사령관에게 전해졌다고는 생각하기 어렵다. 선거 당일에 민아웅흘라잉은 투표 이후에 주변에 있던 기자들을 향해 "결과가 국민의 희망에 들어맞는다면 받아들일 것이다"라고 생글거리는 얼굴로 답했다. 왼손을 위로 올리고 그 새끼손가락의 앞쪽에 붙어 있던 이중 투표 방지용 잉크를 보여주었다.

2020년 총선거

선거 결과는 NLD의 압승이었다.

양원제의 연방의회와 14개가 있는 지방의회를 모두 합쳐 1117개 의석을 놓고 선거전이 치러졌으며 상원 선거에서는 선거가 실시된 161개 의석 중에서 138개 의석(86%), 하원 선거에서는 마찬가지로 315개 의석 중에서 258개 의석(82%)을 NLD가 획득했다. 이전 선거보다 상회했다(396개 의석). 지방의회에서도 라카인주와 샨주를 제외한 지역에서 NLD가 과반수를 차지했다. 한편 USDP는 상원·하원 양원을 합쳐 41개 의석에서 33개 의석으로 줄어들었다. 참패였던 것이다.

소수민족 지역에서도 NLD가 많은 의석을 획득했던 것은 놀라운 일로 받아들여졌는데, 그렇게까지 부자연스러운 결과는 아니었다. 여전히 높은 아웅산수찌의 인기, 나쁘지 않았던 경제, 그리고 유력한 야당이 존재하지 않았던 것 등을 고려해 보면 타당한 결과라고 말할 수 있다.

그런데 NLD의 의석이 줄어들게 될 것이라고 예상했던 야당 및 군에게 이 결과는 예상 밖의 것이었다. 그 직후부터 USDP를 중심으로 선거 부정에 대한 고발이 시작되고, 군도 그에 가담했다. 그렇지만 이 무렵에 선거에서 부정 의혹이 나중에 쿠데타로 연결될 것이라고 예상했던 사람은 거의 존재하지 않았을 것임이 분명하다. 패배한 정당이 선거 부정을 호소하는 일은 흔하다. 개별적인 부정 사안에 대해서 심리를 진행한다고 하더라도 시간이 소요된다. '이미 발표된 선거 결과를 즉시 뒤집는 것은 불가능하며, 곧 제2차 아웅산수찌 정권이 탄생할 것이다'라고 여겨졌다.

하지만 2021년에 들어서 사태가 급속하고 긴박하게 돌아간다.

제5장

쿠데타에서 혼란으로(2021~)

지금(2022년)으로부터 77년 전의 이야기로 시작해 보도록 하겠다.

1945년 3월 27일 파사파라가 봉기했다. 파사파라란 당시에 미얀마를 사실상 통치했던 일본군에 저항하는 현지 정치 세력의 통일전선이다. 반파시스트인민자유연맹(AFPFL)의 버마어 머리글자를 합쳐 파사파라라고 한다. 여기에서 파시스트란 일본군을 의미한다.

태평양전쟁의 발발 이후 일본군은 1942년에 미얀마를 침공했다. 약 8개월 만에 제압한 후 군정을 설치했으며 그 이듬해에는 명목적인 독립을 부여하고 새로운 국가 '버마국(State of Burma)'을 수립했다. 아웅산수찌의 부친인 아웅산은 (당시 영국 식민지였던) 조국 독립을 위해 일본군과 협력해 1941년에 태국 방콕에서 의용군인 버마독립군(BIA: Burma Independence Army)을 결성했다. '버마국'에서 그는 버마독립군의 흐름을 계승한 버마국민군(BNA: Burma National Army)의 간부와 국방 장관에 취임한다. 아직 젊은 나이였으며 당시 28세였다.

독립이라고 해도 그 실질은 일본군에 의한 통치라고 말할 수 있었다. 그 때문에 아웅산 등은 점차 불만을 품게 되어간다. 그리고 일본군의 전황이 불리해지는 가운데 1944년 8월 통일전선인 파사파라가 비밀리에 결

<図 5-1> **2021년 도로를 점거한 시위대의 모습**

자료: 필자가 촬영함.

성되었다. 버마공산당(BCP) 등과 함께 조직화를 추진한 이후에 봉기했던 날이 3월 27일이다. 이 대일 항쟁을 기념해 3월 27일은 미얀마에서 축일이 되었다. 버마어로는 '타마도네'라고 한다. '국군의 날'이라는 뜻이다. 이날은 과거에 양곤에서, 그리고 지금은 수도 네피도에서 군이 주최하는 기념식 및 군사 퍼레이드가 행해진다.

파사파라의 봉기로부터 76년이 지난 2021년 3월에도 '국군의 날'은 다가왔다.

쿠데타 이후, 2월 말부터 본격화된 군의 시민들에 대한 탄압으로 정세는 혼란 속에 빠졌다. 도시 지역에서는 대중교통도 운행하지 않았으며, 일부에서는 시민들이 바리케이드로 도로를 봉쇄했다. 하지만 기념식 및 퍼레이드를 중지시킬 기미는 군에게 없었다. 예년에 거행되었던 대로 실시해 쿠데타 이후의 사태에 동요하지 않음을 과시할 필요가 있었다. 한편 저항 세력에게 이 '국군의 날'은 또한 다른 의미를 지니고 있었다. '파시스트 일본'에 대한 저항이 시작되었던 날이며, 그 '파시스트 일본'과 겹쳐지는 것은 군이었다. 통일전선 파사파라에게 겹쳐지는 것은 당연히 자신들이었다. 제2의 독립을 지향한 봉기의 날, 그것이 2021년 3월 27일이 된다. 그러한 목소리가 나왔으며 충돌의 발생이 우려되었다.

우려했던 대로 각지에서 충돌이 일어난다. 파악된 것만 해도 전국 73개소에서 대규모 시위가 발생했으며, 군은 어느 때보다도 병력을 늘리고 강경하게 대처했다. 탄압에 의한 희생자는 173명으로 알려져 있다. 사망자의 다수는 군에 저항한 청년들이었다. 하루 동안 사망자 수로서는 군에 의한 정권 장악으로부터 현재에 이르기까지 최다이다. 그러한 가운데 군의 퍼레이드를 포함한 기념식이 거행되었다. 밤에 개최된 만찬회에는 정장 차림의 민아웅흘라잉의 모습이 보였다. 시민들의 저항에 군이 조기에 굴복할 것이라는 희망적인 견해는 이날 부서져버렸던 것이다.

정변은 미얀마에 무엇을 가져왔을까? 이 장에서는 이에 대해서 살펴보도록 하겠다.

1. 쿠데타의 발발

2021년 2월 1일

왜 쿠데타는 2월 1일에 감행되었던 것일까?

2월 1일은 연방의회 하원의 소집일이었다. 전년의 선거에서 당선된 의원들이 처음으로 등원해 선서를 행하고 의장을 선출하는 날이다. 그 이튿날에는 상원도 소집되어 대통령을 선출하기 위한 절차가 시작될 예정이었다. 전년 11월의 총선거 이래 민족민주연맹(NLD)에 의한 선거 부정을 호소해 왔던 군은 의회 소집을 무슨 일이 있더라도 저지하고자 했다. 제2차 아웅산수찌 정권의 발족이 기정사실화되기 때문이다. 실제로 군은 비상사태선언의 이유에 대해서 부정으로 선출된 의원의 소집이 국가의 비상사태에 해당한다고 설명했다.

그 징후는 있었다. 군이 계속해 왔던, NLD에 의한 선거 부정 의혹의 추급은 의회 소집의 직전에는 위협으로 변해 있었다. 군 대변인은 "(쿠데타는) 있을 수 있다고도 있을 수 없다고도 말할 수 없다"라고 기자의 질문에 대답했으며, 민아웅흘라잉도 사관학교에서의 훈사에서 "적절하게 준수되지 않는 헌법 따위는 필요가 없다"라고 강한 어조로 발언했다.

　수면 아래에서 매우 빠듯하게 교섭이 계속되었다. 1월 30일 정부 간부 두 명과 군 간부 두 명의 회합이 있었다. 그 자리에서 군은 다음과 같은 세 가지 사항을 요구했다고 한다. 즉, ① 선거관리위원회를 교체하고, ② 의회 소집을 연기하며, ③ 표를 다시 집계하는 것이었다. 아웅산수찌는 이 요구를 받아들이지 않았다. 수용하기는커녕 군에게 일체의 연락을 하지 않은 상태에서 1월 31일 오후 3시경에, "그 이튿날 오후에 의회를 소집한다"라고 선언했다. 이것은 군의 체면을 무너뜨리는 행위였다. 여기에 이르러 준비되었던 쿠데타 계획을 최고사령관으로부터 실행하라는 명령이 나왔던 것으로 여겨진다.

　정권 간부들이 구속된 이후에 군 출신의 부통령이 대통령 대행으로 비상사태선언(헌법 제417조 및 제418조a)을 발령한다. 사법·입법·행정의 권한은 대통령으로부터 군 최고사령관에게 위양되었다. 이 조항은 해당 헌법을 제정할 당시부터 '쿠데타 조항'이라고 비판받았던 것인데, 그 우려가 현실이 되었던 것이다.

　아웅산수찌가 군의 힘에 대해서 자각하지 못했을 리는 없다. 직전까지 군에 의한 정권 전복의 가능성을 우려하는 목소리가 주위로부터 전해졌다는 것도 파악되고 있다. 그럼에도 군에게 꺾이지 않았던 것은 선거 부정의 추급을 늘 하던 흔들기로 간주했을지도 모른다. 한편 민아웅흘라잉도 쿠데타를 넌지시 언급한다면 아웅산수찌는 군의 요구를 받아들일 것이라고 내다보았을 것이다. 바로 그렇기 때문에 2월 1일 새벽녘까지 '기다렸던' 것이다. 더 일찍 감행할 수도 있었다. '상대는 브레이크를 밟을 것이다'라고 서로가 그렇게 생각하면서 달리는 치킨 레이스(chicken race)[1]의 결과가 되었다.

쿠데타의 이유

왜 쿠데타가 일어났던 것일까?

단기적인 요인은 부정선거 의혹을 둘러싼 싸움이다. 다만 이 의혹은 신빙성이 결여되어 있다. 앞 장에서도 언급했던 바와 같이, 선거전 이전의 예상보다도 NLD가 표를 더 얻은 것은 확실하지만, 결코 부자연스러운 결과였던 것은 아니다. 대세에 영향을 미친 부정은 없었던 것으로 여겨진다.

설령 그 점을 눈감아준다 하더라도, 유권자 명부의 미비라고 하는 이전부터 알려져 있었던 문제만을 근거로 군부대를 투입하고 정권 간부를 구속하고, 나아가 비상사태를 선언한다는 것은 절차적으로 커다란 문제가 있다. 아웅산수찌파를 배제시킨다는 결과가 먼저 있고, 절차는 사후에 덧붙이는 것에 불과하다. 법이 그 누구라도 속박하는 '법의 지배(rule of law)'가 아니라, 법을 초월한 개인 또는 집단이 존재하며 법이 그 통치의 수단이 되는 '법을 사용한 지배(rule by law)'라고 할 수 있다(Holms, 2003).

그렇다면 쿠데타의 진정한 원인은 무엇이었을까? 이 책의 논의에 입각해 보면 그것은 이미 명백하다고 할 수 있다. 크게 다음과 같은 세 가지 사항으로 정리된다.

야심

첫째는 민아웅흘라잉의 야심이다. 민아웅흘라잉은 2021년 7월에 정년을 앞두고 있었다. 군의 대표가 이미 4분의 1의 의석을 차지하고 있기 때문에 그것과는 별도로 '전체 의원의 4분의 1을 넘는 의원이 자신을 지지해

---

1   반대 방향에서 두 대의 자동차를 달리게 한 뒤, 정면충돌 직전에 먼저 핸들을 꺾는 사람이 지는 게임을 지칭하며, 일반적으로 '상대를 굴복시키려고 서로 극단적인 수단을 동원하는 싸움'을 의미한다. _옮긴이

자신이 대통령이 된다'는 시나리오가 머릿속에 있었을 것이다. 선거 이전에 친한 친구에게 새로운 정권의 구상을 말했다는 이야기도 전해 들려왔다. 그러한 기대를 갖도록 만드는 정보만이 본인의 귀에도 들어왔던 듯하다.

그런데 뚜껑을 열어보니 선거 결과는 NLD의 압승이었다. 직후에 야당으로부터 선거 부정을 지적하는 목소리가 나왔다. 그에 군도 가담한다. 유권자 명부의 미비에 대해서 독자적인 조사 결과를 군은 발표하고, 선거관리위원회에 추가적인 조사를 요구했다. 선거관리위원회는 조사는 필요가 없다고 판단하고 야당이 제기한 소송도 대법원이 기각했다. 아웅산수찌가 그 권력을 사용해 자신의 부정을 숨기고 있는 것인 양, 대통령의 지위를 바라고 있던 민아웅흘라잉에게는 비추어졌을 것임이 분명하다.

권익

다음으로 권익이다. 2016년 아웅산수찌 정권의 탄생으로 군의 계산은 어긋났다. 민정 이양 이후에 군은 정치로부터 일정한 거리를 두었지만, 테인세인 정권의 간부 중 다수는 퇴역한 군 간부들이었다. 퇴역 장교들이 정권을 담당하고 현역 장교들은 안전보장 체제를 밑받침하는 역할 분담이었다. '군을 퇴역하게 되면 정부 간부직에 앉게 될 것이다'라고 확정적으로 생각하며 계획을 세우는 장교들이 있더라도 이상하지 않다.

그런데 앞 장에서 살펴본 바와 같이, 아웅산수찌는 정권 및 지방의 총리직을 자신의 정당 간부 및 신뢰하는 전 관료와 지식인으로 거의 충당했다. 또한 헌법 개정을 공약 중의 하나로 내세우며 군의 정치 관여를 없애는 것을 지향했다. 국가고문이라는 헌법상 존재하지 않는 자리를 만들고 그 이후에도 헌법으로 수호되지 않는 군의 권한을 삭제하고자 했다.

그렇게 생각해 보면 2020년 선거의 결과가 큰 의미를 갖고 있었다는 것을 알 수 있다. NLD의 승리는 군의 권익을 표적으로 삼는 정권이 향후 5년간 계속되는 것을 의미했으며, 동시에 친군 정당에게 부활할 전망이 없다는 것도 확실했다. 헌법상의 특권은 헌법 개정을 거부함으로써 군이 확보할 수 있었다고 하더라도, 실리적으로 타격은 분명히 컸던 것이다.

국가관

그리고 대립을 근본적으로 규정했던 것은 양자의 서로 다른 국가관이었다.

군에게 최대 임무는 말할 필요도 없이 국토 방위이다. 다만 통합을 위태롭게 하는 위협은 항상 내부에 있으며, 최대 위협은 국내 세력이 초래하는 국가의 분열 가능성이었다. 냉전 아래의 신흥 독립국 시대에 미얀마에게 새겨졌던 위협 인식은 지금도 남아 있다. 그뿐만 아니라 장기간의 내전과 군사정권 아래에서 군의 위협 인식은 강화되는 것과 함께, 독특한 국가관과 민주주의관을 만들어냈다.

그것에 대항했던 것이 아웅산수찌이다. 그녀가 추구하는 민주화는 군의 국가관과 정면에서 대립한다. 게다가 미얀마의 민주화 운동을 급진파의 학생운동으로부터 자신을 지도자로 삼는 지속적인 대중운동으로 바꾸었다. 그녀의 이상에 공명(共鳴)하는 사람, 연설을 듣고 황홀감에 빠진 사람, 그녀의 모습에 매력을 느낀 사람, 부친인 아웅산의 얼굴 모습을 보는 사람 등, 실로 다양한 사람들을 끌어들였다. 이러한 대중 동원력이 그녀의 이상에 실체를 부여해 나아간다. 좀 더 말하자면, 그녀가 여성이라는 것, 장기간 미얀마를 떠나 있었다는 것, 그리고 남편이 영국인이라는 것 등 그러한 개인적인 요소도 보수적이며 남성 중심의 민족주의자 집단인 군과의 관계를 악화시켰다고 말할 수 있다.

민주화가 진전되고 경제가 발전하고 사회도 변용되었지만 군의 위협 인식 및 국가관은 온존되었다. 테인세인 정권 아래에서의 '화해'로 인해 생겨난 잠깐 동안의 안정적인 메커니즘은 아웅산수찌 정권이 생겨나고 민주화가 진전됨으로써 무너지고, 두 세력의 대립은 날이 갈수록 첨예화되었다.

2. 정쟁에서 위기로

세 가지 저항

군은 한 발의 총알도 사용하지 않고 국가 중추의 장악에 성공했지만, 그 이후 사회를 휘말려들게 하는 위기로 사태는 발전되어 간다. 대규모의 저항운동이 시민 사이에서 확대되었기 때문이다. 크게 다음과 같은 세 가지 방법으로 저항이 확대되었다.

① 시위 확대

쿠데타가 일어난 것은 수도 네피도 일각이었다. 약 400km 떨어진 양곤으로부터는 멀리 있으며, 통신도 차단되었다. 많은 사람들이 '정변이 발생했다'는 소문을 듣는 가운데, 2월 1일 아침 8시 30분에 국영방송으로 군최고사령관이 비상사태선언을 발표했다. 그 이튿날 밤부터 시민들의 저항이 시작된다.

최초에는 소리에 의한 저항이었다. 자동차의 경적을 울리고 밤에는 몇군데 집에서 냄비 따위를 치는 소리가 울려 퍼졌다. 냄비를 때려서 소리를 내는 것은 악령을 쫓아내기 위한 전통적인 행위인데 이 경우에 악령이군을 의미한다는 것은 재론할 필요도 없다.

쿠데타로부터 3일 후에는 만달레이의 의학교 앞에서 20명 규모의 항의

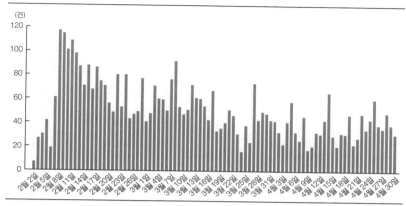

자료: Armed Conflict Location & Event Data Project.

집회가 열렸다. 2월 6일에는 양곤 시가지에서 다소 북쪽에 있으며 양곤대
학 옆의 교차점인 레단(Hledan)에서 쿠데타에 반대하는 소규모 시위가 일
어났다. 그 이튿날에는 규모가 커졌으며 참가자는 1000명을 넘었다. 경찰
관과 대치하기도 했지만 시위대는 물러서지 않았다.

  〈그림 5-2〉는 2021년 2월 시위의 발생 횟수를 제시하고 있다. 쿠데타
의 약 1주일 동안을 전후로 해서 정점에 도달했다는 것을 알 수 있다. 급
속한 확대였다. 그 이후 시위의 발생 횟수는 감소하고 있지만, 1회당 참가
자 수는 증가했다. 2월 22일에는 연월일에 2가 다섯 개 포함되어 있기 때
문에 '22222'(니웅가롱, 2가 다섯 개 있다는 의미)라고 불리며 시위와 파업을
호소했다. 또한 〈그림 5-3〉에서 제시되고 있는 바와 같이, 운동의 물결은
전국으로 확대된다. 양곤 시가지도 사람들로 모두 메워졌다.

  '22222'가 1988년에 일어났던 민주화 운동 '8888'(시레롱)의 이름을 참조
해 만들어진 것처럼, 이제까지도 군에 저항하는 시위는 존재해 왔다. 하
지만 이번에는 양상이 매우 달랐다. 주도했던 것은 NLD도, 급진파 학생

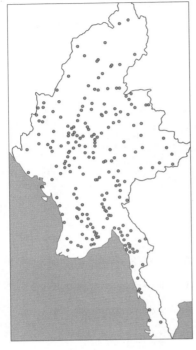

〈그림 5-3〉 **시위 발생지의 분포**

자료: Armed Conflict Location & Event Data Project.

들도, 아웅산수찌의 지지자들도 아니었다. 청년들이 각지에서 자발적으로 일어섰다. Z세대라고 불리는, 1990년대 후반부터 2000년대에 태어난 청년들이 중심이 되었다. 민정 이양 이후의 자유화, 민주화, 경제성장, 대외 개방, 새로운 기술의 편리성을 누렸던 그들(그녀들)은 2010년대 개혁의 '부산물'이라고도 말할 수 있다.

또한 시위가 농촌 지역까지 확대되었던 것도 과거에는 살펴볼 수 없는 일이었다. 농업경제학자 다카하시 아키오에 따르면, 농촌에서 저항이 확대된 원인은 △ 농민 중에서도 대학 졸업자가 증가한 것, △ 스마트폰에 의한 정보 유입, 그리고 △ NLD의 농촌 침투에서 찾을 수 있다고 한다.

시위 형식에도 큰 변화가 나타났다. 시위대의 위장 및 소형 콘서트, 유머러스한 내용이 적힌 플래카드 등 더욱 참가할 수 있는 분위기를 만드는 연출이 태국의 시위에 가깝다고 할 수 있다. 세 개의 손가락을 세우는 저항의 포즈는 태국에서 2014년 쿠데타 시에 청년들이 군에 대한 저항을 나타내기 위해서 선보였던 포즈이다. 그 원류를 찾아보면, 미국의 할리우드 영화 〈헝거 게임(The Hunger Games)〉에서 제니퍼 로런스(Jennifer Lawrence)

가 연기했던 주인공 캣니스[2]가 독재국가 판엠(Panem)에게 선보였던 저항 포즈이다. 이 밖에도 홍콩에서 2019년에 일어난 민주파에 의한 시위에서 사용되었던 활동 매뉴얼이 그 상태 그대로 버마어(미얀마어)로 번역되어 클라우드(cloud)[3]상에서 공유되었다. 그리고 해외의 미얀마인 커뮤니티가 각국 정부에게 저항운동에 대한 지원을 요구하는 등, 폐쇄된 국가에서의 반정부 운동이 더 이상 아니었던 것이다.

② 불복종운동

정변 발생 이후에 혼란을 결정적으로 만들었던 것이 시민불복종운동(CDM)[4]이다. CDM을 호소하는 페이스북 계정이 쿠데타가 발생한 그다음 날에 개설되어, 순식간에 15만 명의 팔로워를 얻는다. CDM이라는 용어가 미얀마의 저항운동에 사용되었던 것은 새로운 일이며, 이제까지는 '다베이흐마우크'〔파업을 의미하며, 용어로서는 불교 승려가 지닌 탁발용 사발(그릇)을 뒤집는 것을 지칭〕이라고 부르는 일이 많았다.

선구(先驅)가 되었던 것은 의료 종사자들이었다. 2월 3일 전국 70곳의 병원에서 일하는 의사들이 업무를 포기했다. 미얀마에서도 의사는 톱 엘리트이며 사회적인 존경을 받는다. 보건부 산하의 국영 병원과 클리닉에서 일하는 의사도 많으며, 실로 코로나19 감염 확대를 경계하는 가운데, 의료 종사자들의 사회적 역할이 커지게 되었다. 그러한 의료 종사자들이 가장 먼저 CDM에 참가했던 것이 사람들에게 충격과 용기를 주었다.

2　캣니스 에버딘(Katniss Everdeen)을 지칭한다. _옮긴이

3　인터넷을 통해 접근할 수 있는 서버와 이러한 서버에서 작동하는 소프트웨어 및 데이터베이스를 지칭한다. _옮긴이

4　전체 명칭은 Civil Disobedience Movement이다. _옮긴이

불복종의 연쇄 반응은 그 이후 공무원뿐만 아니라, 은행원 또는 공장 노동자와 같은 민간 기업 관계자들에게도 확산되었다. 정부 기능은 현저하게 저하되었고 학교에서 교원도 학생 들도 모습이 사라졌으며, 철도 및 버스 등 대중교통도 운행하지 않았다. 의료 종사자들은 80%, 교육 관계자들은 50%가 참가했다고도 말해진다. 운수통신부 산하에 있는 미얀마국철, 전력에너지부처럼 인프라와 관련된 직원이 많은 부처에서도 다수의 CDM 참가자가 목격되었다. 중앙은행으로부터의 지령으로 은행도 문을 열기는 했지만, 직원이 충분하지 못해 개점휴업 상태에서 은행 간 거래도 정체되고 현금을 인출하지 못하는 상황이 되었다. 그 때문에 현금을 인출하기 위해 ATM(현금 자동 인출기) 앞에 긴 줄이 만들어졌다.

③ 국민통합정부(NUG)

군에 대해서 시위 및 불복종운동으로 나타났던 저항의 의사를 정치 운동으로서 통합하고 집결시킬 수 있는 세력이 필요했다. 군은 아웅산수찌를 구속했으며 지지자들의 저항이 있더라도 억누를 수 있다고 대수롭지 않게 보았을 것이다. 간부 이외의 NLD 의원들이 머물고 있던 의원 숙소에 대한 포위를 쿠데타로부터 3일 후에 풀었다는 것으로부터도 그것을 알 수 있다.

의원들은 해당 숙소를 나와 2일 후에 독자적인 의회인 연방의회 대표위원회(CRPH)⁵를 결성한다. 이어서 CRPH는 2008년 헌법의 폐지를 선언

---

5   전체 명칭은 Committee Representing Pyidaungsu Hluttaw이고 2021년 2월 5일에 조직되었으며 2021년 3월 2일부터 민주파의 사실상 임시정부로서 기능을 수행하고 있다. 2021년 4월 16일 국민통합정부(National Unity Government of Myanmar)가 발족된 이후에는 NUG의 입법기관으로서 역할을 담당하고 있다. _옮긴이

하고 연방민주헌장(FDC)을 새로운 원리 원칙으로서 채택한다고 발표했다. 해당 헌장에 기초해 4월 16일 국민통합정부(NUG)가 결성된다. 군의 정권 장악을 거부하고 스스로를 진정한 정권이라고 주장하는 것이었다. 아웅산수찌의 카리스마에 의존해 왔던 NLD의 의원들이 독자적으로 세력 재건을 도모했던 것이다.

이것이 가능했던 것은 NUG가 온라인상의 정부이기 때문이다. 실효 지배 지역이 없는 조직의 실태가 취약하더라도 하더라도, 광범위한 미얀마 시민들의 지지를 받는 아웅산수찌 정권의 후계 조직으로서 국내외에 그 정통성을 호소할 수 있었다.

NUG의 수장은 구속된 아웅산수찌이고 직책은 국가고문이다. 마찬가지로 구속되어 있는 대통령 윈민도 그 상태 그대로 NUG의 대통령이 되어 있다. 물론 두 명은 집무를 할 수 없다. 실질적인 최고 책임자는 NUG 부통령(및 대통령 서리)에 취임한 두와라시라(Duwa Lashi La)인데, 그는 NLD의 당원이 아니라 소수민족 주인 카친주 및 샨주에서 장기간에 걸쳐 자선 활동 및 문화 활동에 종사해 왔던 카친족 출신의 사회 지도자이다. 총리에는 NLD의 전 의원이자 상원 의장이기도 했던 카렌족 출신의 만윈카잉탄(Mahn Win Khaing Than)이 취임했다.

NUG 수립 선언에서는 1988년 민주화 운동 시의 학생 지도자였던 민코나잉이 민족 및 종교의 장벽을 초월하는 진정한 연방정부를 지향한다고 선언했다. 아웅산수찌 정권을 계승하면서 더욱 광범위한 사회 세력과 민족 간의 융화를 지향한다는, 새로운 미얀마의 상(청사진)을 제시했다. 그러한 새로운 미얀마의 상은 불교도 버마족을 중심으로 삼고 있는 것으로 비판받았던 NLD 관계자가 주도하면서도 더욱 광범위한 통일전선을 국내외에서 만들어내기 위한 전략이자 공약이기도 했다.

군의 강경한 자세

이러한 저항에 군은 탄압으로 응했다. 당초에는 군부대도 동원되었지만, 경찰관이 부족한 지방을 제외하면 어디까지나 경찰 가까이에서 대기하는 정도였다. 폭음(爆音)으로 군중을 견제·위압하는 섬광탄 및 고무탄의 사용, 그리고 방수(放水) 등이 행해졌지만, 아직 폭도에 대한 진압 및 군중을 통제하는 범위 내였다고 말할 수 있다. 양곤에서 시위대에 의한 길거리 점거에 대해서도 경고에 그쳤다.

이와 같은 군의 자세가 2월 말부터 전환된다. 2월 22일 이래 대규모 시위와 파업이 직접적인 도화선이 된 것으로 보인다. 주말에는 도시 지역에서 길거리를 점거했던 군중이 경찰에 의해 강제적으로 해산되었다. 재차 점거하고자 다가오는 시위대와 대치했던 경찰이 방패를 손에 들고 길을 막고 서 있는 것뿐만 아니라 군홧발 소리로 위압하면서 전진했다. 군중은 뿔뿔이 흩어지게 되었다. 그럼에도 다가오는 사람 또는 늦게 도망친 사람을 경찰봉 등으로 구타하고 구속했다. 시위대의 모습도 일변하게 되어 참가자는 청년 남성이 중심이 되었으며 헬멧, 고글 및 방독면이 필수품이 되었다.

이 무렵에는 실탄 사용도 경찰 및 군에는 허가되었으며 각지에서 자동소총 또는 권총의 발포가 목격되었다. 뒤돌아서 도망가는 사람들에게도 가차 없이 발포가 이루어졌다. 3월 3일에는 만달레이에서 19세 여성이 후두부에 총탄을 맞고 사망했다. 군의 대변인은 적출된 총탄이 치안 부대가 사용하는 것이 아니었다며 부정했지만, 상황적으로는 치안 부대의 발포에 의해 맞았다는 것은 명백했다.

마치 규율이 무너진 것처럼 군의 탄압이 강화되기에 이르렀다. 쿠데타 발생으로부터 약 2개월 만에 700명이 사망한다. 이 책을 집필하고 있는 지금의 시점에서 사망자 수는 약 2000명이므로, 초기 탄압에서 희생자 수의 약 3분의 1이 나왔다. 특히 희생자가 많이 나왔던 것은 3월 14일 양곤 교외에 있는 흘라잉타야(Hlaing Tharyar) 지구에서의 탄압(112명 사망), 이 장의 앞부분에서 언급했던 '국군의 날'에 일어난 전국적인 충돌(173명 사망), 4월 9일 지방 도시 바고에서의 탄압(82명 사망)이다.

불복종운동에 참가했던 공무원들도 지도적인 역할을 수행했던 사람은 형법상의 죄가 적용되든가, 도망친 사람은 지명수배가 되었다. 참가하기 만 했을 뿐인 공무원에게 군은 면죄를 제공하는 것의 반대급부로 직장으 로 복귀하도록 호소했으며 그에 따르지 않은 사람을 해고시켰다. 직장에 남아 있는 사람 또는 복귀한 사람에게도 여러 사정이 있지만, 그러한 사람 들을 군의 협력자로 간주하는 급진 세력도 있기에 아웅산수찌 정권 아래 에서 되찾은 정부임이 분명함에도 불구하고 정부에 대한 신뢰가 크게 후 퇴해 버린다.

국제법 위반

탄압의 생생한 영상이 인터넷 등을 통해서 확산되었다. 군의 사관이 부 대에 발포를 명령하는 모습, 그리고 자동소총의 사용이 상관으로부터 지 시되었다고 말하는 병사의 모습 등이 SNS를 통해서 돌아다녔다. 흙을 쌓 아 올린 바리케이드에 대전차용 유탄 발사기가 격발되어 도망치려고 우 왕좌왕하는 청년들의 모습, 오토바이에 탑승한 청년을 후방의 차량 위에 서 군인이 발포하는 영상도 있었다. 저항운동 관계자가 군에 의해 구속된 이후에 고문을 받고 사망했다는 증언도 잇따랐다.

친주, 카야주, 사가잉 관구, 마궤 관구에서는 군부대에 의해 마을이 불 타버리는 촌락 파괴가 빈발했다. 미얀마와 태국에 거점을 두고 있는 조사 NGO인 미얀마전략정책연구소에 따르면, 2021년 2월 1일부터 2022년 3 월 26일까지 전국에서 적어도 2만 2299개의 가옥과 건축물이 소각·파괴되었다고 한다(ISP-Myanmar, 2022). 현지에서의 취재가 제한되는 가운데, 국제 미디어도 오신트(OSINT)[6]라고 불리는 위성사진 또는 소셜 미디어(SNS)상의 공개 정보 등을 활용해 분석하는 수법을 이용하면서 군에 의한 탄압의 실태를 폭로했다.

이러한 정보가 우리를 놀라게 만들었던 것은 군이 너무나도 무법자로 보였기 때문이다. 다만 이것은 그 잔인함을 표현하는 비유에 그치지 않는다. 실제로 법을 위반하는 행위도 있었다.

여기에서의 법이란 주로 국제인도법을 말한다. 국제인도법은 "무력 분쟁에 의한 불필요한 희생 또는 손해를 방지하고 전투에 참가하지 않은 모든 사람의 보호를 목적으로 하는 국제적인 조약의 총칭"(적십자국제위원회)이며, 그 대표적인 조약인 제네바조약(1949년)[7]은 국제적인 무력 분쟁 시에 있어서 민간인의 보호, 그리고 전투행위로부터 이탈한 전투원 및 포로에 대한 대우가 규정되어 있다.

그중에는 국내 무력 분쟁에 관한 조항도 있으며 제1편 총칙 제3조에서는 "국제적인 성질을 갖지 않는 무력 분쟁에 대해서"도 "① 적대 행위에 직접 참가하지 않은 자……는 모든 경우에 있어서 인종, 피부색, 종교 혹은 신조, 성별, 가문 혹은 빈부 또는 기타 유사한 기준에 의한 불리한 차별을 해서는 안 되며 인도적으로 대우하지 않으면 안 된다"라고 되어 있다. 구체적으로는 ⓐ 생명 및 신체에 대한 폭행, 특히 모든 종류의 살인, 상해, 학대 및 고문, ⓑ 인질, ⓒ 개인의 존엄에 대한 침해, 특히 모욕적으로 체

---

6   전체 명칭은 open source intelligence이며, '공개출처정보'라고도 표기된다. _옮긴이

7   "전시에 있어서의 민간인의 보호에 관한 1949년 8월 12일자 제네바협약(Geneva Convention relative to the Protection of Civilian Persons in Time of War, of August 12, 1949)," 『무력충돌 희생자 보호에 관한 제네바 협약과 추가의정서』, 대한적십자사 인도법연구소(2010. 4.15. 개정판). _옮긴이

면을 손상시키는 대우, ⓓ 재판에 의하지 않는 판결의 언도 및 형벌의 집행이 금지되고 있다. 미얀마는 해당 조약의 체약국이기 때문에 준수해야 할 의무가 있다.

군에 의한 시위대에 대한 탄압은 이 제1편 총칙 제3조를 위반한 것이라고 해석할 수 있을 것이다. 적어도 2월부터 3월까지 군에 저항했던 청년들은 전투원이라고 불릴 만한 무장은 하지 않았다. 촌락 지역에서는 저항세력이 숨어 있다는 이유를 내세워 민간인에 대한 위협 및 촌락 파괴가 보도기관 등에 의해 보고되었으며, 동영상 및 위성사진을 통해서도 확인되고 있다. 나중에는 민간인을 그 대상에 포함하는 공중폭격도 군은 실행했다. 민간인의 보호는 이루어지지 않았으며 전장에서 전투원과 민간인을 구분하는 '구별의 원칙'도 무시되었다.

마찬가지로 두드러졌던 것은 균형성의 결여이다. 1977년에 채택된 제네바조약의 제1추가의정서에는 전투행위의 균형성(proportionality, '비례성'이라고도 불림)이 정해져 있다. 전투의 대상에게 가하는 행위가 초래하는 "구체적이고 또한 직접적인 군사적 이익"과의 비교에서 "문민의 상해 및 민용물(民用物)의 손상"을 유발하는 것을 금지하고 있는 것이다. 또한 그러한 피해를 예방하는 조치도 의무화되고 있다. 전투가 유발할 수 있는 인도적인 피해를 최소한으로 멈추게 하기 위한 규정이다. 미얀마군은 시가지에서 화염병 및 수제 소형 폭발물 정도 외에는 보유하고 있지 않은 시위대에게 자동소총 또는 박격포, 대전차용 유탄 발사기 등을 사용했다. 균형성을 무시하고 있다는 것은 명백하다고 할 수 있다.

다만 균형성의 원칙을 정하고 있는 '제네바조약 제1의정서'와 그 비국제적인 무력 분쟁에 대한 확충을 목적으로 했던 '제네바조약 제2추가의정서'에 대해서는 미얀마는 체약국이 아니기 때문에 엄밀한 의미에서의 적용에는 논의의 여지가 있다.

이러한 것은 전쟁범죄보다도 더욱 중대한 죄로서 '인도에 대한 죄'도 지적되고 있다. 인도에 대한 죄는 제2차 세계대전 이후에 독일의 전쟁범죄를 재판했던 뉘른베르크 국제군사재판에서 시작되어 적용된 것으로 "문민에 해당하는 주민에 대한 광범위한 또는 조직적인 공격의 일부로서 해당 공격의 인식과 함께 행해진" 살인, 섬멸, 노예화, 강제 이송, 고문 등의 행위를 지칭한다. 또한 이 죄를 정한 국제형사재판소에 관한 로마 규정[8]에 대해서도 미얀마는 체약국이 아니다.

왜 시민을 공격[9]하는가

국제법을 업신여기는 군의 행동은 하지만, 결코 상궤를 벗어난 집단에 의해 유발된 것은 아니라는 점에도 주의할 필요가 있을 것이다. 그것은 전투지 또는 정치적 시위의 대책과 관련된 장기간의 습관이 야기한 것이다.

군에게 적은 항상 국민 중에 있었다. 이에 맞선 무장 세력도 민간인의 협력을 얻어 전황을 유리하게 만들고자 노력해 왔다. 마오쩌둥(毛澤東)의 용어를 빌려서 논하자면 '인민의 바다'를 활용해 승리한다는 것이다. 반면에 군은 잔혹한 전술로 대처해 왔다. 잘 알려져 있는 것은 '포 커트'(four cuts, 파레파)라고 불리는 전술이다. 식량, 자금, 정보, 병사 등의 네 가지를 차단함으로써 적에게 타격을 가하는 것이다(Smith, 1991).

애당초 그 모델은 영국령 말라야(Malaya, 현재의 말레이시아와 싱가포르)에서 영국군에 의한 대(對)공산당 작전에 있다. 1950년에 브리그스[10] 계획

---

8   Rome Statute of the International Criminal Court를 지칭한다. _옮긴이

9   여기에서 말하는 공격에는 총포를 발사하는 것이 포함되어 있다. _옮긴이

10   영국령 인도에 근무했던 고위 장교 해럴드 브리그스(Harold Briggs, 1894~1952)를 지칭한다. _옮긴이

아래에서 말라야공산당의 지지층으로 간주되었던 중화계 주민을 중심으로 40만 명 이상이 400곳이 넘는 '새로운 마을(新村)'로 강제 이주되었다 (Newsinger, 2015). 그 배경에 있었던 전략적 발상은 당시에 말라야에서의 작전에 종사했던 대반란 세력의 전문가 로버트 톰슨(Robert Thompson)이 저서 『공산당 반란을 물리치기(Defeating Communist Insurgency)』에서 체계화했다. 반란이란 '사람들을 둘러싼 전쟁'이며 그것에 승리하기 위해서는 군사적인 승리뿐만 아니라, 정부의 권위와 질서를 재구축하지 않으면 안 된다는 것이다(Thompson, 1966).

이러한 정부의 권위를 세우기 위해서 반란을 밑받침하는 민간인의 생활에 폭력적으로 개입하는 행위가 미얀마에서 독자적으로 발전해 '포 커트' 전술이 되었다. 군 간부의 회고록에 따르면, 1960년대 후반에 중앙부의 바고 산지 및 에야와디 삼각주에서의 대버마공산당 작전, 대KNU 작전에서 이러한 전술이 채택되었다(タンティン, 2004).

이 '포 커트' 전술이 가져왔던 것은 전투 지역 주변에서 사람과 시설에 대한 위해(危害)였다. 의도적으로 촌민을 살상하고 촌락을 파괴함으로써 적에 대한 협력을 '예방'하려 한 적도 적지 않았다. 소수민족 지역에서 군에 의한 인권침해 사례가 지금까지도 수많이 보고되고 있으며, 도시 지역에서의 정치적 시위도 마찬가지로 군을 따르지 않는 국민을 적으로 간주하며 탄압을 가해 왔던 것이 미얀마군이다.

물론 이러한 전술에서는 일시적으로 평온함이 찾아오더라도 인심은 떠난다. 현대에서는 이러한 작전 행동은 국제법을 위반한 것으로 문제 제기가 이루어질 뿐만 아니라, 작전의 최종 목적을 달성하는 것도 저해하는 불합리한 행위로 간주된다. 그럼에도 미얀마군의 전술이 크게 변하지 않았던 것은 우선 그것밖에 알지 못하기 때문이다. 장기간에 걸친 예산 부족과 국제적 고립으로 인해 국제 표준을 따라가는 것이 불가능했다.

또한 '미얀마군 연구'의 전문가인 앤드루 셀스(Andrew Selth)가 지적하는 군의 이중 구조도 관계되어 있다. 참모 본부 중심의 조직 구조와 각 부대에 의한 현장에서의 운용 간에 커다란 괴리가 생기는 이중 구조이다. 미얀마군은 언뜻 보면 통합된 지휘명령 체계를 지닌 군대처럼 보이지만, 보병을 위주로 하는 작전 행동에서는 현장에 커다란 재량권이 있다. 부대는 때로 과도한 무력행사로 민간인에게도 위해를 가한다. 많은 사건은 흐지부지되지만 묵과할 수 없는 경우에는 당사자가 군사 법원에서 기율 위반을 이유로 재판에 회부되며, 상관은 기껏해야 퇴직한다. 상층부의 책임이 우선적으로 추궁당하는 일은 없다(Selth, 2018).

2017년의 로힝야 위기 때에도 일부 병사들이 현장에서 구속한 마을 사람을 처형한 일로 인해 군사 법원에서 죄를 추궁당하고(일명 '인데인(Indein) 마을 사건'), 간부가 진 책임은 군관구 사령관이 해임되었을 뿐이었다. 군사 법원에서 10년의 금고형을 받은 가해 당사자인 병사들도 1년 후에는 최고사령관의 사면으로 석방된다. 군 내부에서 면죄하는 것이 습관화되고 있음을 보여주는 것이었다.

군이라는 '폐쇄 사회'

시민을 공격하는 군대의 배경에는 군 사회의 폐쇄성도 관계되어 있다고 볼 수 있다.

우선 군의 병사 및 장교의 사회적 속성에는 커다란 편차가 있다. 필자가 과거에 1971년부터 1985년까지의 군 간부 상위 약 150명에 대한 민족적 속성을 조사한 결과에 따르면, 항상 80%, 때로는 90%의 간부 장교들이 버마족 출신의 불교 신자였다(中西嘉宏, 2009). 군 내부에 비불교 신자는 적으며 종교적인 다양성도 결여되어 있다.

이러한 민족·종교 구성이 생겨난 것은 군이 분열된 과거의 경험이 있기 때문이다. 미얀마군은 이 장의 앞부분에서 논했던 버마군〔BNA, 나중에 애국버마군(PBF: Patriotic Burmese Forces)으로 명칭을 변경〕과 식민지 시기의 군사 기구인 정규군의 통합으로 생겨났다. 이러한 '적들이 서로 공존하는 새로운 군대'에는 정규군으로부터 이어져 내려온 민족별 대대, 즉 카친 대대, 카렌 대대 및 샨 대대라고 불리는 부대가 있었다. 독립이 이루어진 때로부터 머지않아 그러한 부대의 일부가 반란 세력에 가담했던 적이 있다. 그 이래 군은 소수민족의 사관 양성 및 모병을 제한해 왔다. 그 때문에 미얀마군은 버마족 불교 신자의 군대가 되었으며 소수민족 다수는 연방 국가의 군이라기보다도 버마족의 군이라고 간주하고 있다.

일반 병사들의 생활도 폐쇄적이며 많은 사병은 가족과 함께 군 부지 내부의 숙소에서 거주하며 인간관계는 닫혀 있다. 필자가 NLD 소속 의원과 이야기를 나누었을 때 그의 선거구에 있는 주둔지의 주민과는 일절 교류가 없었다. 정변 이후에 탈주한 병사 및 장교도 증언을 통해 "병사들은 외부의 세계와는 완전히 관계가 끊어져 있다. 군이 병사들에게 유일한 세계인 것이다"라고 말하기도 했다. 병사의 숙소로부터 외출은 15분밖에는 허락되지 않으며, 가족도 포함해 서로가 서로를 감시하는 상태에 놓여 있다 (Beech, 2021). 군은 사회로부터 상당히 고립되고 단절된 집단이 되고 있는 것이다.

이와 같은 폐쇄적인 군 사회에서는 프로파간다가 영향력을 지닌다. 아웅산수찌 및 NLD, 더 나아가 쿠데타 이후 저항운동의 배경에는 구미의 영향이 있다고 믿고 있는 사람도 적지 않다. 더욱 구체적으로는 헝가리 출신의 미국 투자가 조지 소로스(George Soros)가 창립자인 오픈소사이어티 재단(Open Society Foundations)의 자금으로 시위 참가자가 동원되어 국가 전복이 도모되고 있다는 등의 음모론이 침투되고 있다.

3. 포스트 아웅산수찌 시대의 도래

군의 의도

시민들에 의한 커다란 저항은 군이 예상하지 못한 일이었을 것이다. 하지만 군은 당황하지 않았을 것이다. 이제까지의 반정부 운동도 군은 폭력으로 억눌러왔으며, 시민들에 대한 폭력 행사는 통상적으로 이루어져왔다고도 말할 수 있다. 자유화와 민주화가 진전되더라도 군의 위협 인식 및 국민에 대한 우민관, 그리고 위협에 대처하는 방법이 근본적으로 바뀌지 않았던 것이다.

사실 군은 쿠데타의 목표를 지금도 바꾸지 않고 있다. '저항을 억누르고 군에게 바람직한 정권을 만든다'. '이를 위해서 아웅산수찌와 NLD 관계자는 철저히 배제한다'. 이러한 목표를 향해 숙연하게 작업을 추진하고 있는 것이다.

쿠데타의 이유가 되었던 선거 결과에 대해서는 2021년 7월 26일에 선거관리위원회(쿠데타 이후에 새롭게 위원이 선임되었음)가 무효를 선언했다. 하지만 유권자 명부의 미비 또는 투표용지의 수에 관한 지적만 있을 뿐, 대규모의 부정에 관련된 수단이 증명된 것은 아니다. 결론은 최초부터 결정되어 있었던 것이다.

아웅산수찌의 재판도 진행되고 있다. 이 책을 집필하고 있는 현재의 시점에서 19개의 죄목으로 기소 중이다. 일부에서는 이미 판결이 나왔지만, 절반 이상의 혐의는 최장 금고 15년의 형이 되는 반오직법(反汚職法) 위반이다. 모두 유죄가 된다면 상당한 형기가 될 것이다. 1945년에 출생한 아웅산수찌에게 실질적인 종신형이 될 가능성이 높다.

정적의 배제에 더해 엿볼 수 있는 것은 군의 세대교체를 준비하는 모습이다. 군이 설치한 국가통치평의회(SAC)에는 군의 최고 간부급이 여섯 명

들어가 있으며, 그중에서 가장 젊은 모민툰(Moe Myint Tun) 중장이 차기 최고사령관으로서 가장 유력한 후보자로 간주되고 있다. 사관학교 30기 졸업생이며 19기 졸업생인 민아웅흘라잉보다 10살 젊다. 연차가 모든 것을 결정하는 군에서 다른 특별작전실 사령관보다도 젊은 모민툰을 SAC 구성원으로 삼았기 때문에 명백히 우대받고 있다고 할 수 있다.

민아웅흘라잉이 군을 차세대로 계승하게 한다면 아마도 자신의 경험으로부터도 의회의 1기, 즉 5년은 사령관 직책을 완수할 수 있는 연령의 군인을 선택하게 될 것이다. 총애하며 승진시켜 왔던 모민툰을 다음의 최고사령관 후보자로 고려하고 있는 것처럼 보인다.

변모하는 저항

아웅산수찌와 정권 간부들에 대한 생살여탈의 권한은 군의 수중에 있다. 과거 군사정권에서 아웅산수찌가 15년간 가택 연금 아래에 있었을 때도 마찬가지였다. 하지만 당시와 다른 것은 아웅산수찌를 구속하더라도 군이 탄압을 강화하더라도 저항이 수습되지 않는다는 점이다.

대도시에서는 이미 대규모 시위는 보이지 않고 있으며, 표면적으로는 평온함이 찾아오는 중이지만, 저항의 질과 발생 지역이 바뀌었다. 질적으로 보면, 저항의 수단이 비폭력주의에서 이탈했다. 군의 탄압에 대해서 청년들은 무장을 하기 시작했다. 처음에는 새총, 공기총, 화염병과 같은 수제 도구였다. 시위대를 향해 실탄을 쏘는 군 앞에서 스스로를 지킬 수조차 없는 장비였다. 오로지 방어를 하면서 희생자가 늘어날 뿐이었던 청년들은 점차 무력에 의한 저항을 바라게 되었다. 청년들을 결속시키고자 했던 NUG는 그러한 목소리에 밀려 '자위(自衛)를 위한' 폭력을 용인했다. 비폭력 노선에서 전환한다는 NUG의 결단을 구속되어 있는 아웅산수찌는 아마도 알지 못했을 것이다.

NUG는 당초에 국제사회에 기대를 했었다. 온라인에서의 정권 수립을 통해 타이밍이 그들의 편을 들어준 측면도 있다. 2020년부터 본격화된 세계적인 코로나19 감염 확대 관련 대책 속에서 줌(Zoom)을 포함한 온라인 회의 서비스의 사용이 세계 표준의 소통 수단이 되었다. 이러한 수단을 최대한으로 이용해 국제사회에 대해서 NUG를 정부로서 승인받고자 호소했다.

하지만 NUG를 정부로 승인한 국가는 지금 현재 없다. 군이 국토 대부분을 실효 지배하고 있는 가운데 온라인을 무대로 활동하는 정권에 대해서 거기까지는 나서지 않는다는 것이 각국의 속내라고 할 수 있다. 쿠데타 직후부터 미얀마군에 대해서 표적 제재와 같은 준엄한 대응을 해왔던 미국, 영국 및 유럽연합(EU) 등도 그것은 동일하다.

결국에는 소극적인 행동으로 시종일관하는 국제사회에 대한 실망이 하나의 이유가 되어, NUG의 전략 균형이 무장투쟁으로 이동(shift)하게 되었다. 2021년 5월에 NUG는 인민방위군(PDF: People's Defence Force)이라는 군사 부문을 결성했다. 그 노림수는 각지에서 독자적으로 조직된 무장 저항 세력을 NUG의 국방부 아래로 결속시키기 위한 것이다. 결성 당시에는 조직으로서 형태를 갖추고 있지 못했지만 점차 현지에서 싸우는 청년들 및 소수민족 무장 세력과의 사이에서 연대가 이루어지게 되었으며 9월 7일에는 '자위를 위한 전쟁(self-defense war)'을 NUG는 선언했다. "군사 독재에 저항하는 전쟁을 시작한다. 한 사람도 빠짐없이 저항하라"는 문구로 시작되는 이 선언은 미얀마의 전체 국민에게 군에 대한 봉기를 호소하는 것이었다.

반군 통일전선
NUG를 무장투쟁 노선으로 유도했던 것은 소수민족 무장 세력에 의한 압력도 이유이다.

제3장에서 살펴본 바와 같이, 미얀마에는 독립 이래 많은 무장 세력이 군과 대치해 왔다. 지금도 소수민족 무장 세력이 중국, 태국의 국경 지대를 중심으로 활동하고 있다. 이 소수민족 세력의 움직임이 저항 세력을 변화시켰다. 향후의 행방에도 크게 관계될 것으로 보인다. 그중에서도 관건이 되는 것은 카렌민족동맹(KNU)과 카친독립기구(KIO)이다.

KNU는 1947년에 카렌족의 네 개 사회단체의 우산이 되는 조직으로서 결성되었다. 카렌족에는 기독교 신자와 불교 신자 쌍방이 있는데, KNU의 주류파를 구성했던 것은 기독교 신자였다. 지도자는 독립 이전에 선출된 제헌의회의 의원이기도 했던 소바우지(Saw Ba U Gyi)[11]이다. 1948년 크리스마스이브에 카렌족이 다니는 교회에 정부 계통의 사병들이 수류탄을 던져, 80명이 사망하게 된 사건을 계기로 1949년 1월 KNU는 무장봉기를 했다. 독립으로부터 겨우 1년 후의 일이었다. 한때는 수도를 함락시켜 위태로워질 정도의 위세가 있었다.

그 이후 KNU는 미얀마 남동부의 카렌주와 타닌타리 관구의 태국 국경지대에 실효 지배 지역을 보유하며 70년 이상에 걸쳐 군과 싸워왔다. 제3장에서 살펴본 바와 같이, 2015년에는 정부와 정전 합의를 체결했다. 하지만 다른 조직과의 정전 교섭 및 정전 지역에서 군에 의한 도로 건설이 발단된 군사적 분규 등으로 인해 양자의 관계는 악화되었다. 쿠데타 이후 KNU는 저항하는 시민들과의 공동 투쟁을 선언했다. NLD 관계자 및 저항운동에 가담한 청년들은 KNU 지배 지역으로 많이 도주했다고 한다.

또 하나의 연대 조직인 KIO는 북부의 카친족을 중심으로 하는 무장 세력

---

11 1950년 8월 12일 버마군(Burmese Army)의 매복 공격에 의해 살해당했다. _옮긴이

이다. 1961년에 양곤의 카친족 학생들, 카친주의 주도인 미치나(Myitkyina)에 거주하는 지식인들, 카친족 퇴역 장교들에 의해 결성되었다. 1980년대까지 카친주와 샨주 북부에서 실효 지배 지역을 확대하고 '미얀마 최강의 민족 무장 세력'(Lintner, 1996)이라고 과거에 불렸던 조직이다.

1980년대에 들어서자 중국 국경 지대에 틀어박히게 되었으며 1994년에 군과의 정전에 합의했다. 병력은 1만 명을 넘었으며 KNU와 마찬가지로 규모가 큰 무장 세력이다. 정전 합의가 이루어진 이래 군과의 사이에 두드러진 전투는 없었지만, 2011년에 산발적인 전투가 일어난 이후 관계가 악화되었다.

쿠데타 이후 카친주에서도 청년들이 저항하기 위해 일어섰다. 군은 테인세인 정권 시기의 카친주 총리를 복귀시키고, 미치나에 전력을 공급하는 부가(Buga) 수력발전소에 부대를 파견했다. 또한 야간 외출 금지령을 내렸는데 주도 미치나에서는 시위가 수습되지 않았다. 한편 군은 탄압을 강화하고 3월 초순에 사망자가 발생한 것이 결정타가 되어, KIO는 군에 대한 저항을 선언한다.

KNU와 KIO라는 양군(兩軍)은 무장투쟁을 결의한 청년들을 훈련시키고 무기 입수를 지원한다. PDF의 청년들과 함께 군을 공격한 적도 있다. 이 두 세력의 지원이 없었다면 PDF의 활동이 이렇게까지 확대되지는 못했을 것이다.

변화하는 분쟁 지도

이리하여 미얀마에서 분쟁의 질과 양이 크게 변화했다. 무력을 수반하는 전투의 수를 살펴보면 2021년 2월 39회에서 3월에 86회, 4월에 196회, 5월에는 296회로 늘어났다. 그 이후 6월에는 감소하는 방향으로 전환되었기 때문에 그 상태 그대로 수습되는 것처럼 보였지만, 9월의 NUG의 '자

〈그림 5-4〉 **충돌 발생지의 분포**

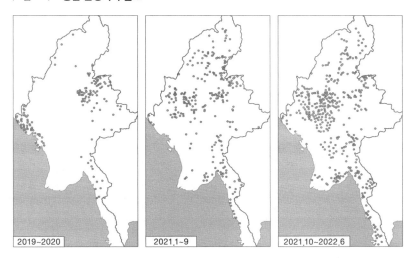

위를 위한 전쟁' 선언 전후부터 다시 증가하고 12월부터 2022년 6월까지
는 거의 모든 달에서 300회를 넘는 충돌 횟수를 기록한다. 두 세력 간의
전투가 줄어들 기미는 지금도 없는 것이다(Armed Conflict Location & Event
Data Project의 데이터세트).

〈그림 5-4〉는 세 시기에서의 무력 충돌의 지리적 분포를 나타내고 있
다. 2019년부터 2020년까지, 2021년 1월부터 9월까지, 그리고 2021년 9
월부터 2022년 전반까지이다. 북부, 남동부 및 북서부에서 충돌이 증가하
고 있음을 확인할 수 있다. 북서부는 사가잉 관구 남부와 마궤 관구 북동
부에 해당하며, 이 지역에서의 충돌에 관계되어 있는 것은 주로 PDF(현재
병력 약 1만 명)이다. 이 지역은 민족 구성으로는 버마족이 많으며 NLD에
대한 지지도 강하다.

이 지역은 버마공산당과의 전투 이래 무장투쟁과는 인연이 먼 지역이
었다. 따라서 군에게는 작전을 수행하는 데 토지감(土地勘)[12]이 결여되어

〈그림 5-5〉 **주요 소수민족 무장 세력의 동향**(2022년 4월)

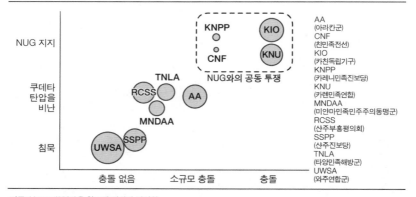

자료: Hmung(2021)을 참고해 필자가 작성함.

있다. 게다가 군은 당초에 도시 지역에서의 저항에 대한 대응을 우선시했기 때문에 이 지역에 대한 부대 파견은 늦었다. 촌락 지역에도 저항의 움직임이 확대되고 기회를 찾아낸 NUG는 주로 KIO 지배 지역에서 군사훈련을 마친 청년들을 이 지역에 우선적으로 보냈다. 그 결과, 미얀마의 분쟁 지도가 일변해 버린다. 소수민족 무장 세력과 군 사이의 전투에서 반군을 기치로 내건 통일전선과 군 사이의 전투가 중심이 되었던 것이다.

주요 세력의 태도에서의 차이를 도식화한 것이 〈그림 5-5〉이다. 소수민족 무장 세력의 대응은 크게 다음과 같이 세 가지 층으로 나뉜다. 즉, ① NUG 지지, ② 쿠데타 및 탄압에 대한 비난, 그리고 ③ 침묵이다. 지금 현재 군과 군사적으로 대치하는 것은 KIO와 KNU, 그리고 소수민족 무장 조직인 KNPP와 CNF이다. 이러한 네 가지 세력은 NUG와도 연대하고 있다.

이 밖에도 쿠데타 및 탄압을 비난하는 데 그쳤던 집단이 네 개 조직이

---

12 그 고장(지역)의 지리, 지형 및 사정 등에 대한 지식을 의미한다. _옮긴이

있다. AA에 대해서는 라카인주 북부에서 군과의 사이에서 전투가 있었지만, 정변 이후의 혼란과는 맥락이 다르며 라카인주를 둘러싼 충돌이다. 침묵으로 일관하는 두 개 세력(UWSA, SSPP)은 모두 조직의 규모가 크고, 그리고 중국 국경 지대에 본거지를 두고 있다. 중국 정부에 의해 관여가 제지당하고 있다는 이야기도 있다. 지시는 없더라도 이미 실효 지배를 하는 지역을 갖고 있는 이러한 무장 세력이 중앙부의 분쟁에 깊숙이 들어갈 동기는 별로 없다. 많은 무장 세력은 군과 직접적으로 대치하는 것을 피하고 있는 것이다.

군은 저항을 억누르지 못하고 있다

이상에서 알 수 있는 바와 같이, 군에 대한 저항은 한 명의 카리스마가 지도하는 운동이 더 이상 아니다. 그것은 ① 각지에서 자발적으로 조직된 청년 중심의 그룹, ② 그것을 결속시키는 NUG, ③ 무장투쟁을 지원하며 공동 투쟁을 하는 일부의 소수민족 무장 세력이라는 삼자의 통일전선이 군과 싸우고 있다. 저항 세력은 수직적으로 통합된 조직이라기보다는 다양한 이해와 목적을 갖고 있는 집단이 적을 공유하며 생겨난 네트워크라고 보는 쪽이 좋다.

NUG의 군사 부처인 PDF도 그 실태는 싸우는 개별 집단의 집합체이다. 간부 중 한 명에 따르면, NUG가 담당하는 주요 역할은 PDF에 참가할 의사를 갖고 있는 청년들을 KIO 또는 KNU의 훈련지에 보내고 그 청년들에게 무기를 최대한 제공하며 내륙부의 무장투쟁에 파견하는 것이라고 한다. 파견된 전투원이 내륙부에서 해당 지역의 청년들을 조직화하기도 한다. PDF에 참가하지 않은 상태에서 더욱 과격한 행동을 취하는 집단도 있으며, 그들은 군에 협력하는 문민을 협박하고 살해도 불사한다. 또한 PDF 보다도 표적의 범위가 넓다.

지금까지 저항 세력은 군의 통치를 방해하는 것에는 성공하고 있다. 표면적으로는 혁명을 주장하더라도 실제의 전력 차이를 고려해 보면 무력으로 정권을 탈취하는 것이 어렵다는 것은 많은 NUG 관계자도 알고 있는 듯하다. 현재 지향하고 있는 것은 지속적으로 통치를 방해하며 해방구 및 실효 지배 지역을 조금이라도 증가시켜 군사정권의 기정사실화를 방지하는 것이다. 소모전으로 끌고 들어가며 전황이 바뀌기를 기다린다. 특히 군으로부터의 이탈자 증대, 그리고 군 중추에서 분열이 일어나기를 기대하고 있다.

　　한편 군은 군비 및 인원, 전투 능력 및 화력에서는 저항 세력을 상회해도 저항은 억누르지 못하고 있다. 왜냐하면 군의 첩보 능력이 낮으며, 현재도 저항 세력의 동정을 충분히 파악하지 못하고 있기 때문이다. 그 취약성을 위협 또는 폭력을 통한 위축 효과로 메우고자 하지만, 저항 세력의 사기가 높은 가운데에서는 그러한 위압에 굴복할 일이 없을 것이다. 도리어 저항하는 측이 사람들의 지지를 더욱 많이 획득할 가능성이 높다.

　　만약 NUG가 우위에 선 지역을 군이 제압할 수 있다 하더라도 그 이후의 민정이 안정될 것이라고는 단정할 수 없다. 충돌이 많은 사가잉 관구 및 마궤 관구, 카렌주, 카친주, 친주의 농촌 지역뿐만 아니라, 양곤 및 만달레이 등 도시 지역에서도 군이 임명한 촌장 및 구장의 사직이 잇따랐다. 애당초 군으로부터 임명되어 어쩔 수 없이 촌장 및 구장이 된 사람도 많으며, 저항 세력으로부터 사임을 요구받는 가운데 목숨이 위험해지면서까지 직무를 계속할 의무는 없다. 시민의 저항은 표면적으로는 수그러들었다고 해도 군에 대한 반감은 남아 있으며, 그것이 저항 세력을 고무했을 것이다.

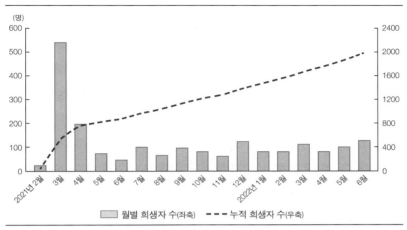

〈그림 5-6〉 **민간인 희생자 수의 추이**

주: 사망일을 확인할 수 없는 자는 포함되어 있지 않다.
자료: 정치범지원협회(Assistance Association for Political Prisoners)의 데이터베이스를 토대로 필자가 작성함.

희생자 수와 국내 피란민

분쟁이 길어진 결과, 희생자는 계속해서 증가했다. 분쟁의 희생자 수를 〈그림 5-6〉에서 제시했다.

쿠데타 발생으로부터 2개월 사이에 700명이 넘은 이후에도 그 페이스는 떨어졌지만 탄압 및 무력 충돌에 의한 희생자는 계속해서 나오고 있다. 또한 이 〈그림 5-6〉에는 군 측의 전사자 및 군 협력자로 살해된 사람들은 포함되어 있지 않으며, 그 수를 포함한다면 희생자의 수는 세 배가 될 것으로 여겨진다. 분쟁이 확대된 결과, 많은 피란민도 발생했다. 유엔 인도주의업무조정국(UNOCHA)[13]에 따르면, 2021년 2월 1일부터 1년 4개월 동안 발생한 미얀마의 국내 피란민 수는 약 70만 명에 달한다. 쿠데타

---

13   전체 명칭은 United Nations Office for the Coordination of Humanitarian Affairs이다. _ 옮긴이

이전에 발생한 국내 피란민과 합하면 그 수는 100만 명에 달했다. 게다가 약 1만 5000명이 인도와 태국을 향해 난민이 되어 피란을 갔다(UNOCHA, 2022).

난민 발생 지역은 사가잉 관구가 가장 많은데 약 33만 명이며, 그것과 마찬가지로 북서부에 있는 친주와 마궤 관구를 합쳐서 약 42만 명이다. 정변 이후의 초기에 주도에서 격렬한 전투가 있었던 남동부의 카야주와 샨주 남부, 그리고 KNU와의 전투가 계속되고 있는 카렌주에서 약 23만 명이 피란을 했다. 정변 이전에 국내 피란민은 북부의 카친주와 서부의 라카인주에서 발생했기 때문에 정변으로 인해 그 범위가 확대되고, 지금은 전국에 국내 피란민이 발생하고 있는 상황이다.

지원이 가장 필요한 지역에 대한 인도 지원에 군은 소극적이며, 현장에서는 지원 활동이 방해를 받고 있다. 또한 지원 관계자들의 희생도 나오고 있다. 2021년 12월 24일 카야주의 노상에서 검문 중이던 군이 민간인을 포함해 적어도 35명을 살해했던 사건에서는 국제 NGO인 세이브더칠드런(Save the Children)의 직원 두 명이 희생자에 포함되었다. 전투원과 민간인을 구별하지 않는 일이 많은 군 앞에서는 인도 지원을 위한 활동에도 위험이 수반된다.

경제 하락

경제도 또한 힘든 상황에 처해 있다. 2020년도 성장률 추계는 -18%(세계은행)로 대폭 하락했다. 2021년도에도 3% 정도의 저성장 또는 마이너스 성장이 될 것으로 예측되고 있다.[14] 쿠데타만이 원인은 아니다. 애당초 코

---

14 세계은행 자료에 따르면, 미얀마의 국민총생산(GDP) 성장률은 2019년 6.8%, 2020년 3.2%를 기록했으며, 2021년에는 -18%를 기록했다. _옮긴이

로나19 팬데믹으로 인해 하락되었으며, 게다가 쿠데타 이후의 혼란이 타격을 미쳤다. 코로나19(Covid-19), 쿠데타(coup d'Etat), 시민 불복종 운동(CDM), 분쟁(conflict)이라는 4C가 경제에 큰 손실을 초래했다.

유엔개발계획(UNDP)에 따르면, 쿠데타로부터 약 6개월 이후 각 기업의 생산 활동은 잠재력의 약 57%에 머물렀다. 그 때문에 약 100만 명이 일자리를 잃은 것으로 추계되고 있다. 아웅산수찌 정권 아래에서 낮아졌던 빈곤율도 코로나19의 영향과 맞물려 상승했으며, 전체 인구의 약 절반에 해당하는 2500만 명이 다시 빈곤선 아래의 생활에 내몰리게 될 가능성이 있음을 지적하고 있다.

이러한 경제의 급격한 하락은 정변 이후의 혼란으로 인해 국내에서 수요가 저하한 것에 더해, 치안 정세의 악화가 유통을 어렵게 만들고 금융 시스템이 마비된 것이 원인이다. 또한 급격한 현지 통화(짯)의 하락에 의한 자원 조달의 비용 상승, 연료 가격의 상승에 의한 인플레이션도 시민들의 생활에 타격을 입히고 있다. 무역 적자가 팽창하고 있는데 이 상태가 유지될 경우 수입의 결제 등에 사용할 외화가 부족하게 될 것도 우려되고 있다.

미국, EU 등의 제재가 미얀마 경제에 미친 영향은 비즈니스상의 이익에 관련된 리스크뿐만이 아니라, 기업의 브랜드 이미지 및 사회적 평가와 관련되는 리스크, 이른바 '평판 리스크'를 올리는 효과가 있다. 천연가스전 사업에 출자해 왔던 토탈(Total, 프랑스) 또는 셰브런(Chevron, 미국), 식품 도매 사업을 해왔던 메트로(Metro, 독일), 담배 사업에 참여했던 BAT(영국), 군 계통 기업과 함께 맥주의 생산·판매를 해왔던 기린홀딩스주식회사(일본), 마찬가지로 군 계통 기업과의 합자로 철강 사업을 확대해 왔던 포스코(한국) 등이 쿠데타로부터 1년 안에 미얀마에서 철수를 발표했다.

정변으로부터 시간이 지남에 따라 일시적인 위기 상황에서 경제는 벗어나고 있지만, 쿠데타 이후의 혼란으로 인해 국내외 기업의 투자 의욕이 줄어들고 있으며 회복시키는 데에는 한계가 있다.

경제 위기에 대처하는 능력을 군은 갖고 있지 않다. 변동환율제에서 관리 환율제로 전환을 반복하며 외화를 현지 통화로 강제적으로 교환하도록 기업에게 요구하는 등 뒤죽박죽이다. 민아웅흘라잉은 무역적자를 감소시키기 위해 식용유의 사용을 줄이도록 국민에게 호소하고 있으며, 정책적인 합리성이 결여되어 있다. 미얀마의 군사정권은 이른바 '개발체제'(개발독재)와는 달리, 관료층의 존재감이 옅기 때문에 군인의 즉흥적인 생각에 의한 불합리한 정책이 향후에도 계속될 것으로 보인다.

더 긴 안목으로 본다면 군 아래에서 정부의 신뢰가 근본적으로 상실되고 공공재의 제공이 충분히 이루어지지 않고 있으며, 그것이 초래하는 장기적인 영향이 우려되고 있다. 전력 및 도로 등의 공공 인프라는 나날이 악화되고 있다. 구미의 제재를 개의치 않는 기업이 있다고 하더라도, 전기와 물이 안정적으로 공급되지 않는 곳에서 사업을 운영하기란 어렵다. 또한 학교에 충분한 교원이 있지 않으며 학생들도 등교하지 않는 등 이런 상황이 장기간 계속된다면, 사회를 밑받침하는 인재의 질과 생산력을 확실히 저하시키게 된다. 시민 불복종 운동에 참가자가 많았던 보건부의 기능 마비로 인해 세계의 감염증 대책으로부터 미얀마가 뒤처지게 될 가능성도 있다.

대리석으로 만들어진 불상

저항 세력에 대한 강경한 자세를 취하는 가운데 민아웅흘라잉이 적극적으로 추진해 왔던 사업이 있다. 수도에 대리석으로 만든 거대한 불상을 건설하는 계획이다. 높이 19m, 무게 1720t의 좌상이다. 받침대를 포함하면 25m의 높이가 되며, 무게는 4780t이 된다(*Global New Light of Myanmar*,

2021.3.26). 참고로 일본 나라(奈良)의 도다이지(東大寺)에 있는 동제(銅製)의 대불은 높이 15m, 무게 380t으로 그것보다 훨씬 크다. 목적은 불교의 번영을 선보이고 평화와 안정을 확고한 것으로 삼기 위한 것이다.

시민들의 저항에 가혹한 탄압을 가하는 와중에 거대한 불상을 건설하는 구상에 대해서 말하는 민아웅흘라잉의 모습에 우리는 어리둥절하게 된다. 뭔가 '평행 세계(parallel world)'[15]가 존재하는 것처럼도 느껴질 것이다. 하지만 '불교 민족주의'의 극우에 가까운 군과 그 보스에게 위화감은 없을 것이 분명하다. 민주화 세력이 군에 대한 저항을 정의를 위해 싸우고 있다고 생각하는 것처럼, 군도 또한 자신들의 정의를 실현하는 것을 지향한다.

정의 및 가치관의 대립에 타협하는 것은 어렵다. 싸움은 길게 이어지고 있으며 희생은 막대해진다. 종교, 민족주의 및 이데올로기가 얼마나 사람을 죽이고 사회의 정체를 야기하는지를 우리는 역사를 통해서 알고 있다. 물론 그렇다고 해서 모든 정의를 상대적인 것으로 간주해야 한다고 말하고자 하는 것은 아니다. 상대주의는 현상(現狀)을 추인하는 것과 동일한 것이다. 정의를 제창만 할 뿐 행동에 나서지 않는다면 그것도 또한 현상을 추인하는 것과 다름없다.

미얀마에서는 대립하는 세력 간의 화해는커녕, 대화하는 것조차 어려운 상황이다.[16] 세계는 거의 수수방관하고 있을 뿐이다. 실제로 아무것도

---

15 '평행 우주'라고 표기되기도 한다. _옮긴이

16 한편 미얀마의 경우에 1947년 헌법에서는 단적으로 의원내각제가 채택되었는데, 당시 대통령은 의회 양원이 선임하는 의례적인 국가원수에 불과했으며(제46조), 행정권은 하원이 선임한 대통령이 임명하는 총리가 담당하고(제56조), 총리는 의회에 대해서 신임을 받는 체제였다(제57조). 한편 2008년 헌법에서는 총리 직책을 없애고 공식적인 탄핵 제도(제215조) 이외에 의회 개입을 받지 않는 대통령이라는 초월적인 존재에 행정권의 수장

할 수 없는 것일까? 그렇다고 한다면 그 이유는 무엇인가? 미얀마 위기를 둘러싼 국제정치에 대해서 다음 장에서 고찰해 보도록 하겠다.

으로서의 기능을 집중시킨 점이 특징적이다(제16조, 제57조, 제199조). 즉, 대통령은 의회에 의해 선출되고(제60조), 의회에 대해서 행정 책임을 진다(제203조). 즉, 2008년 헌법(현행 헌법) 아래의 대통령은 1947년 헌법 아래의 총리가 지녔던 지위를 흡수한 것이다. 그렇기에 미얀마의 대통령제는 어디까지나 '입법부의 우위'를 전제로 하는 일원적 민주주의이며, 따라서 입법부와 행정부 사이에 반목이 발생했을 경우에 출구를 모색할 수 없는 '제도적 한계'를 갖고 있다고 할 수 있다. 金子由芳,「ミャンマー2008年憲法における統治機構の特色と展開」,≪國際協力論集≫, 第25卷, 第2號(2018), pp.3~4. _옮긴이

제6장

미얀마 위기의 국제정치(1988~2021)

미얀마는 항상 대국들의 한가운데에 있었다.

미얀마의 최북단에 있는 카카보라지(Hkakabo Razi)산은 동남아시아에서 최고봉에 해당하는 산이다. 가파르고 험준한 산들이 이어져 있는 히말라야 산맥의 동쪽 끝에 위치해 있으며 표고는 5881m이다.

여기로부터 남동쪽은 표고가 완만해져 사람과 물품의 왕래가 쉽게 이루어지게 되어 있기에 육로의 경우에 히말라야 산맥에 의해 가로막혀 있는 중국 문명과 인도 문명은 우회해 미얀마를 포함한 현재의 동남아시아 대륙부와 교통이 이루어졌다. 19세기 초, 덴마크에서 출생한 지리학자 콘라드 말테브룬(Conrad Malte-Brun)과 스코틀랜드인 언어학자 존 레이든(John Leyden)이 이 지역을 그때까지의 '외(外, 외부) 인도(exterior India)'가 아니라 다분히 지정학적인 뉘앙스를 포함시키면서 인도와 중국(지나(支那))을 합쳐 '인도차이나(Indo-China)'라고 불렀던 것도 그 때문이다(Brocheux, 2009).

제국주의 시대에 이 지역은 영국과 프랑스가 각축을 벌이는 장소가 된다. 태국의 짜끄리(Chakri) 왕조는 완충 지역으로서 독립을 유지했다. 한편 태국에 접해 있는 서쪽의 미얀마와 동쪽에 있는 현재의 라오스, 캄보디아, 베트남은 각각 영국과 프랑스의 식민지 주변부로 편입되었다. 태평양

전쟁의 종식과 함께 시작된 냉전 시기에 이 지역은 직접 대결을 피하는 동서 대국(옛 소련과 미국)의 틈바구니 속에 끼이게 된다. 베트남, 라오스, 캄보디아는 독립 전쟁으로부터 냉전하의 열전(熱戰)에 돌입했다. 한편 미얀마는 독립 자체는 평화적으로 실현했지만 그 직후부터 내전 상태에 빠졌고 1962년에 쇄국을 하게 되었다.

태국의 찻차이 춘하완(Chatichai Choonhawan) 총리가 '전쟁터에서 시장으로'라는 슬로건을 내세우며 인도차이나 전체의 경제개발을 제창했던 것은 1988년의 일이다. 분단과 전쟁이 계속되고 있었던 인도차이나에서도 사람, 물품, 자금, 정보의 세계화가 추진된다. 동남아시아 대륙부를 사이에 끼고 있는 중국과 인도는 이미 뒤처진 문명권도 아니고 거대한 개도국도 아니며 향후 세계의 질서와 경제를 좌우하게 될 대국이 되려 하고 있었다.

미얀마는 이러한 외부의 커다란 힘에 농락당해 왔던 국가이다. 대(大)문명, 제국주의, 냉전 아래에서 강대국 정치의 틈바구니 속에 있었던 것이 미얀마의 대외 정책을 구조적으로 규정해 왔다. 어째서 군은 스스로 국제적 고립의 길을 선택하게 되었을까? 국제사회는 미얀마의 현상에 왜 손을 쓸 수 없는 것일까?

1. 미얀마군과 외교

미얀마 외교의 역사는 '장기간의 고립'과 '잠깐 동안의 개방'의 역사이다. 그 개요를 자국의 의사와 타국으로부터 강제된 것이라는 쌍방의 시각으로부터 회고해 보도록 하겠다.

비동맹·중립과 그 변화

미얀마는 독립 이래 비동맹·중립을 외교의 기본 방침으로 삼아왔다.

1954년에 중국의 저우언라이(周恩來) 총리와 인도의 자와할랄 네루 (Jawaharlal Nehru) 총리 사이에 확인되었던 '평화 5원칙'(영토·주권의 상호 존중, 상호 불가침, 상호 내정불간섭, 평등 호혜, 평화 공존)에 찬동하고 이것과 함께 비동맹·중립을 외교 원칙으로서 내세운다.

하지만 실제의 대외 정책은 시대에 따라 차이가 있다. 독립 이후 한동 안은 적극적인 비동맹주의였다. 1955년에 인도네시아의 반둥(Bandung) 에서 개최된 제1차 아시아·아프리카 회의(일명 '반둥 회의')에서 해당 회의 의 개최를 주도했던 '콜롬보(Colombo) 그룹'의 일원으로서 미얀마의 우누 총리가 출석했다. 그런데 당시에 미얀마의 한 가지 모델이 되었던 것은 유고슬라비아였다. 당시 유고슬라비아는 지도자 티토(Josip Tito) 아래에 서 다민족을 통합한 분권적인 사회주의 국가를 지향했으며, 소련 정부와 도 결별하며 독자적인 외교적 입장을 취했다.

1962년에 쿠데타로 정권을 탈취한 군이 방침을 전환해 쇄국이라고 말 해질 정도로 외교 관계를 제한했다. 이러한 외교정책의 전환은 서장에서 도 언급한 바와 같이, 군의 안보 전략과 밀접하게 관련되어 있다. 대국에 의한 개입의 리스크를 최소화시키면서, 국내 반란 세력을 진압하는 것에 전념하며 국민 통합을 유지한다는 목적에 외교가 종속되었다.

역시 쇄국 상태에서는 경제가 막다른 길목에 내몰리게 되어버리기에, 1970년대 중반에 대외 관계의 부분적인 개방으로 방향을 전환했다. 그때 지원의 손길을 내밀어준 것은 일본 정부였다. 1976년에 도쿄(東京)에서 '대버마 원조국 회의'를 주최했고 1978년부터는 정부개발원조(ODA)가 확 대된다.

그런데 다시 고립의 시대가 찾아온다. 1988년의 쿠데타로 탄생한 국가법질서회복평의회(SLORC)는 외교상의 개방 노선으로 전환했지만, 민주화 세력의 탄압에 의해 국제적인 비난을 받게 되었다. 미국은 대사를 본국으로 소환했으며 일본의 원조도 3분의 1 정도까지 줄어든다. 세계의 일극화가 진행되고 있던 1990년대에 미국을 적으로 돌려버린 대가는 컸다.

미국: 무관심에서 적대로

군사정권 시대에 미국과 미얀마 간의 관계를 더욱 상세하게 살펴보도록 하겠다. 미얀마와 미국의 관계는 1960년대부터 2020년대에 걸쳐서 '무관심'에서 '적대'로, 그리고 다시 '우호'로 요동쳐 왔다.

냉전 시기에 미국에게 미얀마가 갖는 전략적 의의는 낮았다. 양국 관계를 보여주는 하나의 사례로서 1966년 9월 3일에 딘 러스크(Dean Rusk) 국무장관이 린든 존슨(Lyndon Johnson) 대통령에게 제출한 메모가 있다. 이것은 당시 최고 지도자였던 네윈이 워싱턴 DC를 공식 방문하기 전에 준비된 것이었다. "미얀마에는 동남아시아에서의 국제분쟁에 관여하지 않고자 하는 바람이 있다. 그것은 우리들도 또한 마찬가지이다. 이것이 오늘날 미국과 미얀마 간에 일치되고 있는 유일한 이익이다"라고 그 메모에 적혀 있었다. 소련과도 중국과도 거리를 두는 한, 미국은 미얀마의 내정에 관심을 갖지 않았다는 것이다(Clymer, 2015).

그런데 1988년의 민주화 운동과 그에 대한 탄압을 계기로 군사정권의 대응이 변화한다. 미국은 압력을 중시하는 제재 외교를 전개했다. 미얀마와 관련되어 있는 국익이 많지 않기에 인권 및 민주주의 등의 '보편적 가치'에 중점을 두었다. 탄압에 의해 아웅산수찌의 처우가 악화될 때마다 제재의 수준이 높아졌다. 인권과 민주화 운동의 상징이 되었던 아웅산수찌의 동향이 외교정책을 좌우했다고도 할 수 있다.

한 사람의 동정에 외교가 좌우되는 일을 비판하는 목소리는 미국 내부에도 있었지만 의회의 목소리에 의해 사라졌다. 미국 상원 의원으로 공화당 소속의 미치 매코널(Mitch McConnell), 마찬가지로 공화당 소속의 상원 의원 존 매케인(John McCain), 민주당 소속의 상원 의원 짐 웹(Jim Webb), 현재 미국의 대통령으로 상원의 외교위원회 위원장을 맡았던 조 바이든, 의원은 아니지만 빌 클린턴(Bill Clinton) 정권에서 국무장관을 맡았던 매들린 올브라이트(Madeleine Albright) 등이 미국의 미얀마 정책에 영향을 미친 대표적인 인물들이다. 미얀마의 민주화 문제에 관심을 지닌 당파를 초월한 거물 의원들이 항상 미국의 강경한 대미얀마 정책을 밑받침했다.

비자 발급의 중단, 금융 서비스의 제한, 자산동결, 수입제한, 신규 투자의 금지, 원조 중단 등 차례로 제재 대상도 확대되었다. 어디까지나 미얀마와 미국 양국 사이의 문제이지만, 세계의 표준적인 결제통화인 미국 달러(USD)의 사용이 제한되면 경제활동 전체에 영향을 미치게 된다. 또한 미국 재무부가 발표하는 '특별지정 국민 및 자격 정지자 리스트'[1](SDN 리스트)는 국제적인 경고가 되며, 특히 글로벌 기업에게 '평판 리스크'를 측정하는 기준이 되고 있다.

중국: 거대한 이웃 나라

또 하나의 대국인 중국과의 관계는 어떠할까?

미얀마 정부는 독립 이래 중국에 대해서 항상 경계감을 품어왔다. 약 2000km의 국경을 접하고 있는 거대한 이웃 나라이기 때문에 그것은 당연한 일이라고 할 수 있다. 다만 적대해 승리를 할 수 있는 상대가 아니므로 경계를 하는 한편으로, 버마어로 피를 나눈 형제를 의미하는 '파우포'(pauk-

---

1   전체 명칭은 Specially Designated Nationals And Blocked Persons List이다. _옮긴이

phaw, 중국어: 바오보(胞波))라고 불리는 우호를 유지해 왔다(Maung Aung Myoe, 2011). 우호와 긴장이 뒤섞여 있는 관계인 것이다.

1949년 10월에 중국에서 성립된 '공산당 정권'을 세계의 비공산권 중에서 최초로 승인한 것이 미얀마였다. 1960년에는 국경이 획정되고 상호 불가침 조약도 체결했다. 국경 획정에 대해서는 지금에 와서는 상상할 수 없지만 중국이 분쟁 지대의 82%를 미얀마에 양보하는 형태로 합의가 이루어졌다. 이웃 나라와의 관계 구축을 서둘렀던 저우언라이의 결단이었다고 한다(Fravel, 2005). 그 이후 네윈의 폐쇄적인 중립주의로의 전환이 일어나고, 또한 1967년에 양곤에서 반(反)화인 폭동이 발발한다. 중국에서도 문화대혁명의 혼란이 발생했기에 양국 관계는 정체하게 되었다.

양국 관계가 다시 개선되는 계기는 1978년 덩샤오핑(鄧小平)의 양곤 방문이다. 공공연한 비밀이었던 중국공산당의 버마공산당에 대한 지원도 줄어들었다. 버마공산당은 동부의 국경 지대로 쫓겨나게 된다. 1980년대 후반에는 국경무역이 시작되어 새로운 시대의 도래를 예감케 했다.

1990년대에 들어서자 양국은 민주화 운동의 탄압(1988년)과 톈안먼(天安門) 사건(1989년)으로 인해 함께 국제적으로 고립되는 가운데 관계성이 심화되어 간다. 당시 두드러졌던 것은 경제협력보다는 중국으로부터의 군비 제공이다. 1987년부터 1997년 동안에 중국으로부터 11.6억 달러어치의 무기 및 장비품이 미얀마군에게 매각되었다. 이것은 같은 시기 미얀마의 전체 무기 수입 중에서 84%를 차지했다(Selth, 2002). 군의 근대화라는 미얀마군의 기대에 중국이 부응했던 것이다.

경제 방면에서 중국의 영향이 강화되었던 것은 주로 2000년대의 일이다. 2000년 시점에서 최대 수입 상대국은 태국과 중국이 거의 어깨를 나란히 했다. 그 이후 수출과 수입 두 방면에서 미얀마와 중국 간의 무역 총액은 급속하게 확대되었으며, 미얀마의 대중 의존도 높아져간다. 그 결과

2010년에는 전체 무역의 29.4%가 중국을 상대국으로 하게 되었다. 이 배경에는 무역, 투자, 원조가 삼위일체가 된 중국에 의한 '원조 외교'가 있었다. 대다수가 국영기업을 사업주로 하는 '조건부'의 원조이며, 특히 개도국에서의 자원 개발과 중국 제품의 수출 진흥을 목적으로 했다(小林譽明, 2007).

중국의 미얀마에 대한 원조 액수는 2001년의 약 2억 달러에서 2010년에는 13억 달러를 넘은 것으로 여겨지고 있다. 지원 중의 한 가지 기둥은 중국 국내의 에너지 수요의 증대에 대응하기 위한 자원 개발과 자원의 조달 경로를 확보하는 것이었다. 미얀마는 앞바다에 풍부한 천연가스 매장량을 보유하고 있다. 또한 비취, 구리, 희소 금속과 같은 광물자원 및 삼림자원이 아직 개발되는 도중에 있으며 미얀마가 국제적으로 고립되는 가운데 먼저 도착해 움직이면 유리한 조건에서 계약이 가능한 것으로 여겨졌다.

2009년에는 양국 사이에 천연가스 파이프라인과 석유 파이프라인을 부설하는 합의에 이르게 된다. 계획은 라카인주의 차우퓨(Kyaukpyu)에 있는 마데(Maday)섬에서 미얀마를 종단하고 있으며, 중국 국경에 이르는 전체 길이는 770km이다. 또한 윈난성 루이리시(瑞麗市)로부터 중국 국내로 들어가며, 천연가스 파이프라인은 쿤밍(昆明)을 경유해 구이강(貴港)[2]에 이르고, 석유 파이프라인은 쿤밍을 통과해 충칭(重慶)까지 이어지며 전체 길이가 약 2000km를 넘는 장대한 송유관이었다.

이 계획은 미얀마를 일종의 육교로 삼아 중국이 태평양과 인도양 쌍방에 접근하는 '양양(兩洋) 전략'의 일환이 되었으며, 그 이후 제12차 5개년

---

2   구이강시(市)를 지칭하며, 광시 좡족 자치구(廣西壯族自治區)에 위치해 있는 지급시(地級市)이다. _옮긴이

계획의 중점 프로젝트에 포함되었다. 천연가스는 2014년부터, 석유는 2017년부터 수송이 시작되고 있다.

앞에서 살펴본 바와 같이, 미얀마와 중국 양국 관계는 한쪽의 국제적 고립과, 다른 한쪽의 정치경제적인 영향력의 증대를 배경으로 변용되어 왔다. 결코 일방적인 착취는 아니며, 쌍방이 이익을 얻는 거래 관계였다. 다만 미얀마의 국제적 고립을 조건으로 삼고 있는 이상, 비대칭적인 관계 였다는 것은 확실하다고 할 수 있다. 이 비대칭성에 대한 경계가 민정 이 양 이후 미얀마의 '탈중국' 움직임으로 연결된다.

2. 민정 이양 이후의 외교 '정상화'

테인세인 외교

제4장에서 살펴본 바와 같이, 민정 이양과 지도자 교체에 의해 미얀마 는 크게 변화했다. 테인세인 대통령 아래에서 정부의 위협 인식이 바뀌고 정책의 우선순위도 변화했다.

테인세인이 가장 강하게 의식했던 것은 경제문제였다. 장기간 정체되 었던 미얀마의 경제 발전을 진전시키기 위해서는 무엇을 하면 좋을까? 미 얀마가 경제 발전을 지향한다면, 구미의 제재를 해제시키는 것이 불가결 하다. 그것을 위해서는 국내의 정치 대화, 요컨대 아웅산수찌와의 화해가 최저 조건이 된다. 경제문제란 외교 문제이며, 외교 문제는 정치 문제였 던 것이다.

이 역산(逆算)이 2011년 8월의 테인세인과 아웅산수찌 사이의 회담으로 연결된다(제3장 참조). 그로부터 3일 후 의회 연설에서 테인세인은 그 약 절반을 할애하며 국제 금융 제도, 국제사회의 안정, 지역 기구에 대한 적극적인 관여에 대해서 말했으며, 군사정권 시대의 대외 관계에 대한 과도한 경계는 찾아볼 수 없었다.

그 이후에도 민주화 세력과 국제사회의 장기간에 걸친 요구에 맞추어 정치범을 2013년 말까지 1071명을 석방했고, 또한 2000년대에 교류가 활발해지고 2007년에는 국교를 회복했던 북한과 군사 협력 관계를 중단했다.[3]

테인세인 정권에 의한 개혁이 계속되었다고 하지만 사회 통제의 완화, 경제 자유화만으로는 제재를 완화시키기에 불충분했을 것이다. 대외 관계, 그중에서도 구미 국가들과의 관계 개선에 결정적인 역할을 수행했던 것은 의원이 된 아웅산수찌의 해외 방문과 지원 요청이었다.

2012년 6월 20일 24년 만에 런던 땅을 밟은 아웅산수찌는 영국 의회에서의 연설에서 "만약 이 기회를 이용하지 않는다면 우리가 가까운 시일 내에 민주주의를 획득하는 일은 없을 것이다. 다음 기회는 수십 년 이후의 일이 될지도 모른다"라고 말했다. '기회를 놓쳐서는 안 된다'는 메시지는 15년 2개월 동안에 걸쳐 가택 연금을 당했던 그녀가 말을 하자 무게감 있게 울려 퍼지게 된다.

미국의 전환

미국의 대미얀마 정책은 2009년 1월에 버락 오바마 대통령이 취임하면서 전환되었다. 2011년에는 '아시아로의 회귀(Asia pivot)'가 제창되고 미국의 아시아 정책에 대한 재검토의 일환으로 미얀마와의 관계도 재검토

---

3   미얀마와 북한은 1975년에 수교했으나, 1983년 10월 9일 북한이 '아웅산 묘소' 폭탄테러를 자행함으로써 국교를 단절함과 동시에 북한 정권의 승인 자체를 취소했지만, 이후 탄슈웨 군사정권 시기인 2007년에 재수교했다. 한편 미얀마와 한국은 1975년에 수교를 했으며, 2021년 기준 미얀마 내 한국인의 수는 2537명이고 한국 내 미얀마인의 수는 2만 6096명이다. _옮긴이

되었다.

　최초로 미국이 정책 전환을 시사했던 것은 2009년 2월 18일의 일이다. 자카르타에 있는 아세안(ASEAN) 본부를 국무장관으로서는 처음으로 방문한 힐러리 클린턴은 제재가 군사정권에 효과적인 타격을 미치지 못했다는 것을 인정하고 다른 방도를 찾고 있다는 것을 밝혔다. 2011년 11월에 인도네시아 발리(Bali)섬에 체재했던 오바마 대통령은 성명을 통해 새로운 정권에 의한 일련의 개혁을 높이 평가하고 전날 전화로 아웅산수찌로부터 지지를 얻은 뒤에 머지않아 힐러리 국무장관을 미얀마에 파견할 것이라고 표명했고, 그리고 11월 30일 힐러리 국무장관이 미얀마를 공식 방문하게 됨으로써 흐름이 변화하게 된다.

　미얀마의 국제관계는 '정상화'의 방향으로 급격하게 가속화되었다. 국무장관에 이어서 2012년 1월에 미치 매코널 상원 의원이 미얀마를 방문해 아웅산수찌와 회담했다. 그 이후 오바마 정권과 유력 의원들 간에 합의가 이루어졌을 것으로 여겨진다. 그다음 달부터 대통령의 주도하에 제재의 완화가 시작되었다. 2012년 5월에는 금융 제재가 해제되었고 9월에는 국제기관에 의한 미얀마 지원을 승인하게 되었다. 11월에는 오바마 대통령 자신이 미국의 대통령으로서는 처음으로 미얀마를 방문해 미얀마 제품의 미국으로의 수입 금지를 해제했다.

　오바마 대통령은 양곤에서의 연설에서 미국 민주주의의 역사와 그 메커니즘에 대해서 말한 이후, 북한과 시리아에 평화와 번영의 길을 선택할 것을 호소했다. 그렇게 된다면 미얀마처럼 미국은 손길을 뻗게 될 것이라고 말을 이어갔다. 미얀마의 개혁을 지원하는 의도에는 세계의 '파리아 국가'(pariah state, 국제적으로 비판을 받고 제재 등에 의해 소외를 당하는 국가)에 대해서 신호를 보내는 것도 있었다.

중국과 거리 두기?

목표로 삼았던 대로 구미와의 접근이 진전되는 가운데, 테인세인 정권은 중국으로부터 거리를 둔다.

'탈중국'의 사례로서 밋손(Myitsone) 댐 건설의 일시적인 동결을 들어보도록 하겠다. 이 댐은 중국전력투자집단공사(中國電力投資集團公司)가 미얀마의 가장 북쪽에 있는 카친주의 에야와디강 상류에 위치한 밋손에 6000MW급의 수력발전소를 건설한다는 총액 36억 달러의 프로젝트이다. 해당 프로젝트에 대해서는 주민들을 퇴거시킬 때 인권침해 및 환경 파괴의 우려를 이유로 NGO 등으로부터 비판의 목소리가 나왔다. 아웅산수찌도 우려를 표명했던 인물들 중 한 명이다.

그러한 목소리가 정권에 닿는 것은 어려운 일이라고 여겨졌다. 군사정권 시대의 개발 프로젝트에서 환경에 대한 위험 평가 및 주민들에 대한 설명 등은 경시되었기 때문에 새로운 정권에게도 기대할 수 없었기 때문이다. 하지만 2011년 9월에 테인세인 대통령은 해당 계획을 중단하고 자신의 임기 중에는 재개되는 일은 없을 것이라고 발표한다. 이미 건설이 시작되고 있는 중국의 대형 인프라 프로젝트를 일방적으로 중단하는 것은 영단(英斷, 슬기롭고 용기 있는 결단)이었다. 중국 측과 가까웠던 부통령은 이때 사임했으며, 정권 내부에서도 의견이 나뉘었다.

물론 중국은 불만을 표명했다. 이미 인가가 완료된 투자이며 공사가 시작되었다. 중국 외교부가 건설 중단에 적절한 조치를 취해 주도록 미얀마 정부 측에 요구한다. 민정 이양 이전까지 원자바오(溫家寶) 총리가 방문하는 등, 미얀마와의 전략적 파트너십을 강화하는 자세를 보였던 중국이지만, 해당 프로젝트의 중단 이래 주요 인사의 미얀마 방문은 눈에 보이게 줄어들었다(Sun, 2012). 직접투자(인가된 액수 기준)는 2010년도에 정점을 찍고 감소하는 방향으로 전환한다. 이미 군사정권 시대처럼 톱다운 방식으로 인프라 및 자원 개발에 대규모 투자를 행하는 시대가 아니게 되었던 것이다.

다만 양국 관계가 극단적으로 악화되었던 것은 아니다. 일시적으로 저미하면서도 양국 간의 전략적 파트너십 관계는 항상 확인되어 왔으며, 정부 간의 개발 프로젝트가 난관에 직면하는 한편으로, 민간 부문에 의한 대미얀마 투자는 증가했으며, 중국에서 미얀마로의 수출도 견실하게 확대되었다. 직접투자도 2013년도부터 상승하는 방향으로 전환되었다. 미얀마의 정치 환경이 변화한 것을 계기로 양국의 경제 관계도 변용되었던 것이다.

아웅산수찌의 현실주의

2016년 아웅산수찌 정권의 탄생으로 미얀마의 외교정책이 어떻게 바뀌게 될지가 주목을 받았다. 장기간 구미 국가들이 아웅산수찌를 적극적으로 지원했다는 점을 고려해 보면, 테인세인 정권 시기의 연장선 위에서 미얀마의 '탈중국' 움직임이 더욱 가속화되는 것이 아닐까 하는 예측도 있었다.

그러나 그렇게는 되지 않았다. 아웅산수찌의 외교는 예상했던 것 이상으로 견실한 것이었다. 그녀는 최초의 해외 방문지로 중국을 선택했다. 또한 2017년 5월에 베이징에서 개최된 '일대일로(一帶一路) 국제협력 정상 포럼'에도 참가했으며, 같은 해 10월에는 중국공산당 제19차 당대회에도 내빈으로 출석했다. 미얀마 여론 중에 뿌리 깊은 반중 감정이 있기 때문에 '중국에 다가서고 있다'는 인상을 국민에게 주지 않도록 주의를 기울이기는 했지만, 중국과의 우호 관계를 강화했다고 말할 수 있다.

이것은 미얀마를 둘러싼 환경을 고려해 보면 불가사의한 일은 아니다. 2016년 시점에서 미얀마의 대중 무역은 수입이 41억 달러로 전체의 36%,

수출이 34억 달러로 전체의 40%로 의존율이 높아졌다. 인가가 완료된 해외직접투자 액수는 시간의 경과에 따라 매년 증가와 감소가 발생하기는 하지만 중국은 항상 상위 3위 안에 있었다.

또한 국내 정치의 시책에 있어서도 중국은 관건이었다. 아웅산수찌 정권이 가장 중요한 과제로 삼았던 소수민족 무장 세력과의 정전 교섭을 추진하는 데 있어서 몇몇 유력 무장 세력은 중국 국경에 본거지를 두고 있었기에 중국의 협력이 정전 교섭에 필요했기 때문이다. 이에 대해 미얀마의 변화에 적응할 필요가 있었던 중국도 아웅산수찌 정권에 대한 협력 자세를 보인다. 최대의 소수민족 무장 세력인 와주연합군(UWSA)이 주도해 KIO 등의 여섯 개 무장 조직과 함께 결성한 연방정치교섭 자문위원회(FPNCC)[4]는 정부가 지향하는 '전국정전합의'를 위한 교섭에 협력적이지 않았지만 중국의 요청을 받고 출석했다.

중국이 노리는 미얀마를 통한 인도양으로의 접근도 중국·미얀마 경제회랑(CMEC)[5] 계획으로서 다시 시동되었다. 이 계획은 세 개의 경로[① 국경 마을인 무세(Muse)에서 만달레이까지, ② 만달레이에서 양곤까지, ③ 만달레이에서 차우퓨까지]에서의 철도·도로 부설 계획으로 구성되어 있다(〈그림 6-1〉참조). 과거에 군사정권 시대에 합의되었으며, 라카인주 차우퓨에서 윈난성으로의 가스·석유 파이프라인 계획에 포함되어 있었던 철도·도로 부설 계획의 새로운 버전이다. 종래 계획에 만달레이에서 양곤까지의 수송로 개발을 새롭게 포함시킴으로써 미얀마 정부에 인센티브를 제공했기 때문이다. 해당 제안에 미얀마 정부는 합의를 했고 2018년 9월에는 CMEC 개

---

4   전체 명칭은 Federal Political Negotiation and Consultative Committee이다. _옮긴이

5   전체 명칭은 China-Myanmar Economic Corridor이다. _옮긴이

〈그림 6-1〉 **중국·미얀마 경제회랑(CMEC)의 철도·도로 건설 계획**

발을 위한 15개 항목의 각서 (MoU)에 서명했다.

이 밖에도 라카인주 차우퓨에 있는 경제특구의 심해항(深海港), 양곤의 도시 개발 등에 대해서도 양자 간의 협의가 추진되었다. 정부 관계자 또는 사업가뿐만 아니라 NLD의 당 관계자가 중국에 초빙되었으며, 필자의 지인들(미얀마인) 중에서도 중국을 방문해 그 발전상에 압도되는 일이 많이 있었다. 그렇게 간단하게 대중(對中) 경계 및 반중 감정이 미얀마에서 사라지지 않는다고 하더라도, 새로운 미얀마의 환경에 중국은 확실하게 적응했다.

로힝야 위기의 여파

대중 관계와 비교해 보면 자유주의 국가들과의 관계는 정권이 발족된 때로부터 머지않아 어려움에 직면하게 된다. 로힝야 위기의 발생이 그 원인이다.

제3장과 제4장에서 논하고 있는 바와 같이, 2012년에 발단된 불교 신자와 무슬림 간의 종교 대립은 2017년에 라카인주 북부에서 대규모 무력 충돌로 발전했다. 군은 광범위한 지역에서 토벌 작전을 실시한다. 토벌 작전 중에 잔학한 행위가 각지에서 발생했다. 방글라데시가 인도적 배려에 입각해 국경을 개방했던 적도 있어, 4개월 정도의 사이에 60~70만 명의

난민이 유출된다. 심각한 인도적 위기가 발생한 것이다.

미얀마군에 대한 국제사회의 비판이 강해졌다. 로힝야에 대한 토벌 작전을 제노사이드 및 '인도에 관한 죄'라고 보는 지적이 국제사회에서 제기된다. 이에 대해 아웅산수찌는 군의 행동을 옹호했다. 테러 위협에 대처했다는 군의 설명을 그녀도 반복했던 것이다. 많은 사람들에게는 인권의 상징임이 분명했던 아웅산수찌가 권력자가 되자마자 표변(豹變)해 군의 무슬림에 대한 제노사이드를 긍정하는 것처럼 비추어졌을 것이다.

그 이듬해에는 유엔인권이사회가 설치한 독립국제사실조사미션(IIFFM)[6]이 두꺼운 보고서를 발표하며 군의 토벌 작전에 의한 국제법 위반 가능성을 지적하고 단죄했다.

이탈리아 로마(Roma)에 거점을 두고 있는 국제형사재판소(ICC)[7]도 수사에 나섰으며, 네덜란드 헤이그(Hague)에 본부를 두고 있는 국제사법재판소(ICJ)[8]에는 2019년 11월에 감비아(Gambia)가 제노사이드 협약(Genocide Convention)[9] 위반을 이유로 미얀마를 제소했다.

2019년 12월에 헤이그의 법정에서 열린 공청회에서 아웅산수찌는 제노사이드 협약에 대한 위반을 부정하면서도 군에 의한 전쟁범죄의 가능성은 부정하지 않는다는 구두변론을 했다. 아울러 "군 병사가 국제인도법을 다소 무시하고 과도한 무력행사에 이르게 되었음을 부정하는 것은 아니다. 또한 그들이 아라칸로힝야구세군(ARSA)의 전투원과 민간인을 충분

---

6   전체 명칭은 Independent International Fact-Finding Mission on Myanmar이다. _옮긴이

7   전체 명칭은 International Criminal Court이다. _옮긴이

8   전체 명칭은 International Court of Justice이다. _옮긴이

9   해당 협약의 정식 명칭은 '집단살해죄의 방지와 처벌에 관한 협약(Convention on the Prevention and Punishment of the Crime of Genocide)'이다. _옮긴이

히 구별하지 못했다는 것도 부정하지 않는다. 전투 이후에 사람이 사라진 마을들에서 민간인이 마을에 남긴 재산을 약탈하거나 파괴하는 행위를 저지하지 못했던 일도 있었을지 모른다"라고 말했다.

군이 은연중에 영향력을 보유하고 있고, 또한 반로힝야 감정이 강한 국민의 지지를 기반으로 정권을 획득했던 아웅산수찌의 입장에서는 이처럼 아슬아슬하게 발언을 할 수밖에 없었을 것이다. 하지만 이른바 그것은 국내 정치의 이야기에 불과하다. 국제사회는 그러한 것에 배려하지는 않는다. 군에 의한 제노사이드가 있었다는 것은 의심할 여지가 없는 것으로 간주되고 있으며, 국제 법정에서 제노사이드를 부정함으로써 아웅산수찌의 국제적인 평가는 실추되었다.

미중 대립이라는 문맥

구미 국가들에서의 아웅산수찌의 명성은 땅바닥으로 떨어졌지만, 미얀마라는 국가 자체가 고립에 빠진 것은 아니었다. 〈그림 6-2〉는 일본을 제외한 G7 국가들(이탈리아, 캐나다, 미국, 영국, 프랑스, 독일)과, 국제기관(유럽연합, 유엔, 아시아개발은행, 세계은행), 그리고 일본에 의한 미얀마에 대한 원조(유상 및 무상)를 비교한 것이다. 민정 이양 이후에 지원이 급증했으며, 아웅산수찌 정권의 성립 이후에도 착실하게 늘어났다는 것을 알 수 있다. 그 흐름은 로힝야 위기 이후에도 정체되는 일은 없었다. 최대 요인은 중국의 영향력을 억지하기 위한 것이었다.

전술한 바와 같이, 미얀마는 중국에 인도양과 직결되는 루트를 제공해주는 지정학적으로 중요한 위치에 있다. 애당초 동남아시아 해역은 중동 및 아프리카 국가들, 남아시아와 해상 수송 무역이 집중되는 항로이다. 또한 믈라카(Melaka)·싱가포르 해협, 롬복(Lombok) 해협, 순다(Sunda) 해협 등의 좁은 해협(초크포인트)[10]을 많은 상선이 통항하고 있다. 특히 믈라

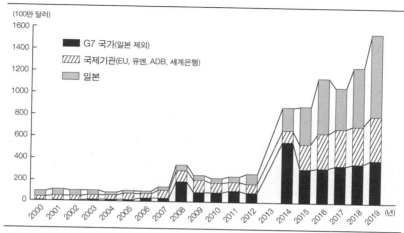

<그림 6-2>　**미얀마에 대한 대외 원조(2000~2019년)**

주: 2013년은 채무 처리로 인해 원조 액수가 25억 달러를 넘기 때문에 여기에서는 기록하지 않았다.
자료: OECD DAC의 International Development Statistics.

카 해협은 연간 9만 척이 항행하는 아시아 바다의 생명선이라고도 말할
수 있다. 해협이 좁기에 봉쇄를 할 경우 그 여파가 크기 때문에 이를 일컬
어 '플라카 딜레마'라고도 불린다.

2012년 미국국가전략연구소(INSS)[11]의 토머스 하메스(Thomas Hammes)[12]가
해당 해역을 봉쇄하는 '오프쇼어 통제(offshore control)'를 제창했다(Hammes,
2012). 중국과의 무력 분쟁이 발생할 때에 핵전쟁과 같은 물리적인 파괴를
수반하는 분쟁을 회피하면서 장기적 소모전을 유리하게 추진하기 위한

10　초크포인트(chokepoint)란 해상의 요충지를 지칭한다. _옮긴이

11　전체 명칭은 Institute for National Strategic Studies이며 미국 국방대학(NDU: National
Defense University) 산하의 학술 기관이다. _옮긴이

12　주요 저서로 *Forgotten Warriors: The 1st Provisional Marine Brigade, The Corps' Ethos,
and the Korean War*(University of Kansas Press, 2010) 등이 있다. _옮긴이

전략이다. 이 전략의 실현이 가능한지 여부는 차치하더라도 해당 해역을 포함하는 동남아시아 국가들을 경제, 안보 방면에서 어떻게 포섭하면서 이 해역을 규칙에 기초한 국제 질서가 관철되는 바다로 만들 것인지가 자유주의권의 대중 외교를 고려하는 데도 중요한 포인트가 된다.

물론 중국이 이러한 약점을 방치할 리가 없다. 일대일로 구상에서 인도양으로부터 아라비아(Arabia)해로 연결되는 '해상 실크로드'의 추진이 구가되고 있으며, 그 목적 중 하나는 '믈라카 딜레마'를 회피하는 대체 경로의 확보에 있었다. 그중에 아라비아해로부터 파키스탄을 통해서 중국 서부로 연결되는 중국·파키스탄 경제회랑(CPEC)[13]과, 미얀마를 통해서 인도양과 윈난성으로 연결되는 중국·미얀마 경제회랑(CMEC)은 바다와 중국 내륙을 연결하는 중요한 프로젝트로 자리매김되었다.

'타이완 유사'에 대한 우려가 강해지는 가운데 로힝야에 대한 제노사이드 의혹이 있더라도 자유주의권 국가들이 미얀마를 국제사회에 연결시켰던 최대 이유는 여기에 있다. 제노사이드 의혹은 어디까지나 군의 책임이고 아웅산수찌 정권이 민주적으로 선출된 정권인 이상, 지원을 계속하는 것이 우선시되었다.

러시아에 의한 균형

한편으로 군은 국제사회로부터 고립되어 간다. 영국과 미국은 장교들의 훈련 및 세미나 등의 방위 교류를 중단했다(호주는 쿠데타가 발생한 이후에 중단함). 군 간부의 외국 방문도 해외의 주요 인사 내방도 구미 국가들과의 교류는 급격하게 감소하게 된다.

---

13   전체 명칭은 China Pakistan Economic Corridor이다. _옮긴이

하지만 애당초 영국·미국과의 방위 협력은 민주제 아래 군대 및 리더십에 관한 세미나 또는 강의, 영어 교육 등의 완전히 초보적인 훈련 프로그램에 불과하며, 향후의 발전을 내다보았던 단계에서 정지되었기에 군의 실태에는 거의 영향을 미치지 못했다. 한편으로 군사 방면에서의 관계가 더욱 깊은 중국, 러시아, 인도와는 계속해서 우호 관계가 유지되었다.

여기에서 러시아와 미얀마군 사이의 '방위 협력' 관계에 대해서 살펴보도록 하겠다. 러시아는 미얀마군에게 중국에 대한 과도한 의존을 회피하기 위한 균형자(balancer)로서의 역할이 존재한다. 양국 관계가 강화되었던 것은 군사정권 시대로 소급된다. 주로 2000년에 블라디미르 푸틴(Vladimir Putin)이 대통령으로 취임한 이래의 일이다.

방위 협력이 그 중심이었다. 두드러졌던 것은 무기 거래이다. 〈표 6-1〉은 스톡홀름국제평화연구소(SIPRI)[14]의 데이터베이스를 토대로 미얀마에 대한 중국과 러시아 양국으로부터의 무기 수출량을 제시한 것이다. 1990년대 중국에 의한 군사 지원의 큰 규모와 함께, 2000년대에 러시아로부터의 무기 수입이 증가하고 있다는 것을 알 수 있다. 1990년대부터 2010년대까지의 30년 동안에 전체 무기 수입의 58.1%가 중국으로부터 이루어졌으며, 30.1%가 러시아로부터였다. 2000년대 이래로 한정해 보면, 양자의 비중은 거의 길항하는 상태를 유지하고 있으며 미얀마군이 군사적으로 중국에 의존하는 것을 피하기 위해 러시아에 대한 접근을 시도했다는 것을 알 수 있다.

구체적인 장비로서 두드러지는 것은 전투기이다. 2001년부터 2002년에 걸쳐서 10대의 미그 29(MiG-29, 추정 13억 달러), 2011년부터 2014년까

---

14 전체 명칭은 Stockholm International Peace Research Institute이다. _옮긴이

<표 6-1> **미얀마의 무기 거래**

	1990~1999년	2000~2009년	2010~2019년	전체 거래량에서 차지하는 비중
중국	1591	262	1440	58.1%
러시아	81	784	840	30.1%

주: 단위는 스톡홀름국제평화연구소(SIPRI)가 독자적으로 사용하는 100만TIV.
자료: SIPRI Arms Transfers Database.

지는 합계 20대의 미그 29 및 미그 29S(MiG-29S)가 추정 57억 달러로 납입 되었다. 추정 20억 달러로 조달되었던 여섯 대의 수호이 30MK(Su-30MK) 가 2018년부터 배치되었다. 그것에 합쳐서 훈련기인 야코블레프 130(Yak-130)도 조달되고 있다.

이 밖에도 기술 분야의 장교를 중심으로 많은 사관들이 모스크바(Moskva) 에서 유학했다. 실제 수는 명확하지 않지만 1990년대 말부터 10년 동안 적어도 2500명이 모스크바에서 유학했다고 한다. 민생용 원자력 개발 계 획에 대해서도 양국 간에 추진이 되었지만(이것이 미얀마군의 핵개발 의혹을 초래함), 미얀마 측의 자금과 인재 부족으로 인해 좌절되었던 것으로 알려 졌다.

3. 수수방관하는 국제사회

2011년 2월 1일의 쿠데타로 인해 미얀마를 둘러싼 국제 환경이 크게 바 뀌었다. 군이 강변하고 있는 '비상사태선언'이라는 각본은 국내외에서 설 득력을 결여했다. 그 이후 시민들에 대한 탄압으로 미얀마군은 국제사회 에서 더욱 열세에 처하게 되었을 뿐만 아니라, 거의 이해하기 불가능한 존 재가 되어버린다.

미국, 영국, EU는 군에 대한 압력 외교를 전개했다. 쿠데타로부터 9일

후인 2월 10일에 조 바이든 미국 대통령이 회견을 통해서 미얀마군의 쿠데타를 비난하고 군 간부에 대한 제재와, 미얀마 정부의 재미(在美) 자산 10억 달러의 동결을 발표했다. 그 이후 군의 탄압이 격화됨에 따라 군 관계자는 물론이고 군 계통 기업 및 군 간부의 가족, 일부 국영기업(보석, 목재, 천연가스 관련 기업) 및 무기 거래와 관련되어 있는 정상(政商)으로 제재의 대상을 확대시켰다.

하지만 제재 외교에 동조하는 움직임은 구미라는 틀을 넘지 않았다. 그렇다면 미얀마군에 대한 국제 협조 아래에서 압력을 저지했던 벽은 무엇이었을까?

중국·러시아의 벽

국제 협조에는 중국·러시아의 벽이 가로막고 서 있었다. 중국에 대해서는 쿠데타 직후에 정변의 흑막이 아닌가 하는 추측이 흘러나왔는데 이미 살펴본 바와 같이, 아웅산수찌 정권 아래에서 양국의 관계가 강화되었기에 쿠데타를 바랄 이유는 없었다. 중국이 가장 바라지 않는 것은 미얀마의 불안정화와 불확실성이다. 쿠데타 이후의 혼란은 실로 불확실성이 높은 상황이며, 반중 감정이 고조되고 미얀마 내부에서 중국의 국익도 위협받았다. 쿠데타 직후에는 중국 정부가 미얀마군 측에 파이프라인을 보호해 줄 것을 요청했다고 한다.

그러나 가령 바람직하지 않은 상황이라고 하더라도, 내정불간섭이라는 대원칙을 바꾸는 일은 없다. 중국 자신이 구미로부터 '인권침해를 하고 있다'는 문제 제기를 받고 있으며, 최근에는 위구르(Uighur)족에 대한 제노사이드 의혹으로 격렬하게 비판을 받고 있다. 민주주의 및 인권을 방패로 삼아 압력을 가하는 자유주의권 국가들을 중국이 견제하는 모습은 유엔 등에서도 익숙하게 살펴볼 수 있는 광경이다. 그것은 미얀마에서 정변 이후에도 반복되고 있다.

러시아도 구미 국가들에 동조하지 않았다. 중국과 달리 러시아가 미얀마에서 갖고 있는 국익은 한정적이며, 또한 협력 관계가 있는 것은 오로지 군사 관련 분야이다. 군사정권이 계속된다면 당연히 무기 수입이 늘어난다. 고객에 해당하는 군을 옹호하려는 동기는 강하다. 아울러 역사가 이반 크라스테프(Ivan Krastev)[15] 등이 지적하고 있는 현대의 권위주의에 공통되는 이데올로기, 즉 '민주주의 사고방식에 대한 적의', '정치적 경쟁에 대한 전반적인 불신감', '자국의 정권 교체를 미국이 비밀리에 기도하고 있다는 확고한 신념'을 러시아 정부와 미얀마군은 공유하고 있다(クラステフ&ホームズ, 2021).

유엔의 한계

중국·러시아의 움직임은 유엔을 기능 마비 상태에 빠뜨렸다. 중국은 유엔의 핵심 조직인 안전보장이사회(안보리)가 쿠데타 직후에 천명하고자 했던 '비난 성명'에 반대했다. 국제적인 압력이 문제를 해결하는 것으로 연결되지 않는다는 점이 그 이유이다. 그것에 러시아도 보조를 맞추었다.

상임이사국 2개국이 반대하는 이상, 미얀마 위기에 대해서 유엔 안보리는 효과적인 방법을 마련할 수 없었다. 지금도 유엔 회원국에 의한 경제제재, 무기 금수 조치, 공중폭격을 방지하는 비행 제한 구역의 설정을 요구하는 목소리가 유엔 특별 보고자(special rapporteur)[16] 및 일부의 국가

---

15 1965년 불가리아에서 출생한 정치학자이며, 소피아(Sofia)에 위치해 있는 자유전략연구소(Centre for Liberal Strategies)의 소장이다. _옮긴이

16 2020년부터 미국의 전 하원 의원 토머스 앤드루스(Thomas Andrews)가 미얀마 인권 상황에 대한 유엔 특별 보고자를 맡고 있다. _옮긴이

들, 국제 인권 단체 등으로부터 주장되고 있지만 실현될 가능성은 낮다.

한편으로 유엔이 장점으로 삼아왔던 중재 외교도 또한 기능하지 못했다. 돌이켜보면 1990년대부터 미얀마의 정치 문제와 인권 문제의 조사 및 중개를 위해 유엔은 일곱 명의 전문가 및 특사를 임명해 왔다〔최초의 전문가는 1990년에 유엔인권위원회 '버마 인권 상황 전문가'로 임명된 오가타 사다코(緒方貞子) 전 일본국제협력기구(JICA)[17] 이사장〕. 2000년 이래 유엔 사무총장이 임명한 특사인 라잘리 이스마일(Razali Ismail)과 이브라힘 감바리(Ibrahim Gambari)도 군사정권 시대에 두드러진 성과를 올리지는 못했다.[18] 미얀마의 정치 외교를 전문으로 하는 저널 ≪이라와디≫가 미얀마를 '유엔 외교의 무덤'이라고 형용했을 정도였다.

로힝야 위기 이후에 미얀마 특사에 임명된 스위스인 크리스틴 버게너(Christine Burgener)[19]는 정변 이후에 관계자 간의 대화를 추진하기 위해 정력적으로 활동했지만, 거의 진전이 이루어지지 못한 상태에서 후임자인 싱가포르인 노엘린 헤이저(Noeleen Heyzer)[20]에게 그 역할을 넘겼다.

미얀마군과 유엔 사이의 관계 악화는 유엔 기관의 미얀마 국내에서의 활동에도 영향을 미치고 있다. 유엔은 군에게 중립적인 존재로는 간주되지 않고 있다.

---

17 그 전신은 1974년에 설립된 국제협력사업단(國際協力事業團)이고 2003년 10월에 현재의 명칭으로 변경되었다. _옮긴이

18 유엔 사무총장이 임명한 미얀마 특사의 기본적인 활동 내용에 대해서는 다음을 참조하기 바란다. Anna Magnusson and Morten B. Pedersen, *A Good Office? Twenty Years of UN Mediation in Myanmar*(International Peace Institute, 2012). _옮긴이

19 임기는 2018년 4월부터 2021년 10월이다. _옮긴이

20 임기는 2021년 10월 25일부터이다. _옮긴이

공작[21]의 한계

압력 외교와는 다른 접근법을 취했던 것이 미얀마를 포함해 동남아시아 10개국이 만든 아세안이다. 아세안은 정변 직후부터 군과 접촉하며 사태의 타개를 도모했다.

군이 임명한 미얀마의 외교 장관과 최초로 접촉한 것은 인도네시아의 레트노 마르수디(Retno Marsudi) 외교 장관이었다. 구미 및 유엔이 비난과 압력을 가하는 가운데 군에 대해 직접적인 공작을 시도해 보았다. 2021년 4월 24일에는 인도네시아가 주도해 자카르타(Jakarta)에서 아세안 긴급 지도자 회의가 개최되었다. 민아웅흘라잉도 참석했다. 쿠데타 이후 최초의 외유였다. 당시에 민아웅흘라잉을 아세안의 정식 회의에 초대하는 데는 강한 반발이 있기도 했지만, 인도네시아의 조코 위도도(Joko Widodo) 대통령의 뜻도 있었기에 아세안은 미얀마군과의 직접 대화에 나섰던 것이다.

아세안 본부의 회의장에 늘어서 있는 소파에 각국의 지도자가 걸터앉아 있었는데, 민아웅흘라잉은 참석자들에게 낱장 인쇄물을 배포하며 30분 이상에 걸쳐 비상사태선언의 정당성을 호소했다.

이 회담의 성과로서 '다섯 가지 컨센서스'가 발표되었다. 그 내용은 다음과 같다.

① 폭력의 즉시 중지와 전체 당사자가 최대한 자제한다는 것
② 모든 관계 당사자 간의 건설적인 대화의 개시
③ 아세안 의장국의 특사에 의한 '대화 프로세스' 조정의 촉진
④ 아세안 재난관리 인도적 조정센터(AHA Centre)[22]를 통한 인도적 지원

---

21 여기에서 공작(働きかけ)이란 '영향을 미쳐서 상대방의 행동을 변화시키는 것'을 의미한다. _옮긴이

⑤ 특사 및 대표국이 미얀마를 방문할 때 모든 관계 당사자와 면회하
　 는 것

　여기에서는 두 가지 사항에 대해서 언급이 회피되고 있다. 하나는 아웅
산수찌 등 군에 의해 구속되어 있는 사람들의 석방이다. 또 하나는 민주
적인 체제로의 복귀이다. 구속자들의 석방에 대해서는 회담 중에 민아웅
흘라잉이 심하게 저항 세력을 비난했기 때문에 의장 성명을 통해서 언급
하는 데 그쳤다고 한다.

　미얀마군에 다가서는 자세에 비판하는 목소리도 제기되었지만, 이러한
회담의 개최 자체가 이례적인 일이기에 내정불간섭과 만장일치를 원칙으
로 하는 아세안으로서는 어떤 성과를 보여주기 위해서 타협하지 않을 수
없었을 것으로 여겨진다.

　아세안 차원에서 보조를 함께 맞추었음에도 불구하고, 관여의 시도는
일찍부터 막다른 골목에 봉착하게 된다. 최대 원인은 미얀마군이 이행을
뒤로 미루며 제대로 실행하지 않았기 때문이다. 아세안 지도자 회의가 끝
나고 겨우 2일 후에 국영 신문에서 국내 정세를 안정시킨 후에 아세안의
제안을 주의 깊게 고려한다고 미얀마군이 발표했다. 이행의 주도권을 장
악하고자 했던 것이다. 그 이후 합의 내용에 포함되어 있던 아세안 특사
의 활동에 대해서도 아웅산수찌의 면회에 미얀마군이 난색을 표시하는
등, 협력 자세가 결여되었다.

　이에 대해서 아세안도 강한 태도로 나온다. 2021년 10월 중반에는 아세
안 임시 외교 장관 회의가 온라인 형태로 개최되어, 아세안 지도자 회의에

22　전체 명칭은 ASEAN Coordinating Centre for Humanitarian Assistance on Disaster Manage-
　　ment이다. _옮긴이

민아웅흘라잉이 출석하는 것을 인정하지 않기로 결정했다. 이 결정은 브루나이, 말레이시아, 인도네시아, 싱가포르가 강하게 요구했던 것으로 전해진다. 군 관계자와 군사정권 관계자를 아세안의 고위급 회의에서 쫓아낸다는 이례적인 조치였다.

축출을 요구했던 국가들의 이름을 살펴보면 알 수 있는 것은, 아세안의 중재 외교를 어렵게 만드는 아세안 국가들 내부의 균열이다. 동남아시아의 대륙부에 있는 태국, 캄보이다, 라오스, 베트남과 해양부(海洋部)에 있는 국가들인 인도네시아, 말레이시아, 싱가포르, 필리핀, 브루나이에는 미얀마 위기에 대한 대응과 관련해 '온도 차이'가 존재한다.

이웃 나라 태국은 약 2400km의 국경을 접하고 있으며 미얀마로부터 천연가스를 수입하고 있다. 베트남은 군 계통 기업이 미얀마의 통신사업에 투자하고 있다. 양국 모두 미얀마군과의 관계 악화를 피하고자 할 것임이 분명하다. 캄보디아, 라오스는 애당초 미얀마와 관련해 국익을 갖고 있지 않을 뿐만 아니라, 또한 인권 및 민주주의를 촉진하는 것에도 소극적이다. 그러한 국가들과 비교해 보면 민주주의가 규범으로서 정착되어 있는(실제로 정착되고 있는지 여부에 대해서는 여러 논의가 있지만) 국가가 많은 해양부 국가들이 미얀마에 대한 태도도 더욱 강경하다. 이러한 아세안 내부에서의 온도 차이가 향후 미얀마에 대한 공작[23]을 더욱 어렵게 만들 것이다.

또 한 가지 이해해 둘 필요가 있는 것은 아세안이 2000년대 중반부터 그 역할을 확대해 왔다는 점이다. 2008년에 아세안 헌장이 발효되고 2015년에는 아세안 경제공동체[24]가 설립되었다. 역내에서 추진되는 제도화가

---

23 미얀마의 태도를 바꾸도록 만들기 위한 공작을 지칭한다. _옮긴이

역외 국가들을 향한 교섭력을 생겨나게 만들었다. 국제사회에서 발언권을 갖고 있지 못한 국가가 많은 동남아시아 국가들에게 있어서도 아세안은 일종의 '레버리지', 즉 대국과 교섭하는 데 외교 수단이 되었다(大庭三枝, 2014; 白石隆, 2016). 그런데 미얀마 위기는 이러한 아세안의 기능이 확대되고 있는 흐름에 찬물을 끼얹었다. 그럼에도 당초에 융화 노선으로 미얀마군과의 대화를 중시했음에도 불구하고, 합의 사항을 전혀 이행하지 않는 미얀마군에 대해서 아세안 국가들의 반발은 강해졌다. 이것은 당연한 일이라고 할 수 있다.

변화하는 제재

그렇다면 아세안의 공작이 난관에 봉착하게 될 경우에 '국제사회의 설득에 의한 압력 외교가 더욱 강해지는가' 하면 그렇지는 않다. 애당초 제재의 의미가 과거와는 달라지고 있다.

미국, 영국, EU 등이 미얀마에 대해서 부과하고 있는 제재는 표적 제재(targeted sanction)라고 불리는 것으로, 특정 인물 또는 그 가족, 정부 기관, 기업 등을 타깃으로 삼아 비자 발급 중지 및 자산동결, 거래 금지 등의 조치를 부과하는 것이다. 대상이 한정적이기 때문에 실제로 미치는 피해는 크지 않다. 그렇다면 효과를 제고시키기 위해 '제재의 강도를 올리면 좋을 것이다'는 것이 솔직한 반응이지만, 거기에는 '제재의 딜레마'가 있다.

개리 허프바워(Gary Hufbauer) 등의 대표적인 연구에 따르면, 1914년 영국에 의한 독일에 대한 제재부터 2000년 미국에 의한 에콰도르에 대한 제재까지 174개의 국제적 재재 중에서 부분적이더라도 목표 달성에 제재가

---

24 영어로는 ASEAN Economic Community(AEC)라고 표기되며, 2015년 12월 31일 정식으로 출범되었다. _옮긴이

공헌한 사례는 34%였다(Hufbauer et al., 2009). 해당 저자들이 '온건한 정책 변경'이라고 부르는 한정적인 변화를 촉진하기 위한 제재에서는 51%가 성공했던 한편, 민주화와 같은 체제 변혁(regime change) 또는 군사행동의 억제에서는 각각 31%와 21%로 성공률이 낮았다.

효과가 약하더라도 폭력에 의한 민주주의의 파괴에 침묵하지 않기 위해서 국제사회로부터 불승인의 시그널을 보내야 한다는 사고방식도 있다. 하지만 이제까지의 제재에 대한 식견에서 또 한 가지 중요한 것은 수출입 금지 및 금융 제재 등의 포괄적인 제재가 초래하는 커다란 폐해이다. 이것은 이라크에 대한 제재가 국제사회에 큰 교훈을 제공해 주었다.

1990년 이라크가 쿠웨이트를 침공한 직후에 유엔 안보리 결의 제611호에 의해 이라크에 전면적인 경제제재가 부과되었고, 그 이듬해에는 다국적군에 의한 군사개입이 있었다. 종전 이후에 사담 후세인(Saddam Hussein) 정권이 대량 파괴 무기[25]에 대한 사찰 및 폐기를 합의했지만 그 의무를 제대로 이행하지 않고 제재가 계속된 결과, 이라크의 국내총생산은 약 절반까지 하락했다. 그 결과, 이라크 국민들의 생활은 곤궁해지게 된다.

제재는 목적이 커질수록 달성이 어려워지며, 게다가 일반 시민 및 약한 집단에게 피해가 편중된다. 다양하게 '빠져나갈 수 있는 방도'를 확보할 수 있는 엘리트는 오히려 안전하고 태평하다. 이것을 '제재의 딜레마'라고 부른다. '제재의 딜레마'에 직면해 생겨났던 것이 '스마트 제재'라고 일컬어지는 것이며 표적 제재도 그중 일부이다.

'스마트 제재'는 제재의 부차적인 인도적 피해를 피하면서 행동을 바꾸지 않는 정부 간부 및 지배층에게 핀 포인트로 압력을 가하는 것을 목적으

---

25 영어로는 Weapons of Mass Destruction(WMD)이며, '대량 살상 무기'라고도 표기된다. _
     옮긴이

로 삼고 있다. 표적을 정하고 금융 제재, 자산동결, 입국 금지 등의 조치를 부과한다. 공인뿐만 아니라 그 가족이 리스트에 들어가기도 한다. 또는 사치품의 수출을 금지하거나 무기 수출을 금지하는 등 지배층 또는 그 지지자들에게 타격을 주는 수단이기도 하다.

표적 제재라면 확실히 일반 시민의 피해는 억지될지도 모르지만, 역시 밀무역 등 '빠져나가는 길'을 방지하는 것은 어렵다. 하물며 미얀마다. 구미 국가들과의 경제 관계가 애당초 옅으며, 과거 군사정권 시대에 효과가 없었던 제재를 장기간 계속해 일반 시민만이 실제적인 피해를 입었던 사실이 있다. 그렇지 않아도 경제 정체 및 분쟁으로 시민들의 생활은 고통스러운 상황에 빠지는 중임에도, 강력한 제재는 힘없는 그들에게 재차 타격을 가하게 될 것이다.

그렇게 된다면 실체적인 효과가 약한 표적 제재를 통해 민주적인 정권으로의 복귀, 즉 체제 변혁을 요구하게 될 것인데, 이것은 수단과 목적의 균형을 명백히 결여하고 있다. 정권에서 물러나는 것은 군에게 자살과 같은 것이다. 자살을 조건으로 삼는 거래는 일반적으로 성립되지 않는다.

4. 일본과 미얀마

독자적인 역할
정변 발생 이후 일본 정부의 자세에 문제 제기가 이루어졌다.
쿠데타가 일어난 당일에 행해진 일본의 '외교 장관[26] 담화'에서는 군이

---

26 일본의 외교 장관은 공식적으로 외무 대신(外務大臣) 또는 외상(外相)으로 표기된다. _옮긴이

발표한 비상사태선언에 중대한 우려를 표명하고 아웅산수찌 등의 석방을 요구하는 것과 함께, 민주적인 정치체제로의 조기 회복을 요구했다.

≪아사히신문(朝日新聞)≫에 따르면, 쿠데타 직후에 일본은 미얀마군과의 이제까지의 관계를 활용해 아웅산수찌를 석방시키고 군과의 대화를 촉구하는 것을 지향했다고 한다(≪朝日新聞≫, 2021). 그런데 이러한 전망은 안이했다. 쿠데타에 한정되는 것은 아니지만, 폭력적인 분쟁은 대립의 결과이지 그 계기가 아니다. 쿠데타가 발생한 때로부터 수일 만에 양자가 대화의 테이블에 함께 앉을 수 있다고 한다면, 폭력적인 권력 탈취로까지 대립이 격화되는 일은 없었을 것이다.

2월 10일 모테기 도시미쓰(茂木敏充)[27] 일본 외교 장관은 앤서니 블링컨(Antony Blinken)[28] 미국 국무장관과 전화를 통해 협의하고 일본의 기본 방침이 되는 다음과 같은 세 가지 요구 사항을 확정한다. 즉, ① 민간인에 대한 폭력적인 대응의 중단, ② 구속된 관계자들의 석방, ③ 민주적인 정치체제로의 조기 회복이다.

이러한 요구 수준은 결코 낮은 것이 아니다. 그중에서도 쿠데타의 목적이 아웅산수찌를 배제하는 것에 있었다는 점을 고려해 보면, 구속된 관계자들의 석방은 군이 간단하게 수용할 수 있는 것이 아니었다. 하지만 일본 국내로부터는 비판의 목소리가 있었다. 'ODA를 즉각 중지해야 한다', 또는 '구미와 보조를 맞추며 제재를 부과해야 한다'는 등의 목소리가 군에 의한 시민들에 대한 탄압이 격렬해짐에 따라 강해졌다. 그중에서도 군 계통 기업이 연결되어 있는 사업에 대한 투자 및 융자, 일본 방위대학교(防

---

27 2019년 9월 11일부터 2021년 11월 4일까지 일본의 외교 장관을 역임했다. _옮긴이

28 유대인 출신이며, 그의 할아버지는 우크라이나 키이우(Kyiv)에서 출생했고 그의 아버지는 주헝가리 미국 대사를 역임한 바 있다. _옮긴이

衛大學校) 등에서의 장교 훈련을 포함한 방위 협력, 그리고 민생과 군사의 '군민 양용(dual use)' 제품의 제공이 비판의 과녁이 되었다. 인권 단체로부터는 민정 이양 이후의 일본 정부에 의한 지원 확대 자체가 문제였다는 비판도 제기되었다.

그럼에도 일본 정부는 신규 ODA 안건은 중단했지만 기존 안건은 중지하지 않았으며, 일본의 독자적인 역할을 수행한다는 방침을 바꾸지 않았다.

파이프란 무엇인가?

언론 보도에서는 일본이 갖고 있는 군과의 '파이프'라는 용어도 사용되었다. '파이프'란 민아웅흘라잉 장군과 개인적으로 친밀한 인물을 지칭하며, 이 일본의 '파이프'가 군의 행동을 바꾸게 만들 것이라는 기대, 또는 거꾸로 이 '파이프'가 미얀마군을 밑받침하고 있는 듯한 이야기도 확산되었다. 파이프란 구체적으로는 전 중의원(衆議院) 의원이자 일본미얀마협회 회장인 와타나베 히데오(渡邊秀央), 일본재단(日本財團) 회장이자 미얀마 국민화해 담당 일본 정부의 대표이기도 한 사사카와 요헤이(笹川陽平), 주미얀마 일본 대사 마루야마 이치로(丸山市郎)[29] 등의 세 명을 지칭한다.

와타나베 히데오는 중의원 의원, 참의원(參議院) 의원으로 장기간 '일본·미얀마 우호 의원연맹'의 일원으로 활동해 왔으며, 1987년 관방 부장관(官房副長官)으로 재직하던 시기에는 과거 비서로 보좌했던 나카소네 야스히로(中曾根康弘)로부터 미얀마를 지원하는 임무에 대한 하명을 받았다. 군사정권 시대의 미얀마를 방문했을 때에 당시 북동부에 있는 샨주에서 군관구 사령관이었던 테인세인과 서로 알고 지내게 된다. 외국인 의원이

---

29 2018년 3월 29일부터 주미얀마 일본 대사를 맡고 있다. _옮긴이

미얀마의 지방을 방문하러 오는 것 등은 무엇보다 존재하지 않았던 시대의 일이다. 물론 환대를 받았다고 한다. 그 테인세인이 대통령에 취임하게 됨으로써, 와타나베 히데오는 정권과 친밀한 관계를 구축해 가게 된다. 민아웅흘라잉과도 최고사령관 취임 이후부터 교류를 심화시켜 나아갔다.

와타나베 히데오는 1996년에 자민당(自民黨)을 탈당하고 나중에 자유당 의원으로서 민주당 설립에 관여했기 때문에, 자민당에도 민주당에도 폭넓은 인맥을 갖고 있었다. 그 힘을 활용해 미얀마에서 민정 이양 시기의 노다[30] 정권, 그 이후 아베[31] 정권 시기에 대미얀마 정책 전환 시에 영향력을 발휘했다. 일본이 주도해 양곤 교외에서 추진했던 틸라와 경제특구 개발에서는 미얀마 정부와의 교섭, 일본 정부 내부의 조정에서 와타나베 히데오의 힘이 유감없이 발휘되었다고 한다.

틸라와 경제특구의 개소식에 참석했던 것은 당시 부총리 겸 재무 장관이었던 아소 다로(麻生太郎)이다. 아소 다로는 와타나베 히데오 전 중의원 의원의 1기 후배로서 깊은 관계를 맺고 있었으며, 자민당 정권하에서 미얀마 지원을 밑받침했던 인물들 중의 한 명이다. 정변 이후 아소 다로는 G7 재무 장관 회의 중에서의 2개국 간 회담에서 "(일본에는) 와타나베라고 하는 남자가 있다. 미얀마 정책은 일본에게 맡겨두면 된다"라고 발언했다고 한다(≪朝日新聞≫, 2021.8.23).

또 하나의 '파이프'인 사사카와 요헤이가 회장을 맡고 있는 일본재단과

---

30 노다 요시히코(野田佳彦)를 지칭하며, 2011년 9월 2일부터 2012년 12월 26일까지 총리를 지냈다. _옮긴이

31 아베 신조(安倍晋三)를 지칭하며, 노다 요시히코 내각 이후에 2012년 12월 26일부터 2020년 9월 16일까지 총리를 지냈다. _옮긴이

미얀마 간의 관계는 1970년대로 소급된다. 일본재단이 주력하고 있는 한센병 대책이 최초였다. 사사카와 요헤이 본인이 샨주에서 학교 건설을 계기로 미얀마와 관계를 맺고, 미얀마의 어려운 현실에 개인적으로 관심을 갖게 되었다. 개인적인 열의이기 때문에 사사카와 요헤이의 활동은 인도 지원을 초월해 군사정권 지도자와의 접촉으로도 발전한다. 군사정권의 지도자 탄슈웨와의 만남은 두 차례 이루어졌다. 첫 번째는 하시모토 류타로(橋本龍太郎), 두 번째는 모리 요시로(森喜朗)라는 총리 경험자와 함께 양곤에서 회합을 가졌다. 회합을 하기 전에 미국으로부터 중지하라는 요청도 있었다고 하는데, 민간인의 교류라고 말하며 강행했다.

민정 이양 이후에 일본재단에 의한 미얀마에 대한 인도 지원은 확대되었다. 일반 민중(grass roots)을 중시하는 본래의 접근법에 더해, 사사카와 요헤이는 미얀마군과의 관계, 그리고 화평 교섭에 관여를 시도했다. 구체적으로는 '일본·미얀마 장교급 교류 프로그램'을 통해 매년 10명 정도의 최고 간부 장교를 일본에 초청하고 자위대와의 교류를 촉진시켰다. 문민통제를 이해하도록 만드는 것이 목적이었으며, 이것은 중국인민해방군과의 사이에서 과거에 행해졌던 마찬가지의 교류를 미얀마군과의 사이에서 시행한 것이었다.

소수민족 무장 세력과의 전국정전합의(NCA) 교섭에도 사사카와 요헤이는 관여했다. 교섭을 밑받침했던 미얀마화평센터(MPC)의 시설을 건설하고 교섭에 소요되는 여비를 지원하는 것 등의 형태로 측면에서 지원했다. 일본 정부도 장기간의 인도 지원, 그리고 군과의 관계, 아울러 일본 정계에도 폭넓게 네트워크가 있는 사사카와 요헤이를 의지했다. 2013년 2월에는 '미얀마 국민 화해에 관해 관계국 정부 등과 교섭하기 위한 일본 정부 대표'에 취임했다. 민아웅흘라잉으로부터도 신뢰를 받았으며, 최고사령관이 회담 중에 메모를 하는 극소수의 인물들 중에 한 명으로서 그의 이름은 미얀마에서도 알려져 있다.

와타나베 히데오와 사사카와 요헤이가 미얀마군과 가깝고 동시에 아시아주의적인 지향을 느끼게 만드는 한편으로, 마루야마 이치로는 아웅산수찌와도 친밀한 것으로 알려져 있는 '직업 외교관'이다. 버마어를 전문적으로 구사하는 외교관으로 현지에서 장기간 주재해 왔던 경험이 있으며 그 사이에 미얀마 정계 및 재계에 폭넓은 인맥을 구축했다. 군사정권과도 민주화 세력과도 교류가 있는 일본의 미얀마 외교를 체현하고 있는 인물이라고 할 수 있다. 그 능력을 높이 평가받아 2018년에 주미얀마 일본 대사로 취임한다.

이 세 사람은 확실히 미얀마군 최고사령관과 접촉할 수 있는 인물이다. 절대적인 권력을 장악하고 있는 미얀마군 최고사령관 등 간부 장교들과 연결 고리를 갖고 있다는 것은 일본과 미얀마군 사이의 '파이프'로 표현될 수 있을지도 모른다. 다만 그것과 군의 행동을 바꿀 수 있을지 여부는 또 다른 이야기이다. 심각한 대립을 내포하고 있는 군과 저항 세력 사이에 들어가 양자의 화해를 촉진시키는 사람은 지금 세계 어디에도 존재하지 않는다. 또한 이러한 '파이프'가 일본의 대미얀마 원조를 주도하고 있는 것처럼 간주되는 것은 단적으로 말해서 잘못된 것이라고 할 수 있다. '파이프'가 수행해 왔던 역할은 신중하게 검토되어야 하겠지만 과대평가해서는 안 된다.

미얀마에 대한 지원의 본질

그렇다면 '일본과 미얀마의 관계'의 본질은 무엇일까?

일본과 미얀마 사이의 외교 관계는 1954년에 체결되어 그 이듬해에 발효된 '평화조약'과 '배상 및 경제협력에 관한 협정'(전후 배상 협정)을 계기로 시작되었다. 당시는 아직 일본 패전으로부터 10년도 되지 않았던 시기였다. 격전지였던 미얀마에 종군했던 사람도 많이 있었던 시대였다. 일본어로 비루메로(버마에 맥을 못 춘다는 뜻)라고 불리는 것처럼, 미얀마에 특별한 애정을 지닌 사람들도 일본의 정계 및 재계에 적지 않았다.

이러한 '애정'에 반해서, 미얀마는 일본이 지원하고 싶어도 좀처럼 지원을 할 수 없는 국가였다. 〈그림 6-3〉은 일본이 미얀마에 대해 제공한 지원의 추이를 보여주고 있다. 전후 배상 협정의 체결로부터 얼마 되지 않은 1962년에 미얀마가 쇄국 조치를 취한 이후, 원조가 정체되었다는 것을 알 수 있다. 그 이후 1970년대 말부터 대외 원조의 수용을 주도했던 것은 일본이었다. 1976년 11월에 '대버마 원조국 회의'를 도쿄에서 개최하고 각국의 정책 조정을 도모했으며, 그 이후 미얀마에 대한 일본의 지원은 1976년 7100만 달러에서 1988년에는 약 여섯 배의 4억 5100만 달러로 확대되었다(工藤年博, 1993). 당시에 사회주의 정책이 실패했던 미얀마에게 있어서 중요한 지원이었다.

그런데 1988년의 쿠데타로 신규 안건은 원칙적으로 보류되었으며 원조 액수는 격감한다. 그 이후 아웅산수찌가 연금 상태로부터 석방되는 등, 전향적인 움직임이 전개되자 국민에게 직접 도움이 되는 기초적인 안건에 대해서는 지원을 재개했으며, 2002년에는 채권의 일부 포기도 행해졌다. 하지만 2003년 '데페인 사건' 이후에 아웅산수찌가 다시 연금 상태에 처하게 되자, 지원은 일시 중단되었고 신규 안건도 보류되었다. 원조 액수는 감소했고 긴급 인도 지원 또는 인재 육성 사업, 아세안 국가들을 대상으로 하는 원조 중 일부만이 이루어지게 되었다.

이로부터 알 수 있는 것은 미국의 의향이라는 틀 속에서 일본이 원조를 확대시키는 것은 어려웠다. '비루메로'가 2000년대보다도 훨씬 많이 일본의 정계 및 재계에 있었던 시대에도 그러한 정서적인 연계가 수행한 역할은 한정되어 있었으며, 일본의 '독자적인 외교'라고 할 수 있을 정도는 아

<그림 6-3>   **일본이 미얀마에 제공한 ODA의 추이**

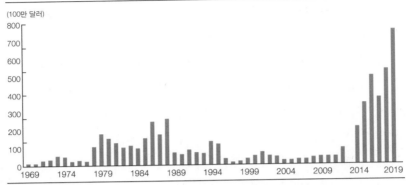

주: 2013년은 채무 처리로 인해 원조 액수가 25억 달러를 넘기 때문에 여기에서는 기록하지 않았다.
자료: OECD DAC의 International Development Statistics를 토대로 필자가 작성함.

니었다.

이미 살펴본 바와 같이, 민정 이양이 이루어진 이후에 원조가 확대된 계기도 역시 미국이었다. 미얀마와 미국 사이의 관계가 해빙되는 가운데, 민주당 정권하의 일본 정부에서는 센고쿠 요시토(仙谷由人)[32] 관방 장관이 기수 역할을 하게 되었고 테인세인의 개혁을 지원하는 체제 만들기가 추진되었다. 군사정권 아래에서도 철수하지 않고 인맥을 유지했던 일본의 강점이 활용된다. 일본 정부는 그렇게 일을 추진했다.

'버스에 늦게 탑승하면 안 된다'라는 말이 당시에 흔히 사용되었던 것이 기억난다. 미얀마를 향해 진출을 서두르는 분위기가 세계에서도 일본에서도 조성되었다.

일본 정부에게도 베트남 다음으로 지원을 제공할 곳으로서 미얀마가

---

32   간 나오토(菅直人) 내각에서 2010년 6월 8일부터 2011년 1월 14일까지 관방 장관을 맡았다. _옮긴이

바람직했기 때문이다. 미얀마는 일본 기업의 새로운 진출 장소가 될 수 있는 경제적 잠재력을 갖고 있었다. 중국의 발전과 정정(政情, 정치 정세)으로 인해 동남아시아로 거점을 이동하는 기업이 증가하는 가운데, 미얀마는 실로 프런티어였다. 동아시아에 확대되는 제조업을 중심으로 한 생산 네트워크에 미얀마를 편입시키고 아울러 1990년대부터 계속해서 동남아시아 대륙부의 연결성을 제고시키는 경제회랑을 건설하는 데 있어서, 미얀마는 장기간 잃어버린 상태에 있었던 '하나의 조각'이었다.

그래서 일본 정부는 2013년 1월에 엔 차관 채무를 일시적으로 탕감시켜 차환해 주고 나머지 채무 및 이자 등은 면제해 주고 미얀마가 안고 있었던 합계 약 3000억 엔의 누적 채무 문제를 해소시켜 주었으며, 그 이후에 지원을 제공해 주는 길을 열었다. 5월에는 아베 신조 총리가 일본 총리로서는 36년 만에 미얀마를 공식 방문해 910억 엔 규모의 자금 협력을 약속했다. 같은 해 12월에 열린 양국 정상회담에서는 총액 632억 엔의 인프라 개발을 중심으로 하는 네 개의 엔 차관 관련 안건을 제시한다. 속도감이 느껴지는 원조의 재개였다.

차질이 발생하다

민정 이양이 이루어진 이후에 대폭 증가했던 원조에 더욱 탄력이 붙은 것은 아웅산수찌 정권이 발족하게 된 일이었다. 2016년 11월 도쿄에서 아베 신조 총리와 아웅산수찌 국가고문이 회담을 하고 경제 발전, 국민 화해 및 도시와 지방의 균형 있는 발전의 실현을 위한 노력을 지원한다는 것이 표명되었다. 관민을 합쳐 향후 5년간 8000억 엔의 지원을 제공한다는 대규모의 지원이었다. 2019년에는 원조 총액이 15억 달러가 넘었다. 그 규모는 같은 해의 엔 차관을 공여한 상대국들 중에서 네 번째에 해당하는 액수였다.

쿠데타는 한 단계 더 나아간 지원 확대에 대한 전망이 바야흐로 이루어지고 있던 때에 일어났다. 10년간 이루어져왔던 일본의 지원에 대한 일종의 배신행위라고 할 수 있다. 이에 대해서 분노하는 관계자들도 많다. 하지만 일본은 구미와 협조하며 군에 제재를 부과하는 것과 같은 접근법은 선택하지 않았다. ODA에 대해서도 기존 사업은 일부를 제외하고 계속적으로 진행하고 있다. 미얀마군에 대한 '세 가지 요청'의 장벽은 높으며 군의 정권 장악을 인정하고 있지는 않지만, '독자적인 역할'을 수행한다고 말하면서도 일본의 움직임은 여전히 둔탁하다. 그렇다면 어떻게 해야 할까? 이에 대해서는 종장에서 고찰해 보도록 하겠다.

종장

망각된 분쟁국이 될 것인가

왜 이와 같은 일이 벌어지게 되었을까?

누구라도 고개를 갸웃하는 미얀마의 정변과 그 이후 혼란의 원인을 찾아내기 위해 주로 1988년 이래 현대사를 묘사하는 것이 이 책의 목적이었다. 결론에 해당하는 이 장에서는 우선 향후 행방에 대해서 간단한 시나리오를 제시해 보도록 하겠다. 그 위에 미얀마라는 국가가 안고 있는 근본적인 난제에 대해서 다소 추상화해 논한다. 그리고 마지막으로 '일본의 미얀마 정책'의 존재 양식을 검토해 보고자 한다.

1. 미얀마의 행방

미얀마라는 국가는 앞으로 어떻게 될 것인가?

장래를 좌우하는 것은 군, 그리고 그 수장인 민아웅흘라잉이다. 우리가 좋든 싫든 관계없이 실효 지배라는 점에서는 우위에 서 있는 군의 동향이 미얀마의 행방을 좌우한다. 따라서 군의 출구 전략이 어느 정도 실현될 것인가, 그리고 각종 요인으로 앞으로 어떻게 될 것인가 하는 점으로부터 향후의 행방을 고려하는 것이 필요해질 것이다.

세 가지 시나리오

〈그림 7-1〉은 향후의 세 가지 시나리오를 제시하고 있다. 해당 그림은 군과 저항 세력(민주화 세력), 각각이 바라는 결과가 되지 않는다는 전제 아래에서 작성된 것이다. 즉, '군이 바라는 것처럼 저항 세력이 근절된 사회가 되지 않으며', 한편으로 '저항 세력이 바라는 혁명도 또한 일어나지 않는다'는 것이다.

분기점은 다음과 같이 크게 두 개가 있다. 우선 2023년 8월까지 군이 구상했던 대로 총선거를 마치고 '새로운 정권'을 수립할 수 있는가 여부이다. 또 하나는 군과 저항 세력 간에 대화가 시작될 것인가 여부이다. 시나리오대로 되는 일은 없겠지만, 장래를 예상하는 데 있어서 일종의 실마리가 될 수 있을 것이다.

(1) 친군사정권의 성립

우선 군이 친군사정권의 발족까지 실현하는 시나리오이다. 군이 폭력적인 저항을 억누름으로써 실효 지배가 더욱 안정되고 2023년 8월까지 선거가 실시된다. 물론 NLD의 참가자는 인정되지 않는다. 그때까지 아웅산수찌 등 NLD 전 간부들에게는 유죄 판결이 확정되고 공민권이 박탈된다. 기타 민주화 세력 지도자들은 투옥되거나 연금 상태에 처해지거나 지명수배를 받게 된다. 그러한 가운데 선거가 실시되기 때문에 참가하는 정당은 군의 의향을 헤아리는 세력뿐일 것이다.

선거에 유권자가 투표하러 갈 것인가 하는 문제는 남아 있지만(선거에 실패한다면 군사정권이 계속됨), 그것마저 해결(clear)된다면 선거 결과에 따라서 새로운 정권에 권한이 위양된다. 이양할 곳으로 군이 상정하고 있는

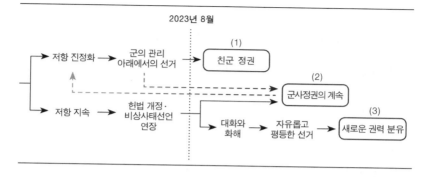

것은 전 여당 USDP일 것이다. 다만 USDP의 간부가 전 군인이라고는 하더라도 현재의 군 간부로부터 본다면 현역 시대의 지위라는 점에서 격이 떨어진다(테인세인은 이미 은퇴했다). 또한 최고사령관이 대통령에 취임하기를 바라고 있다는 점도 모두 알고 있다. 그렇게 되면, 정권당(집권당)으로부터 '요청'을 받아 민아웅흘라잉이 군 최고사령관에서 퇴임하는 것을 '결단'하고 대통령이 될 가능성이 높다. 그렇게 된다면 군은 새로운 세대에게 맡겨진다.

저항 세력과의 대화 및 화해를 거치지 않고 정권을 이양한다면 통치에 대한 방해를 군이 방지할 수 없다. 정부에 대한 일반 시민의 신뢰도 회복되지 않으며, 사회에 대한 공공서비스의 제공이라는 정부의 역할을 충분히 수행할 수도 없을 것이다. 그럼에도 새로운 정권과 군은 강경 노선을 유지하면서 저항 세력에 대해서 복종하도록 압박할 것이다. 그 결과, 경우에 따라서는 나중에 새로운 권력 분유 체제가 생겨날지도 모른다.

아웅산수찌 정권의 간부도 구속된 상태에 계속 처해 있는 가운데 탄압을 행한 최고 책임자가 중심이 되는 정권이 탄생하는 것이기 때문에, 일본을 포함한 자유주의권의 국가들이 승인하는 것은 불가능할 것이다. 원조 및 민간 기업에 의한 투자가 계속해서 감소하는 사태는 피할 수 없을 것이며, 경제의 회복에 대한 기대감도 사그라진다. 한편으로 중국 및 인도, 일부 아세안 국가들은 주요한 지역을 실효 지배하는 군 주도의 '새로운 정권'을 지지하는 것이 현실적이라고 판단하고 관계를 정상화시킬 가능성이 있다.

(2) 군사정권의 지속

두 번째의 시나리오는 선거가 실시되지 못하는 상황에서 군사정권이 계속되는 것이다.

저항 세력의 활동이 수습되지 않고 투표소의 안전을 확보할 수 없거나, 투표소의 안전을 확보하는 것이 가능하다고 하더라도 투표를 포기하는 유권자가 다수 있을 가능성이 높다고 한다면, 군은 선거의 실시를 단념하게 된다. 이 '위기'를 극복하기 위해서는 군의 통치가 필요하다고 주장하고 현재 최대 2년 동안으로 정해져 있는 비상사태선언의 시한을 국가통치평의회(SAC)에 의한 헌법 개정 등을 통해서 그 기간을 연장할 수 있다.[1]

이렇게 된다면 1990년 선거 이후의 재현, 즉 정통성을 결여한 군사정권이 된다. SAC의 의장인 민아웅흘라잉에게 극단적으로 권한이 집중된 상태가 계속된다. 탄압은 강화되지만 그럼에도 통치는 안정되지 못하며, 정부 기능은 낮은 상태에 머물게 될 것이다. 정세의 불확실성으로 인해 해외직접투자가 정체된다. 재정이 악화되고 국제수지도 적자가 되며 통화(짯) 가치의 하락, 외화 부족, 물가 상승이 갈수록 진행된다. 경제 불안과 정

---

[1] 쿠데타가 발생한 지 2년째가 되는 2023년 2월 1일 미얀마군은 국가비상사태를 6개월 더 연장한다고 발표했다("Myanmar's state of emergency extended by six months," *The Strait Times*, February 2, 2023). _옮긴이

치 운동이 연동되기 때문에 '반군사정권 시위'가 확대되는 사례가 있을지도 모른다. 각종 위기가 연쇄될 위험성이 계속될 것으로 여겨진다.

만약 저항 세력의 기세가 쇠퇴하게 된다면[〈그림 7-1〉에서 (2)에서 시작되는 점선의 화살표], 군이 관리하는 아래에서 선거가 실시되고 새로운 정권으로의 이행이 실현될지도 모른다. 물론 성립되는 정권은 친군사정권일 것이며, 급진적인 저항 세력은 정치과정으로부터 배제된다.

(3) 새로운 권력 분유

세 번째의 시나리오는 군과 저항 세력 간에 대화와 화해가 성립되는 것이다.

이 시나리오가 실현되기 위해서는 국민통합정부(NUG)와 인민방위군(PDF), 일부 소수민족 무장 세력의 저항과 외교 압력이 효과적으로 군의 행동을 바꾸는 것이 필요하다. 동시에 NUG를 포함한 저항 세력도 자신의 요구 수준을 낮추지 않으면 안 된다. 한 가지 가능성은 군에 의한 과거의 탄압을 용서하고 2020년 선거의 무효를 받아들이며 '다시 선거를 실시하는 것'을 인정하는 것이다.

군은 아웅산수찌 정권의 관계자를 포함한 정치범을 석방하고 NLD(또는 민주화 세력이 활동하는 다른 정당)가 선거에 참가한다. 가령 고령이라고 하더라도 건강에 문제가 없다면 아웅산수찌는 다시 선거의 주역이 될 수 있을 것이다.[2] 2008년 헌법이 유지되든지, 아니면 새로운 헌법의 기초가

---

2   태국 외교부는 돈 뿌라맛위나이(Don Poramatwinai) 태국 부총리 겸 외교장관이 2023년 7월 9일 미얀마를 방문해 현재 수감 중인 아웅산수찌와 면회했다는 것을 밝혔다. 태국 외교부에 따르면, 해당 면회는 1시간 이상에 걸쳐 이루어졌으며 "아웅산수찌는 육체적으로 정신적으로 모두 건강했다"라고 했다. 또한 아웅산수찌는 대화를 지지하는 한편 지난 2년간 미얀마 국민과 경제가 강제받은 희생에 대해 우려를 표명했던 것으로 알려져 있다

이루어지든지 그것은 군과 저항 세력의 '힘의 관계'에 따라 정해질 것이다. 어쨌든 새로운 권력 분유의 시대가 된다.

저항 세력이 자신의 판단으로 군과의 화해를 선택하게 된다면, 자유주의 국가들도 새로운 정권을 지지하는 것이 용이해진다. 향후에도 계속될 중국의 부상을 고려해 보면, 더욱 민주적인 정권이 만들어진다면 지원하려는 움직임도 나오게 될 것은 분명하다. 즉시 제재가 완화되지 않는다고 하더라도 국가의 장래와 관련해 전망이 서게 된다면, 경제의 회복도 일찍 이루어지게 된다.

이 시나리오는 지금은 '실현될 수 없는 일'처럼 여겨진다. 군과 NUG는 서로가 서로를 테러리스트라고 부르고 있다. 과거의 지나간 일을 없었던 것으로 하고 일체 탓하지 않기에는 너무 많은 사람들의 피가 흘러버렸다. 대화의 기운이 무르익으려면 상당한 시간이 걸릴 것이다. 일반적으로는 한쪽의 당사자가 압도적인 우위에 서든가, 쌍방 모두 피폐해지든가, 또는 제3자의 중개가 기능하지 않는다면 대화의 기회는 찾아오지 않는다. 향후 5년, 10년 동안에 걸친 긴 이야기가 될 것이다.

2. 미얀마의 딜레마

향후의 전망을 어느 정도 가늠해본 뒤에 미얀마가 안고 있는 난제를 필자 나름대로 정리해 보도록 하겠다. 포퓰리즘(populism), 오산(誤算)의 연쇄, 폭력의 덫이라는 세 가지 핵심어로부터 살펴보고자 한다.

(≪時事通信≫, 2023.7.12). _옮긴이

포퓰리스트의 좌절

최근 들어 민주주의의 후퇴 또는 강권 정치의 확대가 세계적 조류로서 크게 논의되는 일이 있다. 미얀마의 위기는 그러한 조류가 아시아에서도 확대되고 있다는 것을 느끼게 만드는 사건이었다.

민주주의에 대한 위기감이 세계에서 확대되고 있는 이유 중의 하나는 말할 필요도 없이 포퓰리즘이라고 할 수 있다. 포퓰리즘이란 사회를 '오염되지 않은 사람들'과 '부패한 엘리트'라는 두 개의 세력으로 구성되는 것으로 이해하고, 그 위에 자신들을 '오염되지 않은 사람들'의 유일한 대표로서 '부패한 엘리트'에 의한 지배의 타파를 제창하는 사상과 운동이다(ミュデ&カルトワッセル, 2018). 긴 역사를 갖고 있는 선진 민주주의 국가에서도 이러한 현상이 일어나고 있다는 것에 위기감이 확산되고 있다.

한편 민주적인 정치체제가 정착되어 있지 않은 사회에서는 포퓰리즘이 다른 얼굴을 갖고 있다는 것도 알려지고 있다. 그 얼굴이란 시민들의 정치 참여 및 자유의 확대를 뒷받침하는 힘이 되는 것이다. 민주주의, 인민, 정의, 시민사회 등, 때로는 유토피아적으로 들리는 개념이 강권적인 지배에 이의를 제기하는 사회적 연대를 생겨나게 한다(ラクラウ, 2018).

이러한 의미에서 아웅산수찌는 포퓰리스트이다. 그녀에게는 완고한 이상주의자라는 평가가 따라붙어왔다. 타협을 싫어하고 정책적인 지식이 부족하며 정치 지도자로서의 자질을 결여하고 있다는 것이다. 빗나간 비판이라고는 할 수 없지만, 그녀가 연설을 하기 위해 서 있는 '장소'를 관찰해 보면 인상은 바뀌게 된다. 군의 권위, 자유의 제한, 정당 조직의 취약성, 경제 격차, 민족 간의 불평등을 안고 있는 사회에서 현명하게 정책을 말하고 교섭에 장점을 지닌 지도자가 움직일 수 있는 '장소'는 없다. 우선은 사람들의 연대를 만들어내는 것이 필요하다고 느끼게 될 것임이 분명하다.

민주주의를 전통적인 가치 또는 불교 개념과 조합시키면서 제창하고 비폭력주의로 군과 대치하는 아웅산수찌를 많은 사람들이 지지했던 것은 미얀마 사회가 바라는 능력을 그녀가 때마침 함께 갖추고 있었기 때문이라고 해석해야 할 것이다. 그녀를 지도자로 삼았던 것은 미얀마 사회이다.

그러한 그녀가 한 국가의 지도자가 됨으로써 국가권력을 수중에 넣게 되었다. 정권이 군과의 위태로운 균형 위에 성립되어 있다는 것을 분명히 알고 있었지만, 그녀는 군에 대한 도전을 계속했다. 그 도전을 차세대로 계승시키고 포퓰리스트형이 아닌 새로운 지도자의 출현을 간절히 바라던 가운데, 군이 민주화 세력을 배제하고자 했던 것이 2021년의 쿠데타이다. 군의 권위적인 지배에 대항하는 아웅산수찌의 포퓰리즘이 좌절하는 순간이었다고 말할 수 있다.

오산의 연속

제3장에서 개략적으로 설명했던 바와 같이, 미얀마의 2008년 새로운 헌법은 민주화를 위해 시행되었던 것이 아니다. 제도로서 지향되었던 것은 독재와 민주주의의 중간 형태이다. 이 중간 형태는 정치학에서 '경쟁적 권위주의(competitive authoritarianism)[3] 체제'라고 불린다.

다소 번거로운 명칭이지만 이렇게 불리는 체제 아래에서는 복수 정당이 참가하는 선거 또는 의회 등의 민주적인 제도가 있다. 용어 중의 '경쟁적'은 그러한 측면을 지칭한다. 이와 동시에 권위주의이기도 하다. 민주적인 기능에 제한이 가해지고 있기 때문이다. 여당에게 유리한 선거구 획

---

3 '경쟁적 권위주의'와 관련된 최근의 논의로는 다음을 참조하기 바란다. Steven Levitsky and Lucan Way, "The New Competitive Authoritarianism," *Journal of Democracy*, Vol. 31, No. 1(January 2020), pp. 51~65. _옮긴이

정이 이루어지거나, 여당과 정부가 일체화해 매표 활동을 하거나, 야당의 활동이 제한을 받거나, 선거 결과가 조작되기도 한다. 이러한 경쟁적 권위주의 아래에서는 득표수를 증가시켜 선거에서 승리한다는 민주적인 국가에서의 선거 전략과는 다른 전략이 통치자와 여당에게 필요하다(Levitsky and Way, 2010).

미얀마의 경쟁적 권위주의 체제에서는 군이 독립된 조직임과 동시에 여당 조직이 약했다. 제4장에서 살펴보았던 바와 같이, '친군 정당'인 USDP는 이념도 통합력도 결여하고 있던 급조한 정당이다. 민주화에 브레이크를 걸고자 한다면 부정을 저지르더라도 선거에서 승리하는 메커니즘을 만들지 않으면 안 되는데, 제대로 된 정당정치가 약 50년 동안 존재하지 않았던 국가에서 견고한 지배 정당을 만드는 것은 무리한 이야기였다. 그리고 헌법을 기초할 때에 상정했던 것을 초월해 민주화가 추진되고 아웅산수찌 정권이 발족했다. 즉, 군사정권에 의한 제도 설계의 오류와 오산으로 인해 진전되었던 민주화이기도 했던 것이다.

강권적인 통치자의 오산으로 인해 민주화가 추진되는 것은 사실 드문 일이 아니다. 오산으로 인해 추진된 민주화 쪽이 많다는 실증 연구도 있다(Treisman, 2020). 드문 것은 오산을 강제적으로 수정하는 행동이라고 할 것이다. 그러한 행동이 야기하는 여파는 크다. 조수석에서 운전자의 핸들을 빼앗아 자동차를 유턴시키는 것과 같은 것으로, 운전을 서툴게 하게 되면 동승한 사람들 전원이 부상을 당한다. 그 때문에 많은 경우에 있어서 리스크가 너무 높기 때문에, 과거의 오산을 없애고자 하는 행동은 일어나지 않고 민주화가 추진되는 것이다. 하지만 미얀마는 달랐다. 군은 민주화와 사회 변화의 속도를 잘못 읽고 국가를 급선회시켰다. 오산이 오산을 낳고 정쟁은 위기로 발전했던 것이다.

폭력의 덫

군의 오산에는 이유가 있다. 역사 속에서 생겨났던 국가의 왜곡과 군의 위협 인식, 그리고 최고사령관의 야심이 사태의 정확한 파악과 이해득실에 대한 판단을 잘못하게 만들었다. 서장에서 살펴보았던 바와 같이, 이것은 쿠데타가 발생할 때마다 미얀마에서 반복되어 왔던 일이다. 미얀마는 악순환에 빠져 있다고 할 수 있다.

이 악순환은 미얀마 정치를 규정하는 세 가지의 국면, 즉 ① 국민국가의 불안정, ② 위기관리형의 통치, ③ 민주적인 정치라는 요소 사이에서 일어나고 있다(〈그림 7-2〉 참조). 민주화가 진전되면 국민국가의 통합이 불안정해지며, 그것이 군의 경계심을 자극해 위기관리형의 통치를 강화시킨다. 위기관리형의 강권적인 통치가 계속되면 정체되는 가운데 국민의 불만이 커지고 민주화 및 자유화가 점차 추진된다. 그렇게 되면 다시 국민국가의 불안정화를 경계해 군이 폭력으로 규율을 다시 잡는다. 그러한 순환인 것이다. 미얀마의 발전을 가로막아왔던 덫이라고도 표현할 수 있다.

2021년의 쿠데타는 위기관리형 통치로의 복귀이기도 했다. 본래 경제 발전에 수반되어 이익집단 또는 여론이 다양화되고 국제적인 상호 의존도 심화된다면 군은 쿠데타를 주저하게 된다. 폭력에 의한 해결은 여파가 크며, 단적으로 말하자면 이익이 되지 않기 때문이다. 하지만 그러한 억제가 가동되지 않고 폭력이 정치·경제 발전의 가능성을 없애버려 다음 단계로 나아가지 못하게 된다. 이러한 '막다른 길목'을 정치학자 개리 콕스(Gary Cox) 등은 '폭력의 덫'이라고 불렀다(Cox et al., 2015).

쿠데타의 비용에 대한 의식을 왜곡하게 만드는 위협 인식이 군에 있으며, 또한 군이 쿠데타처럼 직접적으로 행동에 호소하는 것을 방지할 수 있는 메커니즘이 없다. 그것을 바꾸기 위해서는 개혁의 시간이 너무 짧았다고도 말할 수 있으며, 과거의 군사정권 기간이 너무 길었다고도 말할 수 있을 것이다.

다만 악순환으로부터 빠
져나올 가능성도 있다. 현재
의 혼란이 보여주고 있는 바
와 같이, 군에 의한 위기관
리형 통치는 오히려 혼란을
발생시키고 민주화 세력은
급진화해 폭력 투쟁을 하게

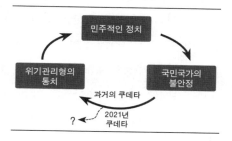

〈그림 7-2〉　**미얀마 정치의 악순환**

되어, 국가기구의 통치 능력을 무너뜨리고 있기 때문이다. 그렇기에 '강
권 통치라는 악몽'과 '혁명이라는 지나치게 아름다운 꿈' 사이에 존재하는
새로운 시대로 진입할 가능성도 있다.

3. 우리는 어떻게 대처해야 할 것인가

앞 장에서 살펴본 바와 같이, 민정 이양이 이루어진 이후에 일본은 미
얀마의 개혁을 일관되게 지원해 왔던 최대 '원조 공여국'이다. 제2차 아웅
산수찌 정권의 발족 이후에 더욱 지원이 확대될 것이라고도 전망되었다.
거기에는 아시아의 경제성장을 둘러싼 중국의 영향력 확대에 브레이크를
걸고자 하는 일본의 국익도 있는가 하면, 장기간 군사정권의 이후에 가까
스로 탄생한 민주적인 정권을 안정시키려는 안배도 있었다는 것은 분명
하다. 하지만 정변으로부터 1년 6개월이 지나가며 일본의 미얀마 지원을
밑받침했던 여러 전제 조건이 무너지고 있다. 그렇다면 일본의 '미얀마 정
책'을 어떻게 재구축하면 좋을까?

평화, 민주주의, 인권을 지지하는 것이 원칙이다

우선 원리 원칙을 견지하는 것이 중요할 것이다. 평화, 민주주의, 인권을 지지하고 그 원칙에서 벗어나는 행동은 허용하지 않는다는 자세를 흔들림 없이 견지하지 않으면 안 된다. 지금 크게 변화하고 있는 국제 질서 속에서 보편적 가치에 대한 일본의 관여에 문제 제기가 이루어지고 있다. 민주주의 및 인권을 중시하는 '가치관 외교'가 미얀마에 대한 정책에 있어서도 흔들려서는 안 된다.

따라서 일본 정부의 미얀마군에 대한 세 가지 요청(민간인에 대한 폭력의 중단, 아웅산수찌 등 구속자들의 석방, 민주적 체제로의 복귀)을 유지하고 담화, 성명 등을 통한 메시지를 더욱 명시적으로 발신할 필요가 있다. 일본과 미얀마 간의 관계를 밑받침해왔던 정부개발원조(ODA)에 대해서도 'ODA의 헌법'이라고 불리는 개발 협력 대강(大綱)에는 개발 협력의 적정성을 확보하는 원칙으로서 '민주화의 정착, 법의 지배 및 기본적 인권의 보장에 관계된 상황'을 배려한다는 것이 기재되어 있다. 군이 이 상태 그대로 통치를 계속하게 된다면, 이러한 원칙에 반하는 것은 명백하다. 미얀마에서 자유와 공정을 결여한 선거가 실시되고 새로운 정권이 성립된다고 하더라도, 관계를 정상화시켜서는 안 된다.

정의와 평화의 긴장 관계

다만 중요한 것은 '그러한 원칙 및 가치를 어떻게 실현할 것인가'라는 점이다.

현재의 상황을 대규모의 인권 침해로 파악할 경우, 실현되어야 할 것은 미얀마군의 책임을 추궁하고 정의를 실현시키는 것이 될 것이다. 이 경우의 정의는 '응보적 정의', 즉 죄를 범한 자에 대한 적정한 심리와 재판이 지향되는 것이 된다.

한 가지의 예로서 유엔인권이사회(UNHRC)가 설치한 '미얀마에 관한 독립조사 메커니즘'(IIMM)[4]이 있다. 애당초 로힝야에 대한 군의 박해에 관한 조사를 목적으로 설치된 기구인데, 정변 발생 이후에는 군에 의한 탄압 전반에 대해서도 국제사법재판소(ICJ) 및 국제형사재판소(ICC)와 같은 국제법정에서의 심리를 통과할 수 있는 증거 수집을 진행하고 있다. NUG를 포함하는 저항 세력은 이러한 책임 추궁 및 관련 활동을 지지하고 있다.

정의를 요구하는 목소리가 중요한 것은 틀림이 없지만, 거기에는 한계도 있다. 유엔도 국제 사법기관도 주권의 장벽을 넘어서 실력을 행사하지는 않는다. 또한 중국과 러시아의 존재가 국제 협조를 가로막고 있기 때문에, 정의의 추구가 통합된 외교 압력이 되지도 못하고 있다.

더욱 논의를 심화해 보자면 애당초 정의와 평화 사이에는 긴장 관계가 있다. '각종 법에 따라 분쟁 당사자의 죄가 재판에 넘겨지고 그 위에서 지속되는 평화가 실현되는 것이 바람직하다'는 것은 그렇다고 할 수 있다. 하지만 그것이 분쟁의 발발로부터 머지않아 발생하는 일은 극히 드물다.

분쟁 해결이라고 불리는 연구 분야에서는 '분쟁의 해결까지는 몇 가지 단계가 있다'는 것이 지적되고 있다. 우선 분쟁 예방의 단계인데, 그것에 실패하고 폭력 분쟁이 발발하게 되면 '소극적 평화'라고 불리는 폭력이 없는 상태가 지향된다. 그 위에서 정의, 즉 법에 기초한 처벌 및 진상 규명 작업 등을 거쳐 분쟁 당사자와 휩쓸려든 피해자들 간에 화해가 성립됨으로써 '적극적 평화'라는 지속적인 사회의 안정에 도달하게 된다(Ramsbotham et al., 2016).

이것은 하나의 이상이다. 실제의 분쟁 해결은 그렇게 간단하게 이루어

---

4   전체 명칭은 Independent Investigative Mechanism for Myanmar이며, 2018년 9월 유엔 인권이사회의 결정(resolution 39/2)에 의해 설치되었다. _옮긴이

지지 않는다. 이 책에서도 검토해 왔던 것처럼, 분쟁에는 장기간의 복잡한 경위가 있다. 당사자 일방 또는 쌍방이 폭력으로 결말짓는 것은 많은 경우에 이미 회복되기 어려운 관계에 빠졌을 때이다. 일단 폭력이 휘둘려지면, 사람이 부상을 입고 사망하게 된다. 죽음은 집단의 연대와 적의를 강화시키고 상호 간의 신뢰 관계를 무너뜨린다. 그리고 더욱 폭력이 격화되기도 한다. 한 차례 시작된 폭력의 연쇄를 중지시키는 것은 그렇게 간단한 일이 아닌 것이다.

전략가인 에드워드 루트왁(Edward Luttwark)[5]이 논하고 있는 바와 같이, 전쟁에 의한 소모가 평화를 낳는 수단이기 때문에 결말이 날 때까지 싸우는 게 좋다는 입장도 있을 수 있다(ルトワック, 2017). 하지만 이것은 별로 도움이 되지 못하기에 당사자가 정전에 전향하도록 촉구하게 되는데, 중재는 실패하는 일도 많다.

특히 대립하는 세력이 서로가 서로에게 벌을 주겠다고 말하는 동안에, 정전 교섭은 성립되지 않는다. 폭력의 중단에 합의한다는 것은 일시적이며, 서로가 상호 간에 양보하고 공존을 지향하는 것이 필요해지기 때문이다. 대화 과정에서는 그때까지 상호 간의 행동에 대해서 적어도 일부를 일시적이더라도 지나간 일로 삼고 잘못을 묻지 않아야 한다. '일관된 원칙'은 '일관된 정의'는 아니며 힘의 관계 또는 흥정, 타협이 뒤섞이는 정치의 산물이 초기의 평화이다. 여기에서 정의와 평화가 충돌한다.

현재의 미얀마 위기에 대해서는 정의를 요구하는 목소리가 강하며, 구미 국가들과 그 영향력이 강한 국제기관도 그것을 지원하고 있다. 교섭을

---

5   '에드워드 루트워크'라고 표기되기도 하며, 유대인 출신으로 루마니아 아라드(Arad)에서 출생했다. 주요 저서로 Coup d'État: A Practical Handbook(1968), The Rise of China vs. the Logic of Strategy(2012), China 4.0(2016) 등이 있다. _옮긴이

통해서 어쨌든 정전을 모색한다는 움직임은 그 시도는커녕 의견을 표명하는 시점에서 강한 비판을 받아버린다.

군에 의한 폭력이 멈출 기미가 보이지 않는 가운데, 무장투쟁과 급진적인 정의를 제창하며 저항의 연대를 유지하는 것을 선택하는 의사는 이해할 수 있다. 하지만 막다른 길에 봉착한 이러한 상태가 계속되면 가장 피해를 받게 되는 것은 군의 실효 지배 아래에 있는 일반 국민들이라고 할 수 있다. 즉, 경제 수준이 아직 낮은 미얀마의 경우에 사람들의 고난을 어떤 대의를 위해 일시적으로 희생시켜 버리는 것은 인도적으로 허용될 수 없다고 필자는 생각한다.

아시아의 현실을 직시하기

우리는 또한 일본과 미얀마가 놓여 있는 아시아의 지역 정세에 대해서도 직시할 필요가 있다. 아시아에는 한국 및 타이완과 같은 안정된 민주주의도 있지만, 공산당 일당제의 국가가 4개국 존재하는 등, 권위적인 체제도 건재하다. 필리핀, 인도네시아, 인도처럼 민주적인 제도를 갖추고는 있지만 그 핵심적 내용에 의문부호가 붙는 국가도 많다. 민주주의 및 인권 등의 이념은 외교적인 연대와 협조 행동을 발생시키는 공통의 가치가 아시아에서 아직 되지 못하고 있다.

그 위에 중국의 부상이 현저하다. 경제성장이 계속되고 그 성장의 과실을 군사력 및 외교력으로 전환시키고 있다. 현상(現狀)의 국제 질서를 힘으로 변경하려는 의사를 갖고 있으며, 특히 안보 방면에서 긴장이 고조되고 있다는 것은 확인할 필요도 없다. 동중국해 및 남중국해는 국제적 긴장의 최전선이다. 최근에는 해양에서의 영유권 문제에 더해, 타이완 유사(有事)가 갑자기 현실감을 띠고 있다. 국제 질서를 르상티망(ressentiment, 복수심), 민족주의와 패권 의식으로 해석하는 중국의 대외 행동에 군사적인 국제 연대에 의해 우선은 억지하는 것이 불가결할 것이다.

한편으로 미얀마도 그 일부가 되는 동남아시아의 대륙부는 중국의 보급선을 둘러싼 경쟁의 장이다. 앞 장에서 언급한 바와 같이, 믈라카 해협을 경유하는 물류에 의존하는 중국 경제에 있어서 대체 경로의 확보는 경제 안보에 있어서도 국가 안보에 있어서도 결여될 수 없다. 미얀마에서 인도양에 이르는 루트는 그중 하나가 된다.

2010년대에는 구미와의 '외교 관계' 개선, 그리고 일본, 한국 등 아시아로부터의 원조와 투자를 레버리지로 삼아 중국과 거리를 두었던 미얀마이지만, 정변을 계기로 중국에 대한 의존도가 다시 높아지게 될 것으로 여겨진다. 러시아 및 인도와의 관계를 강화하고 중국에 대한 의존이 가져올리스크를 회피(hedge)한다고 하더라도 러시아와의 관계는 군사 중심이며, 우크라이나 침공 이후의 행방에 불투명감이 감돌고 있다. 인도와의협력은 해군 간의 협력과 서부의 개발 정도이다. 중국은 당황하는 기색없이 우선은 경제적 영향력을 제고시키고 그 이후에 군사적 영향력으로전환시키면 될 것이다.

중국의 경제 발전이 미얀마에 혜택을 가져오는 측면도 당연히 있지만,과거를 돌이켜보는 한에 있어서 자국의 직접적 이익을 우선시하고 공정한 시장경제의 메커니즘 형성 또는 정부의 능력 향상, 또한 시민들의 감정및 환경에 대한 배려 등 미얀마의 공익에 대해 중국 정부와 기업이 갖고있는 의식은 약하다.

따라서 미얀마군에 대해서 일본이 그저 강경한 태도를 취하게 된다면,그것은 중국을 확실히 이롭게 만들 것이다. 일본에게 있어서 바람직한 아시아 질서의 구상으로부터 멀어지는 것은 물론이고, 미얀마군 및 미얀마의 비즈니스 엘리트와 중국 간의 관계가 강화되고 거기에 민주적인 정치참가 및 인권을 보호하는 메커니즘, 공정한 시장 등이 생겨날 여지는 갈수록 좁아지게 된다.

여기에도 이익의 충돌이 존재한다. 보편적 가치를 중시한 외교가 지역
질서의 안정을 어렵게 만들 가능성이 있는 것이다. 따라서 민주주의 및
인권에만 시야를 빼앗겨, 아시아의 현실을 눈으로 보면서도 못 본 체해서
는 안 된다. 다만 거꾸로 중국 위협론만을 제기하고 인권 및 민주주의는
이상주의라면서 경시하는 것은 시야가 매우 협소한 것에 불과하다. 본래
'어디에서 어떤 균형을 취할 것인가'가 논의되어야 하는 것이며, '어떤 일
방을 선택해야 하는가'라는 문제가 아닌 것이다.

국가와 생활을 파괴하지 않는 지원

그렇다면 혼란에 빠져버린 미얀마의 장래에 입각하면서 당분간 일본의
국익, 미얀마에서 보편적 가치의 실현, 그리고 아시아 지역 질서의 안정
등을 서로 어떻게 절충하면 좋을까?

가장 우선되어야 할 것은 미얀마라는 국가와 거기에 살고 있는 사람들
의 생활을 파괴하지 않는 것이다. 분쟁 및 경제 위기의 폐해를 최소한으
로 머물게 해 아시아의 지정학적 요충이 극도로 불안정해지는 것을 방지
하는 것이 요구된다.

중요한 과제는 인도 지원의 확대라고 할 수 있다. 그런데 미얀마군은
인도 지원이라는 이름 아래에서 저항 세력에 대한 지원이 행해지는 것을
경계하고 있기 때문에, 각종 국제기관, 국제 NGO의 활동에 제한이 부과
되고 있다. 또한 그러한 조직에도 군과의 접촉을 회피하는 경향이 강하
다. 이에 따라 국내 피란민, 그리고 경제적 타격의 충격을 가장 많이 받는
빈곤층, 감염증 대책 및 교육과 같은 공공서비스를 제공받지 못하는 사람
들은 군의 실효 지배 아래에 많이 존재하고 있다. 일본은 군에게 중립적
이고 포괄적이며 아울러 투명성 있는 국제적 인도 지원의 수용을 요구해

야 할 것이다.

다음으로 군이 사태를 움직이고 있다는 현실을 직시하고 국제적인 연대를 하면서 끈기 있게 군이 방향을 전환하도록 공작을 하는 것이 중요하다. 당분간은 아세안의 '다섯 가지 합의'를 이행하도록 요구하고 일본 정부가 요청해 왔던 세 가지 사항에 대해서도 진척을 보이도록 해야 할 것이다.

다만 대립하는 군과 민주화 세력 사이를 중개하는 것은 그 어떤 국가도 국제기관도 가능한 일이 아니다. 대화의 실현을 위해서는 5년, 10년, 또는 그 이상의 시간이 걸리며 주체는 어디까지나 미얀마인이다. 우리가 할 수 있는 일은 혼란 속에 빠져 있는 일반 시민에게 미치는 폐해를 최대한 억지시키고 대립하는 세력 간에 대화가 생겨나도록 하는 환경을 만들어내는 것 정도일 뿐이다. 지금 당장 묘안은 없지만, 모든 당사자와 공식적·비공식적으로 연계를 맺고 혼란이 장기화될 것임을 내다보며 정보와 인맥을 축적하는 것이 필요하다. 장기적으로 관여를 하기 위해서 일본도 또한 아세안 및 유엔처럼 미얀마 문제 전반을 담당하는 '특사'[6]를 임명하는 것도 검토해야 할 것이다.

군에 의한 통치를 승인하지 않고 그럼에도 군과 접촉한다는, 애매한 태도를 전략적으로 일관하는 것이 중요하다. 군, 저항 세력, 시민 모두를 자유주의 국가들로부터 고립시켜서는 안 된다. 고립이 낳는 것은 수탈적인 정치 경제의 지속과 편중된 외교 관계, 그리고 일반 시민의 피폐이기 때문이다. 구미 국가들은 향후 갈수록 미얀마로부터 거리를 두게 될 것이다.

---

6   한편 중국은 2015년 10월 '아시아 사무 특사(亞洲事務特使)'에 쑨궈샹(孫國祥)을 임명하고 미얀마 문제를 전담시키고 있다. 아울러 최근 중국의 대미얀마 중재 외교에 대해서는 다음을 참조하기 바란다. 青山瑠妙, "ミャンマーにおける中國の調停外交", 研究レポート(日本國際問題研究所, 2022.2.15). _옮긴이

애당초 결부되어 있는 국익이 많지 않고, 수단도 한정되어 있기에 민주화와 인권과 관련해 오로지 압력을 가하게 될 것이 때문이다. 압력의 효과에 의구심이 제기되고 있는 이상, 일본은 그러한 수단의 목적은 공유하면서도 다른 방법으로 접근하는 것을 모색해야 할 것이다.

원조의 전망과 과거의 검증

미얀마에 대한 일본의 원조는 재검토가 필요하다. 군이 중심이 되고 있는 정권에 쿠데타 이전과 같은 목적과 규모로 원조를 계속하는 것은 일본 국민에 대해서도 미얀마 국민에 대해서도 설명하는 것이 불가능하다.

원조의 전제 조건도 크게 변했다. 민주화와 경제 발전의 양호한 순환은 한동안 일어나지 않을 것이다. 경제적 잠재력을 발휘하기 위한 수단(정치의 안정, 법제도의 안정, 인프라·투자의 확대 등)이 결여된 상태이다. 6%를 넘는 경제성장을 내다보았던 지원과, 구미에 의해 제재가 부과된 불안정한 저성장국에 대한 지원은 당연히 다를 수밖에 없다. 기존의 지원 사업은 그 효과라는 점에서 정책적인 합리성에 의문부호가 찍힌다. 군에 대한 지원이 문민 통제와 민주주의를 이해하는 것에 도움이 된다고 하는, 방위 협력의 근거도 흔들리고 있다. 마찬가지의 설명으로 동일한 지원을 계속하는 것은 무책임하다고 할 수 있다.

원조의 재검토와 함께 필요한 것은 과거의 검증이다.

2011년 이래 미얀마에 대한 원조 확대는 '아시아 최후의 프런티어'라는 경제적 잠재력에 더해, 아시아에서 중국의 부상에 쐐기를 박기 위한 것이었다. 일본 정부의 역할은 컸는데, 미얀마의 경제 발전을 위한 조건을 정비하고 정부의 능력을 강화하는 것에 중점을 둠으로써 그 강점이 상당히 활용되었던 것처럼 보인다.

하지만 정부도 기업도 미얀마의 실태에 주목하지 못했던 것이 아니었을까? 더 나아가 말하자면, 미얀마와 같은 '곤란한 국가'[7]에 대처할 각오가 결여되어 있었던 것은 아닐까?

쿠데타의 발생을 예측하기는 어려웠다고 하더라도, 정치의 불안정화는 명백했다. 민아웅흘라잉의 대통령 취임을 향한 야심도 공공연한 비밀이며 쿠데타가 일어나지 않더라도 제2차 아웅산수찌 정권은 군과의 관계를 놓고 고뇌하게 되었을 것이다. 인권 문제는 2017년 로힝야 위기[8] 시에 이미 발생했으며, 국제기관 및 인권 단체로부터 비난하는 목소리가 제기되었다. 그럼에도 일본 정부가 원조를 확대하고 기업이 비즈니스를 계속했던 것은, 미얀마와 교류하겠다는 각오라기보다는 경제개발 이외의 것에 대한 관심이 부족했기 때문이 아니었을까?

이것은 향후 대미얀마 정책에 한정된 문제가 아니다. 동(남)아시아에는 비민주적인 국가가 수많이 있으며,[9] 민주적이라고 간주되는 국가들도 인권 문제 및 사회 분쟁을 많이 안고 있다. 일본의 국력이 저하되는 가운데, 성장을 계속하고 있는 아시아 국가들의 존재감이 제고되면서 일본은 갈수록 아시아 중 일국에 불과한 처지가 되어가고 있다. 구미에 비해서도 규범도 체제도 훨씬 다양성이 있는 이웃 나라들과 어떻게 교류해 나아갈 것인가? 경직되어 있지 않으면서 무방침(無方針)의 현상 추인(現狀追認)도 아닌 관계를 구축하기 위해서 미얀마 정책을 사례로 일본 외교에 결여되어 있었던 것을 찾아낼 필요가 있을 것이다.

---

7 사람을 어려운 지경에 빠뜨리는 국가를 의미한다. _옮긴이

8 로힝야 위기 관련 최근의 연구로는 다음을 참조하기 바란다. 北川成史, 『ミャンマーの矛盾: ロヒンギャ問題とスーチーの苦難』(明石書店, 2022). _옮긴이

9 이러한 맥락에 입각해 동(남)아시아에서 한국은 경제 발전과 민주화를 동시에 이룩한 손에 꼽히는 '민주 대국'이라고 할 수 있다. _옮긴이

인도 지원은 일본 국내에서도 할 수 있다

일본에서 할 수 있는 미얀마 지원도 있다. 난민, 노동자, 유학생 등을 받아들이는 것이다.

애당초 미얀마인의 일본에서의 난민 신청 수는 많으며 난민을 인정받기 위한 국적별 신청자 수에서는 항상 상위 10위 안에 있었다. 그중에는 취업 기회를 찾아서 일본으로 와서 재류 자격의 만료가 가까워져 조금이라도 체재 기간을 연장하고자 난민 신청을 하는 사람도 있다. 하지만 그것은 외국인 노동자에 의존하지 않으면 성립되지 않는 경제이면서 그 수용 체제의 정비가 늦어져왔던 부산물이기도 하다. 난민 신청자의 악의, 또는 난민 제도 자체의 미비에서만 원인을 찾아서는 안 될 것이다. 세계화에 대한 일본의 대응이 질문을 받고 있는 것이다.

최근에는 난민 제도도 외국인 노동자 수용 제도(국제 협력을 표면적인 목적으로 하는 기능 실습 제도도 포함)도 개혁이 조금씩 추진되고 있다. 미얀마의 정변 이후에 일본 법무성(법무부)은 불투명한 현지 정세에 배려해 재류 미얀마인에 대한 긴급피난 조치를 결정했다. 재류 자격이 만료된 자에게 계속적인 재류를 인정하는 것이다. 신속한 판단은 적절했던 것으로 여겨진다.

향후 미얀마 지원을 경제개발 중심에서 인도 지원으로 전환해야 하며, 난민은 물론이고 노동자, 실습생, 유학생 등의 일본에 대한 수용을 적극적으로 추진하는 것이 바람직하다.

일본의 각오

위기가 확대된 지금, 일본의 존재감이 결여되고 있는 상태에서는 자국에게 유리한 때에만 지원을 하고 정세가 악화된 찰나에 기회주의로 일관하고 있는 국가가 되고 있다. 아시아의 분쟁 및 인권 문제에 대해 일본이 무관심해서는 안 된다.

과거 군사정권 시대에 미얀마에서 많은 사람들을 고통스럽게 만들었던 것은 군의 압정과 국제사회의 망각이었다. 최대의 책임이 군에 있다는 것은 말할 필요도 없지만, 현지의 참상을 방치해 왔던 국제사회(일본을 포함)에도 그 책임의 일부분이 있다. 역사가이자 미얀마 정부의 고문[10]도 맡았던 탄민우(Thant Myint-U)[11]는 과거 구미에 의한 제재에 대해서 "원조의 중단을 포함하는 서측의 제재는 수백만 명의 삶을 파괴했지만, 그 설명 책임을 요구하는 움직임은 없다. 제재는 장군들을 리버럴한 방향으로 향하도록 전혀 만들지 못하고 있으며, 더 좋은 장래로 이행하는 것을 더욱 어렵게 만들어버렸다"라고 지적하고 있다(タンミンウー, 2021). 2011년부터 시작된 개혁과 일순간의 민주화는 그러한 의미에서 미얀마군과 국제사회 쌍방의 책임을 모두 물에 흘려보내듯이 없는 것처럼 하며 진행되어 왔던 것이다.

그런데 지금, 과거와 마찬가지의 일이 반복되고 있다. 미얀마군의 폭거에 비난이 집중되고 구미를 중심으로 강력한 압력이 가해지고 있지만, 그 한편으로 망각도 진행되고 있고 미얀마에 대한 국제적인 주목 정도와 외교상의 우선순위는 내려가고 있다. 이 상태 그대로 사태가 경직화된다면 미얀마에서 인권 보호도 민주화도 진전될 수는 없다. 인도 위기도 상시화하게 된다. 그뿐만 아니라, 인도양과 중국 대륙을 잇는 요충에 '취약한 국가'가 생겨나, 일본의 지역 전략에도 심각한 영향을 미치게 될 것이다.

---

10 평화 프로세스를 위한 대통령 특별 고문(special adviser to the president for the peace process)을 지칭한다. _옮긴이

11 1966년 미국 뉴욕시에서 출생한 버마인(미얀마인)으로 제3대 유엔 사무총장이었던 우탄(U Than)의 손자이다. 주요 저서로 Where China Meets India: Burma and the New Crossroads of Asia(Farrar, Straus and Giroux, 2018) 등이 있다. _옮긴이

일본의 아시아 외교에서의 상상력과 각오를 보여주는 시금석이 대미얀마 정책이다. 미얀마라는 이 나라를 '망각된 분쟁국'이 되도록 방치해서는 안 된다.[12]

---

12 최근 미얀마 정세에 대한 추가적인 연구로는 다음을 참조하기 바란다. Nehginpao Kipgen,
   Democratisation of Myanmar, 2nd Edition(Routledge, 2021); 深澤淳一, 『'不完全國家'
   ミャンマーの眞實: 民主化10年からクーデター後までの全記錄』(文眞堂, 2022); 玄武岩・藤野
   陽平・下鄕沙季 編著, 『ミャンマーの民主化を求めて』(壽郎社, 2023). _옮긴이

참고문헌

아래에서는 본문에서 언급한 것을 중심으로 일본어, 영어 및 버마어 참고문헌이 제시되고 있다. 버마어 문헌에 대해서는 신문 및 잡지의 제목, SNS 계정의 명칭 외에는 번역문을 게재했다. 인터넷을 통해 확인한 정보도 많이 있지만 URL은 지면 관계상 생략했다. 비공개된 내부 자료, 유출 자료 및 인터뷰 기록에 대해서도 기재하지 않았다. 또한 여러 장에 걸쳐 참조된 문헌은 초출만을 게재했다.

서장

ハンナ・アーレント 著. 大島通義 外 譯. 1981. 『全體主義の起源2 帝國主義』, みすず書房.

マックス・ウェーバー 著. 野口雅弘 譯. 2018. 『仕事としての學問 仕事としての政治』, 講談社學術文庫.

白石隆. 2000. 『海の帝國: アジアをどう考えるか』, 中公新書.

根本敬. 2004. 『物語ビルマの歷史: 王朝時代から現代まで』, 中公新書.

スティーブン・ピンカー 著. 幾島幸子 外 譯. 2015. 『暴力の人類史』(上下卷), 青土社.

Anderson, Benedict. 1991. "Old State, New Society: Indonesia's New Order in Comparative Historical Perspective," in *Language and Power: Explaining Political Cultures in Indonesia*, Ithaca: Cornell University Press.

Callahan, Mary. 2003. *Making Enemies: War and State Building in Burma*, Ithaca: Cornell University Press.

Charney, Michael. 2009. *A History of Modern Burma*, Cambridge: Cambridge University Press.

Furnivall, J. 1939. *The Fashioning of Leviathan: The Beginning of British Rule in Burma*, Rangoon: Burma Research Society.

Kim, Nak Kyu and Jun Koga Sudduth. 2021. "Political Institutions and Coups in Dictatorships," *Comparative Political Studies*, Vol.54, Issue.9.

Taylor, Robert. 1973. *Foreign and Domestic Consequences of the KMT Intervention in Burma*, Ithaca: Cornell University Southeast Asia Program.

_____. 2009. *The State in Myanmar*, Honolulu: University of Hawaii Press.

_____. 2015. *General Ne Win: A Political Biography,* Singapore: Institute of Southeast Asian Studies.

U Nu. 1975. *Saturday's Son*, New Haven: Yale University Press.

제1장

アウンサンスーチー 著. 伊野憲治 編譯. 1996. 『アウンサンスーチー演説集』, みすず書房.

_____. 土佐桂子 外 譯. 2012. 『ビルマからの手紙 1995~1996』(増補復刻版), 毎日新聞社.

〈アウンサンスーチー演説ビデオ〉(京都大學東南アジア地域研究研究所圖書室所藏).

伊野憲治. 2018. 『ミャンマー民主化運動: 學生たちの苦惱, アウンサンスーチーの理想, 民のこころ』, めこん.

高橋昭雄. 1998. 「ミャンマー: 困難な市場經濟への移行」, 原洋之介 編, 『アジア經濟論』, NTT出版.

田辺壽夫・根本敬. 2012. 『アウンサンスーチー: 變化するビルマの現狀と課題』, 角川書店.

タンミンウー 著. 中里京子 譯. 2021. 『ビルマ: 危機の本質』, 河出書房新社.

中西嘉宏. 2008. 「ミャンマー軍事政權: その歴史と特質」, 『2008年版ブリタニカ國際年鑑』, ブリタニカ・ジャパン.

_____. 2019. 「書評論文 現代ミャンマー政治の原点を再考するために」, ≪東南アジア研究≫, 第56卷, 第2號.

根本敬. 1991. 「佛像の胸とスー・チー女史」, ≪アジア・アフリカ言語文化研究所通信≫, 71號.

Burma Watcher. 1989. "Burma in 1988: There Came a Whirlwind," *Asian Survey*, Vol. 29, No. 2.

Lintner, Bertil. 1989. *Outrage: Burma's Struggle for Democracy*, Hong Kong: Review Publishing Co.

제2장

ダロン・アセモグル&ジェイムズ・A・ロビンソン 著. 鬼澤忍 譯. 2013. 『國家はなぜ衰退するのか: 權力・繁榮・貧困の起源』(上下卷), 早川書房.

キンニュン. 2015. 『國家の西方から迫る難問』, ヤンゴン: パンミョータヤー學藝出版(버마어).

工藤年博 編. 2012. 『ミャンマー政治の實像: 軍政23年の功罪と新政權のゆくえ』, アジア經濟研究所.

末廣昭. 2000. 『キャッチアップ型工業化論: アジア經濟の軌跡と展望』, 名古屋大學出版會.

高橋昭雄. 2000. 『現代ミャンマーの農村經濟: 移行經濟下の農民と非農民』, 東京大學出版會.

チョースワーモー. 2014. "モーチャーシュエコー", ≪The Irrawaddy≫, 11月號(버마어).

中西嘉宏. 2009. 『軍政ビルマの權力構造: ネー・ウィン體制下の國家と軍隊 1962-1988』, 京都大學學術出版會.

藤田幸一 編. 2005. 『ミャンマー移行經濟の變容: 市場と統制のはざまで』, アジア經濟研究所.

Bruin, Erica De. 2020. *How to Prevent Coup d'État: Counterbalancing and Regime Survival*, Ithaca: Cornell University Press.

Charities Aid Foundation. 2019. "CAF World Giving Index: Ten Years of Giving Trends."

Finer, Samuel. 1988. *The Man on Horseback: The Role of the Military in Politics*, 2nd, enlarges ie. Westview Press.

Geddes, Barbara, Joseph Wright and Erica Fantz. 2018. *How Dictatorship Works*, Cambridge: Cambridge University Press.

Global Witness. 2005. "A Choice for China: Ending the Destruction of Burma's Northern Frontier Forests."

Maung Aung Myoe. 2009. *Building the Tatmadaw: Myanmar Armed Forces Since 1948*, Singapore: ISEAS.

Okamoto, Ikuko. 2008. *Economic Disparity in Rural Myanmar: Transformation under Market Liberalization*, Singapore: National University of Singapore Press.

제3장

五十嵐誠. 2015. 「少數民族と國內和平」, 工藤年博 編, 『ポスト軍政のミャンマー: 改革の實像』, アジア經濟研究所.

長田紀之・中西嘉宏・工藤年博. 2016. 『ミャンマー2015年總選擧: アウンサンスーチー新政權はいかに誕生したのか』, アジア經濟研究所.

白石隆&ハウ・カロライン. 2012. 『中國は東アジアをどう變えるか: 21世紀の新地域システム』, 中公新書.

工藤年博 編. 2015. 『ポスト軍政のミャンマー: 改革の實像』, アジア經濟研究所.

中西嘉宏. 2012. 「國軍: 正統性なき統治の屋台骨」, 工藤年博 編, 『ミャンマー政治の實像: 軍政23年の功罪と新政權のゆくえ』, アジア經濟研究所.

_____. 2014a. 「テインセインの强みと弱み」, ≪アジ研ワールド・トレンド≫, No. 221.

_____. 2014b. 「軍と政治的自由化: ミャンマーにおける軍事政權の'終焉'をめぐって」, ≪比較政治學會年報≫, 第16號(體制の轉換/非轉換の比較政治).

_____. 2015. 「民政移管後のミャンマーにおける新しい政治: 大統領・議會・國軍」, 工藤年博 編, 『ポスト軍政のミャンマー: 改革の實像』, アジア經濟研究所.

_____. 2021. 『ロヒンギャ危機: '民族淨化'の眞相』, 中公新書.

三重野文晴. 2021. 3. 11. 「經濟教室 國軍の利權構造, なお根强くミャンマー經濟改革」, ≪日本經濟新聞≫.

Albertus, Michael and Victor Menaldo. 2018. *Authoritarianism and the Elite Origins of Democracy*, Cambridge: Cambridge University Press.

Egreteau, Renaud. 2016. *Caretaking Democratization: The Military and Political Change in Myanmar*, New York: Oxford University Press.

Kyaw Yin Hlaing. 2014. "The Unexpected Arrival of a New Political Era in Myanmar." in Kyaw Yin Hlaing, ed., *Prisms on the Golden Pagoda: Perspectives on National Reconciliation in Myanmar*, Singapore: National University of Singapore Press.

제4장

中西嘉宏. 2017. 「ミャンマーにおける政治と司法: 憲法制の停滯と民主化の行方」, 玉田芳史 編, 『政治の司法化と民主化』, 晃洋書房.

_____. 2020a. 「自由とソーシャルメディアがもたらすミャンマー民主化の停滯」, 見市建・茅根由佳 編, 『ソーシャルメディア時代の東南アジア政治』, 明石書店.

_____. 2020b. "(2020年 ミャンマー總選擧)アウンサンスーチー壓勝の理由と, それが暗示する不安の正體," ≪IDE スクエア≫(日本貿易振興機構・アジア經濟研究所).

ポピュラーニュース(Popular News). 2020.11.3. "ミンアウンフラインとポピュラーニュースの會見" (버마어).

Brenner, David. 2019. *Rebel Politics: A Political Sociology of Armed Struggle in Myanmar's Borderlands*, Ithaca: Southeast Asia Program Publications, Cornell University Press.

Center for East Asia Democratic Studies, National Taiwan University. 2020. "Myanmar: Grappling with Transition: 2019 Asian Barometer Survey Report."

Leider, Jacques. 2022. "The Arakan Army, Rakhine State, and the Promise of Arakan's Independence," *Policy Brief Series*, No.128, TOAEP.

Lintner, Bertil. 2020. "Why Burma's Peace Efforts Have Failed to End Its Internal Wars," *Peaceworks*, No.169(United States Institute of Peace).

People's Alliance for Credible Elections(PACE). 2020. "Pre-Election Survey: 2020 General Elections."

San Yamin Aung. 2019.1.29. "Highlights of the U Ko Ni Murder Case," *The Irrawaddy*.

제5장

高橋昭雄. 2021.3.23. "騷亂續くミャンマー 反クーデター, 農村からも", ≪朝日新聞≫.

タンティン. 2004. 『作戰から作戰へ』, ヤンゴン: アウンタンクン出版(버마어).

中西嘉宏. 2021a. 「ミャンマーの安全保障觀と2・1クーデター」, ≪安全保障研究≫, 第3卷, 第3號.

_____. 2021b. 「ミャンマーは破綻國家になるのか: 政變後の混迷と新たな展開」, ≪國際問題≫, No. 704.

_____. 2021c. 「ミャンマー政變と地域秩序への余波」, 『年報アジアの安全保障 2021-2022』, 朝雲新聞社.

Beech, Hannah. 2021.3.28. "Inside Myanmar's Army: 'They See Protesters as Criminals," *The New York Times*.

Holmes, Stephen. 2003. "Lineages of the Rule of Law," in José Maria Maravall and Adam Przeworski, eds., *Democracy and the Rule of Law*, Cambridge: Cambridge University Press.

Htet Myet Min Tun, Moe Thuzar and Michael Montesano. 2021. "Min Aung Hlaing and His Generals: Data on the Military Members of Myanmar's State Administration Council Junta," *ISEAS Perspective*, No.97.

Hmung, Samuel. 2021. "Policy Briefing — SEARBO: New Friends, Old Enemies: Politics of Ethic Armed Organizations after the Myanmar Coup," Canberra: New Mandala.

Institute for Strategy and Policy-Myanmar(ISP-Myanmar). 2022.6.2. "ISP Data Matters," No.22(버마어).

Lintner, Bertil. 1996. *Land of Jade: A Journey from India through Northern Burma to China*, Bangkok: Orchid Press.

Newsinger, John. 2015. *British Counterinsurgency*, Hampshire: Palgrave Macmillan.

Selth, Andrew. 2018. "Myanmar's Armed Forces and the Rohingya Crisis," *Peaceworks*, No.

140(United States Institute of Peace).

Smith, Martin. 1991. *Burma: Insurgency and the Politics of Ethnicity*, London: Zed Books.

The World Bank. 2022. "Myanmar Economic Monitor — Contending With Constraints, Special Focus: Digital Disruptions and Economic Impacts."

Thompson, Robert. 1966. *Defeating Communist Insurgency Experiences from Malaya and Vietnam*, New York: Frederick A. Praeger.

UNOCHA. 2022.5.31. "Myanmar Humanitarian Update No.18."

제6장

≪朝日新聞≫. 2021.8.22~24. "'パイプ'の正體: 檢證・對ミャンマー外交".

イワン・クラステフ&スティーヴン・ホームズ 著. 立石洋子 譯. 2021. 『模倣の罠: 自由主義の沒落』, 中央公論新社.

大庭三枝. 2014. 『重層的地域としてのアジア: 對立と共存の構圖』, 有斐閣.

工藤年博. 1993. 「日本の對ビルマ援助政策の變遷と問題點」, ≪アジア・アフリカ言語文化研究所通信≫, 79號.

小林譽明. 2007. 「中國の援助政策: 對外援助改革の展開」, ≪開發金融研究所報≫, 35號.

白石隆. 2016. 『海洋アジアvs.大陸アジア: 日本の國家戰略を考える』, ミネルヴァ書房.

中西嘉宏. 2014. 「パーリア國家の自己變革: ミャンマーの外交'正常化'と米國, 中國との關係」, ≪國際政治≫, 第177號.

_____. 2015. 「戰略的依存からバランス志向へ: ミャンマー外交と對中國關係の現在」, ≪國際問題≫, No.643.

Brocheux, Pierre and Daniel Hémery. 2009. *Indochina: An Ambiguous Colonization, 1858-1954 (From Indochina to Vietnam)*, Oakland: University of California Press.

Clymer, Kenton. 2015. *A Delicate Relationship: The United States and Burma/Myanmar Since 1945*, Ithaca: Cornell University Press.

Fravel, Taylor. 2005. "Regime Insecurity and International Cooperation: Explaining China's Compromises in Territorial Disputes," *International Security*, Vol.30, No.2.

Hammes, T. 2012. "Offshore Control: A Proposed Strategy for an Unlikely Conflict," *Strategic Forum*, No.278(National Defense University).

Hufbauer, Gary Clyde, Jeffrey J. Schott, Kimberly Ann Elliot and Barbara Oegg. 2009. *Economic Sanctions Reconsidered*, Washington, DC: Peterson Institute for International Economics.

Maung Aung Myoe. 2011. *In the Name of Pauk-Phaw: Myanmar's China Policy Since 1948*, Singapore: Institute of Southeast Asian Studies.

Selth, Andrew. 2002. *Burma's Armed Forces: Power without Glory*, Norwalk, Conn.: EastBrige Books.

Sun, Yun. 2012. "China's Strategic Misjudgement on Myanmar." *Journal of Current Southeast Asian Affairs*, Vol.31, No.1.

종장

中西嘉宏. 2021a. 「クーデターから4ヵ月 '革命'の曲がり角: ミャンマー政變と國際社會」, ≪外交≫, Vol.67.

_____. 2021b. 「國軍による彈壓は續くのか?: ミャンマー政變四つのシナリオ」, ≪中央公論≫, 5月號.

カス・ミュデ&クリストバル・ロビラ・カルトワッセル 著. 永井大輔 外 譯. 2018. 『ポピュリズム: デモクラシーの友と敵』, 白水社.

エルネスト・ラクラウ 著. 澤田岳史 外 譯. 2018. 『ポピュリズムの理性』, 明石書店.

エドワード・ルトワック 著. 奧山眞司 譯. 2017. 『戰爭にチャンスを與えよ』, 文春新書.

Cox, Gary W., Douglass C. North and Barry R. Weingast. 2015. "The Violence Trap: A Political-Economic Approach to the Problems of Development"(available at SSRN).

Levitsky, Steven and Lucan A. Way. 2010. *Competitive Authoritarianism: Hybrid Regimes after the Cold War*, Cambridge: Cambridge University Press.

Ramsbotham, Oliver, Tom Woodhouse and High Miall. 2016. *Contemporary Conflict Resolution*, 4th Edition, Cambridge: Polity Press.

Treisman, Daniel. 2020. "Democracy by Mistake: How the Errors of Autocrats Trigger Transition to Freer Government," *American Political Science Review*, Vol.114, Issue.3.

정기간행물 등

≪朝日新聞≫.

≪日本經濟新聞≫.

≪アジア動向年報≫(日本貿易振興機構・アジア經濟研究所).

미얀마 연방의회의 각종 의사록(버마어).

Mizzima.

Myanma Alin(버마어).

Myanmar Now.

New Light of Myanmar, Global New Light of Myanmar.

The Irrawaddy(영어/버마어).

The Myawaddy Daily(버마어).

Radio Free Asia(버마어).

Tatmadaw Daily Activity[버마어, 텔레그램(Telegram) 계정].

NUG Daily Military News Summary(버마어, 페이스북 계정).

미얀마 현대사 관련 약연표

1824	제1차 영국·미얀마 전쟁(~1826)
1886.3	영국이 미얀마 전역의 병합을 선언하고 영국령 인도에 편입시킴
1937.4.1	버마 통치법에 의해 버마주가 영국령 인도로부터 분리됨
1942.1	일본군이 미얀마에 침공
1945.3.27 1945.10	대일 항쟁을 위한 통일전선인 반파시스트인민자유연맹(AFPFL)이 봉기 영국이 미얀마에 복귀
1947.2.12 1947.7.19	팡롱 회의에서 연방제에 의한 독립에 합의 아웅산 등이 암살됨
1948.1.4 1948.3	미얀마 연방이 독립(초대 수상은 우누) 버마공산당이 반정부 무장투쟁을 개시
1954.11.5	'일본국과 버마 연방 간의 배상 및 경제협력에 관한 협정'에 양국이 서명
1958.10.28	군으로의 정권 이양에 의해 선거 관리를 위한 내각이 발족됨
1960.4.4 1960.10.1	민정으로 복귀 미얀마와 중국이 상호 불가침 조약을 체결
1962.3.2	군이 쿠데타로 정권을 장악
1964.3.28	기존 정당이 비합법화됨
1974.1.3	미얀마 사회주의 연방 공화국 헌법이 제정됨
1976.11.30	일본 도쿄에서 대버마 원조국 협의 그룹이 회합
1987.9.5 1987.12.20	고액지폐를 폐지 유엔으로부터 최빈개도국(LDC)으로 인정됨
1988.3.12 1988.5.13 1988.6.18 1988.7.23 1988.8.8 1988.8.24 1988.9.10 1988.9.17 1988.9.18 1988.9.27	학생들의 투쟁이 발단이 되어 치안 부대와 충돌 아웅지의 공개서한이 일반에 퍼짐 양곤대학에서 학생들의 시위가 발생함 네윈이 버마사회주의계획당(BSPP) 의장을 사임함 양곤 각 지구에서 시위 및 집회 개최, 수십만 명이 참가함 아웅산수찌가 양곤종합병원에서 연설을 행함 BSPP 임시 당대회에서 복수정당제에 의한 선거의 실시를 결정 정부 청사의 일부를 시위대가 점거함 군에 의한 쿠데타 발생. 군사 평의회인 국가법질서회복평의회(SLORC)가 결성됨 아웅산수찌, 틴우, 아웅지가 민족민주연맹(NLD)을 결성함
1989.6.18 1989.7.20	미얀마 연방(Union of Myanmar)으로 국명을 변경 아웅산수찌가 가택 연금을 당함
1990.5.27 1990.5.29 1990.7.27 1990.7.29	총선거 실시 NLD가 총선거에서 압승이 거의 확정됨 SLORC가 즉각적인 정권 이양을 거부함 NLD가 SLORC에 항의하는 '간디 홀 선언(Gandhi Hall Declaration)'을 발표
1991.10.14	아웅산수찌가 노벨 평화상을 수상함
1992.4.23	SLORC 의장이 소미옹에서 탄슈웨로 교체됨
1994.3.23	제헌을 위한 국민회의 전체회의가 개최됨(~3.31)
1995.7.10	아웅산수찌가 가택 연금에서 해방됨

1996.5.19	정부가 NLD의 의원총회를 중지할 것을 권고함. 관계자에 대한 대량 구속을 개시
1996.5.26	NLD 제1차 당대회 개최(~5.28)
1997.5.21	틴우 NLD 부의장, NLD 당원 다수가 당국에 의해 구속되었다고 발표
1997.7.23	미얀마가 아세안(ASEAN)에 정식으로 가입
1997.11.15	SLORC가 국가평화발전평의회(SPDC)로 재편됨
1998.7.29	차 안에서 농성을 계속하던 아웅산수찌가 자택으로 강제 송환됨
2000.9.23	아웅산수찌가 가택 연금을 당함
2002.5.6	아웅산수찌가 가택 연금에서 해방됨
2002.12.5	네윈이 사망함
2003.5.30	아웅산수찌의 차량 행렬이 폭도의 습격을 받은 '데페인 사건'이 발생함. 아웅산수찌가 가택 연금을 당함
2003.8.23	미국의 경제제재에 의해 달러 결제가 금지됨
2003.8.30	군사정권이 일곱 가지 단계의 로드맵을 발표
2004.10.19	킨뉸이 경질되고 그 이후에 체포됨
2004.12.10	NLD, 헌법을 기초하기 위한 국민회의에 보이콧을 표명
2005.11.7	네피도로 수도 기능을 이전하는 것을 발표함
2007.8.22	양곤에서 연료의 공정가격 인상에 반대하는 시위가 발생
2007.9.18	승려를 중심으로 군사정권에 대한 항의 활동이 본격화됨
2007.9.26	군이 시위에 대한 무력 진압을 개시(일본인 저널리스트가 희생됨)
2007.10.12	소윈 총리가 사망함
2007.10.24	테인세인이 총리에 취임함
2007.11.20	아세안 헌장이 조인됨
2008.2.9	정부가 새로운 헌법안에 대한 국민투표와 총선거 실시를 발표
2008.5.2	사이클론 나르기스가 미얀마를 직격(사망자 약 8.5만 명, 실종자 약 5.4만 명)
2008.5.10	새로운 헌법을 위한 국민투표가 실시됨(92.4%가 찬성했다고 나중에 발표)
2008.5.17	NLD가 새로운 헌법안의 국민투표 결과를 거부한다고 발표
2008.5.29	정부가 새로운 헌법(2008년 헌법)을 포고함
2009.9.23	힐러리 클린턴 미국 국무장관, 대미얀마 정책의 변경을 표명
2009.12.20	탄슈웨가 시진핑(習近平) 중국 국가부주석과 면담
2010.3.29	NLD가 총선에 불참하기로 결정함('슈웨곤다잉 선언')
2010.11.7	군사정권 아래에서 총선거 실시
2010.11.13	아웅산수찌가 가택 연금에서 해방됨
2011.1.31	2010년 총선거에 기초해 첫 번째 의회가 소집됨
2011.3.30	민정 이양에 의해 테인세인 정권이 성립됨
2011.8.18	정부가 '화평 교섭을 위한 초대'라는 제목의 성명을 발표
2011.8.19	테인세인과 아웅산수찌 간의 회담이 이루어짐
2012.4.1	NLD가 보궐선거에 참여해 대승을 거둠
2012.5.1	미국 정부가 투자, 무역, 금융 서비스에 관한 제재를 정지함
2012.5.2	아웅산수찌를 포함한 NLD 의원들이 처음으로 의회에 등원함
2013.4.13	아웅산수찌가 일본을 방문
2014.5.11	미얀마가 의장국이 되어 네피도에서 아세안 정상회의를 개최
2015.2.17	샨주 코캉 행정 자치구에 비상사태선언 명령이 하달됨
2015.10.15	정부가 소수민족 무장 세력 여덟 개 조직과 전국정전합의(NCA)에 서명함

2015.11.5	아웅산수찌가 '대통령의 위'가 된다고 발언함
2015.11.8	총선거가 실시되어 NLD가 압도적으로 승리함
2016.2.17	아웅산수찌와 민아웅흘라잉이 선거 이후 세 번째 회담을 가짐
2016.3.30	아웅산수찌 정권이 발족됨
2016.4.6	아웅산수찌가 국가고문에 취임
2016.8.31	제1차 연방화평회의가 개최됨
2016.10.7	미국이 대미얀마 경제제재를 전면적으로 해제함
2016.10.14	'국방과 치안에 관한 특별회합'에 대통령, 국가고문, 최고사령관 등이 출석함
2017.1.29	NLD의 법률고문 코니가 양곤공항에서 살해됨
2017.5.23	제2차 연방화평회의가 개최됨
2017.8.25	아라칸로힝야구세군(ARSA)에 의한 군·경찰 시설에 대한 습격과 토벌작전. 로힝야 위기의 발생
2017.10.16	유럽연합(EU)이 방위 협력에 대한 재검토를 결정
2017.11.22	미국의 렉스 틸러슨(Rex Tillerson) 국무장관, 로힝야 위기를 '민족 정화'라고 표현
2018.3.21	틴초 대통령이 사임. 3월 30일 윈민이 신임 대통령으로 취임
2018.7.11	제3차 연방화평회의가 개최됨
2018.8.27	유엔인권이사회의 독립국제사실조사미션(IIFFM)이 로힝야 위기 관련 보고서를 발표. 페이스북이 군 최고사령관 등의 군 계통 관련 계정을 삭제
2018.9.3	로힝야에 대한 박해를 취재하던 중에 체포된 로이터 통신(Reuters)의 기자 두 명에게 7년 징역형의 유죄 판결이 내려짐
2019.4.24	아웅산수찌가 중국을 방문해 제2차 '일대일로' 국제 협력 고급급 포럼에 참석
2019.7.15	헌법개정 검토위원회가 연방의회에 보고서를 제출
2019.8.15	아라칸군(AA), 타앙민족해방군(TNLA), 미얀마민족민주동맹군(MNDAA)의 북부 동맹 세 개 조직이 군 사관학교를 포함한 여섯 개 지점을 동시에 공격
2019.11.11	감비아가 미얀마 정부를 '제노사이드 협약' 위반으로 국제사법재판소(ICJ)에 제소
2019.11.14	국제형사재판소(ICC)가 로힝야 문제에 대한 수사를 개시
2020.4.1	아웅산수찌가 페이스북 계정을 이용하기 시작함
2020.4.27	미얀마 정부가 코로나19 경제 구제 계획을 발표
2020.5.21	헌법 개정안에 대한 국민투표가 무기한 연기됨
2020.7.6	영국이 미얀마의 군 최고사령관 및 부사령관에 대해 제재 부과
2020.8.19	제4차 연방화평회의가 개최됨
2020.9.15	USDP 등 24개 정당이 선거관리위원회에 선거의 연기를 요청하는 공개서한을 제출
2020.11.8	총선거 실시(NLD가 다시 승리함)
2020.11.9	군이 화평협의위원회를 발족시킴
2020.11.30	군이 연방선거관리위원회에 대해서 정보를 공개할 것을 요구
2020.12.23	군이 유권자 명부에 대한 독자적인 조사 결과를 공표함(12월 29일, 31일에도 발표)
2021.1.26	군이 유권자 명부에 약 860만 명분의 미비가 있었다고 발표
2021.2.1	아웅산수찌와 윈민 대통령이 군에 의해 구속됨. 헌법 제417조에 의해 비상사태선언을 공표
2021.2.2	최고의사결정기관인 국가통치평의회(SAC)가 설치됨. 군에 반대하는 항의 시위가 만달레이에서 발생
2021.2.3	의료 종사자가 시민 불복종 운동(CDM)을 개시
2021.2.4	군 최고사령관의 정년이 폐지됨
2021.2.5	NLD 의원이 연방의회 대표위원회(CRPH)를 결성
2021.2.6	양곤, 만달레이를 포함한 도시에서 길거리 시위가 확대됨
2021.2.8	쿠데타 이후 민아웅흘라잉이 처음으로 연설을 행함
2021.2.26	초모에툰(Kyaw Moe Tun) 주유엔 대사가 군사 쿠데타에 항의하는 연설을 행함

2021.3.14	양곤의 흘라잉타야 지구에서 탄압이 이루어짐
2021.3.27	'국군의 날'에 각지에서 군이 시위대를 탄압함
2021.3.30	CRPH가 2008년 헌법의 폐지를 발표
2021.4.9	바고에서 군에 의한 탄압이 이루어짐
2021.4.16	CRPH가 국민통합정부(NUG)를 설립
2021.4.24	아세안 지도자 회의에 민아웅흘라잉 출석, '다섯 가지 컨센서스'에 합의
2021.5.24	아웅산수찌가 법정에 처음으로 출정
2021.6.20	민아웅흘라잉이 러시아를 방문
2021.7.26	2020년 선거 결과의 무효를 선거관리위원회가 발표
2021.8.1	군이 2023년 8월까지 선거를 실시하겠다고 약속함
2021.8.21	중국의 '아시아 사무 특사'가 미얀마를 방문
2021.9.7	'자위를 위한 전쟁'을 NUG가 선언
2021.10.15	민아웅흘라잉의 아세안 정상회의 출석을 거부하기로 아세안 외교 장관 회의에서 결정
2021.10.29	친주 탄틀랑(Thantlang)에서 200채 이상의 가옥이 파괴됨
2021.12.6	아웅산수찌에게 최초의 판결이 내려짐, 4년의 금고형(사면으로 2년으로 감형)
2021.12.24	카야주에서 35명이 탑승한 버스 등을 군이 공격함
2022.1.7	캄보디아의 훈 센(Hun Sen) 총리가 미얀마를 방문
2022.1.10	아웅산수찌의 여러 혐의에 대해 6년의 금고형이 판결됨(나중에 사면으로 2년 감형)
2022.1.21	토탈사, 미얀마의 가스전으로부터 철수하겠다는 의사를 표명
2022.2.1	도시 지역에서 '침묵의 파업'이 실시됨
2022.3.22	미국, 로힝야에 대한 박해와 제노사이드를 인정함
2022.3.27	군 기념일에 민아웅흘라잉이 연설하며 저항 세력을 비난함
2022.4.27	아웅산수찌의 부정부패 혐의와 관련해 5년의 금고형이 판결됨
2022.6.22	아웅산수찌를 형무소 안의 독방 시설로 이송

지은이 후기

—

미얀마 서부에 있는 라카인주에서의 분쟁과 소수민족의 박해를 다루었던 필자의 저서 『로힝야 위기: '민족 정화'의 진상(ロヒンギャ危機: '民族淨化'の眞相)』(中公新書)을 출간했던 것은 2021년 1월의 일이다. 미얀마에서 정변이 발생하기 10일 정도 전이었다.

당연한 일이지만 출판 타이밍을 노렸던 것은 아니다. 그 증거를 말해보자면 책 제목에 '미얀마'라는 국명이 들어가 있지 않다. 외국에 관한 서적에는 검색을 통해 많은 관심을 유도할 수 있도록 국명을 제목 어딘가에 붙이는 일이 많은데, '독자들에게 인연이 먼 것처럼 느껴지게 되어버린다'라는 편집부의 의견을 받아들여 미얀마라는 국명을 삭제했던 경위가 있다.

2021년 2월 1일의 정변 이후, '독자들에게 인연이 먼 것처럼 느껴지게 되어버리는' 상황은 일변했다. 미얀마와 관련된 화제가 매일 같이 언론 보도에서 다루어졌기 때문이다. 필자가 거주하고 있는 교토시에서 택시 운전사로부터 "어쨌든 미얀마 큰일이네요"라는 말을 들었던 적도 있다. 교토와 같은 지방 도시의 택시 안에서도 미얀마가 화제로 올라오게 되었다고 할 수 있다. 그때까지는 상상하지도 못했던 일이다. 모처럼 찾아온 기회이기에 "정말 그래요. 그 나라에 갔던 적이 있습니다만"이라고 한 차례 말을 하자 택시 운전사가 "잘 알고 계시네요"라고 했기에 감동을 받았다.

이 책을 구상했던 것은 바로 그 무렵의 일이다. 기존의 기획이 토대가 되었기에 다시 구상을 했다고 말해야 할지도 모른다. 기존 기획에서는 '포스트 아웅산수찌 시대'의 미얀마를 전망하기 위해 과거 30년간의 미얀마 정치·경제를 총괄할 계획이었다. 그런데 상업 출판의 두꺼운 벽과 필자의 역량 부족으로 인해 출판에 이르지 못했다. 그 이후에 집필했던 것이 위에서 언급한 필자의 저서이다. 즉, 이번에 한차례 깊이 간직해두었던 아이디어를 다시 꺼내 들고 그 위에서 집필을 진행했던 것이다. 그 계기가 피비린내가 나는 정변이었기에, 어딘가 산뜻하지 않은 기분은 들었지만, 잠들어 있던 구상이 햇빛을 보게 되었기 때문에 솔직히 말해서 매우 기쁜 일이었다.

이전부터 구상은 있었다고 했지만 당초에 생각했던 내용과 실제로 만들어진 이 책의 내용 사이에는 상당한 차이가 있다. 전혀 상정하지 못했던 방향으로 미얀마 정치가 움직이기 시작했기 때문이다. 군에 의한 통치는 언제까지 계속될 것인가, 혼란은 더욱 심화될 것인가, 새로운 민주화가 실현된다면 그것은 몇 년 후의 일이 될 것인가, 그리고 실제로 실현될 수 있을 것인가. 그것은 알 수 없다. 정세가 조금 더 진정된 이후에 집필한다는 선택지도 있었지만, 무엇보다 그 앞날을 전망할 수 없기에 필자 자신의 견해를 세상에 물어볼 필요가 있다고 느꼈다.

그 앞날을 전망할 수 없는 한편으로, 일본에서도 세계에서도 미얀마의 일은 망각되어 가고 있는 듯하다. 긴장감이 갈수록 고조되고 있는 미중 대립, 러시아에 의한 우크라이나 침공, 북한의 미사일 실험에 비하면 미얀마의 위기는 일본 및 세계에 미치는 영향에도 차이가 있고, 뉴스로서 가치도 다르다. 잔혹한 이야기라고 할 수도 있지만, 개도국에서의 국내 분쟁이란 그러한 것이라고 할 수 있다. 국제적인 관심을 모으지 못하고 망각되는 일도 또한 미얀마를 형성해 왔던 하나의 요소인 것이다.

그렇다고는 하더라도 망각에는 저항하고 싶다. 그렇다고 해서 관심을 일으키기 위해서 과도하게 단순화한 '비극적인 이야기'로 삼아서도 안 된다. 망각도 아니고 단순화도 아니라 현실을 바꾸기 위한 타자에 대한 냉철한 이해가 필요한 것으로 여겨진다. 현재 벌어지고 있는 상황을 구제하지 못하고 있다는 것에 당혹감을 느끼게 될지도 모르지만, 그럼에도 변용하는 아시아와 세계를 앞에 두고 견지해야 할 중요한 마음의 자세라고 할 수 있을 것이다. 조금 거창하게 말하자면, 미얀마 현대사의 해설을 통해서 독자들의 세계 인식이 바뀌게 되는 것에 조금이라고 공헌할 수 있기를 바란다.

마지막으로 이 책의 출판에 이르기까지 많은 신세를 졌던 모든 분들에게 감사의 말씀을 전해 드리고자 한다.

필자가 2017년에 양곤대학에서 개설했던 강의 세미나 '미얀마의 정치와 정부'에서 학생들과 나누었던 논의가 이 책의 전체에 걸친 고찰에 살아 숨 쉬고 있다. 10대 후반의 나이였던 수강생들에게 필자는 자유란 매우 일상적인 것이며, 필자가 정리한 군사정권 시대의 이야기를 풀어놓자, 그들/그녀들은 실로 친척 삼촌이 들려주는 옛날이야기인 양 강의를 들어주었다. 동세대의 청년들이 나중에 발생한 쿠데타에 강하게 저항했던 점도 납득이 간다. 지금 각각의 입장에서 어려움에 직면해 있는 예전의 학생들에게 공감과 감사의 마음을 전하고자 한다. 이와 함께 일본 및 미얀마 등에서 필자의 인터뷰 요청을 수락해 주었던 모든 분들에게도 마음으로부터 진심 어린 감사의 말씀을 표명하고자 한다.

이 책의 내용 가운데 일부는 필자가 2010년대에 했던 업무에 기반하

고 있다. 전 직장인 일본무역진흥기구(日本貿易振興機構, JETRO) 아시아경제연구소(アジア經濟研究所)의 과거 동료들과 현재 근무하고 있는 교토대학 동남아시아지역연구연구소(東南アジア地域研究研究所)의 모든 동료들에게 감사드린다. 자기만의 속도를 유지하는 필자를 항상 관용으로 대해 주었다.

이가 쓰카사(伊賀司) 씨, 오사다 노리유키(長田紀之) 씨, 구사카 와타루(日下渉) 씨, 구도 도시히로(工藤年博) 씨, 스즈키 아야메(鈴木絢女) 씨, 모리시타 아키코(森下明子) 씨로부터는 초고에 매우 유익한 조언과 코멘트를 받았다. 자료 정리 및 연표 작성, 원고 검토를 도와주었던 가와모토 가나에(川本佳苗) 씨, 그리고 정변의 발생 이후에 신속하게 책의 출판을 고려하도록 격려해 주었던 마키하라 이즈루(牧原出) 선생에게도 감사의 말씀을 전해 드린다. 이와나미쇼텐(岩波書店)에 소개해 주는 역할을 맡아주었던 슈도 간진(首藤閑人) 씨는 출판 기획의 요령도 전수해 주었다. 감사드린다.

담당 편집자인 나카야마 에이키(中山永基) 씨와 기획과 관련해 상담했던 것은 군의 탄압이 아직 격렬해지지 않았던 무렵이었던 것으로 기억한다. 정변의 배경에 있는 미얀마의 정치, 경제, 사회의 구조를 검토하는 책이 되었으면 좋겠다는 나카야마 에이키 씨의 생각은 필자의 구상과도 겹치는 것이었다. 지원해 주신 것에 깊은 감사의 말씀을 전해 드린다.

언제나 그렇지만 가족은 필자를 밑받침해주는 존재였다. 집에서 어렵다는 듯한 표정으로 컴퓨터(PC)를 바라보고 있는 부친(필자)에게 "그 책, 아직 다 못 썼어?"라고 불만스럽게 말하는 어린 아들과, 오빠의 옆에서 "그 책, 아직도야?"라고 잘 알지 못하지만 입을 뾰로통하게 내밀고 말했던 딸의 모습이 떠오른다. 그 두 아이들로부터 받았던 압력이 효과를 발휘해, 끈기 있게 집필을 계속할 수 있었다. 가령 오로지 부친과 놀고 싶다는 생각에서 드러낸 불평불만이었다고 하더라도 옆에 있는 사람이 출판을 간절히 기다리고 있다는, 즉 '완성해 내야겠다는 생각'이 들었던 것이다. 그 덕분에 바로 '그 책'이 서점에 진열될 수 있게 되었다. 감사하게 생각한다.

2022년 6월
나카니시 요시히로

※ 이 책은 과학연구조성기금(국제공동연구가속기금·국제공동연구강화) '체제이행기 미얀마에서의 국군의 조직적 이익의 연구'〔헤이세이(平成) 28~30년도〕(과제번호: 15KK0085) 및 과학연구비보조금·보조연구(B) '탈영역화하는 국제규범·제도와 국민국가의 반동에 관한 연구: 북부 라카인주 위기의 사례'〔레이와(令和) 원년~4년도〕(과제번호: 19H01458)의 연구 성과 가운데 일부이다.

옮긴이 후기

—

"우리는 우리의 운명을 스스로 결정해야만 한다."

_아웅산수찌

    미얀마의 근대는 영국의 식민지 시대부터 시작된다고 볼 수 있습니다. 1885년에 제3차 영국·미얀마 전쟁(Third Anglo-Burmese War)에서 버마 왕국(콘바웅 왕조)이 멸망하고, 1886년에 영국의 식민지가 되었습니다.[1] 1942년에는 일본군이 버마 독립 의용군과 함께 버마로 침공해 전역을 평정했

---

[1] 구체적으로 논하자면, 1824년에 제1차 영국·미얀마 전쟁이 발발해 패배한 미얀마는 얀다보 조약(Treaty of Yandabo)을 받아들였으며 아라칸, 아삼(Assam), 마니푸르(Manipur) 등을 영국에 할양했다. 1852년에 제2차 영국·미얀마 전쟁이 발발해 승리한 영국은 평화 조약의 체결조차 행하지 않고 바고를 포함하는 중부 연안 일대를 영국령으로 편입했다. 1885년에 제3차 영국·미얀마 전쟁이 발발해 패배한 미얀마는 영토 전체를 상실했고 왕이었던 티보는 왕비와 함께 봄베이(현재의 뭄바이)로 추방되었다. 그리고 1886년에 영국은 미얀마 전역을 정식 식민지로 삼고 가혹한 통치를 개시했는데, 이에 대해서 미얀마 사람들은 각종 형태로 영국의 통치에 반대했으며 1920년 무렵부터 민족 해방 투쟁이 격화된다.

습니다. 1945년에 일본군의 항복에 의해 영국 식민지 통치가 부활되었지만, 1948년에 버마 연방으로서 독립했습니다. '미얀마 군대'의 설립자이자 '미얀마의 국부'로 간주되는 아웅산 장군이 1947년 7월 19일에 암살을 당하고, 그 이후 1962년에 네윈 장군이 쿠데타를 일으켜 정권을 장악하고 1974년에 새로운 헌법이 공포되어 '버마 연방 사회주의 공화국'이 되었으며 '버마식 사회주의'가 추진되었습니다.

쿠데타 발발 이후 1988년 민주화를 요구하는 전국적인 시위(일명 '8888 항쟁')에 의해 26년 만에 사회주의 정권이 붕괴되었지만, 미얀마 국군이 시위를 진입하는 것과 함께 국가법질서회복평의회(SLORC)를 조직하고 정권을 장악했습니다(SLORC는 1997년에 국가평화개발평의회(SPDC)로 개조됨). 그리고 1989년에 영어 국명을 기존의 버마에서 미얀마로 변경했습니다.

1990년에는 총선거가 실시되어 아웅산수찌가 이끄는 민족민주연맹(NLD)이 압승했지만 정부는 정권 이양을 거부했습니다. 민주화 세력은 군정에 의한 준엄한 탄압을 받았으며, 아웅산수찌 자신도 2010년까지 3회에 걸쳐 모두 합쳐 15년 동안에 이르는 가택 연금을 당했습니다.

2003년 8월에 킨뉸 총리(당시)가 민주화를 향한 7단계의 '로드맵'(① 새로운 헌법을 제정하기 위한 국민회의의 재개, ② 국민회의에 의한 헌법의 기본 원칙 결정, ③ 헌법 초안의 작성, ④ 국민투표의 실시, ⑤ 새로운 헌법에 기초한 자유롭고 공정한 복수정당제 선거의 실시, ⑥ 새로운 의회의 소집, ⑦ 민주적으로 선출된 정치 지도자에 의한 민주국가의 수립)을 발표했고, 2004년에는 새로운 헌법을 기초하기 위한 제헌 국민회의가 개최되었습니다. 2005년 11월 17일에 미얀마 정부는 수도 기능을 양곤에서 핀마나현(양곤시의 북쪽 약 300km)으로 이전한다고 발표하고 새로운 수도를 네피도라고 명명했습니다. 2007년 9월에 승려가 주도하는 전국적인 시위가 발생했으며, 치안 당국에 의한 제압으로 수많은 사상자가 발생하게 됩니다. 2008년 5월 10일에 새로운 헌

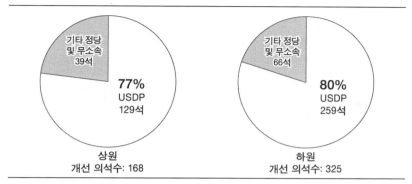

〈그림 8-1〉 **2010년 미얀마 연방의회 총선거 결과**

기타 정당 및 무소속 39석

77%
USDP
129석

상원
개선 의석수: 168

기타 정당 및 무소속 66석

80%
USDP
259석

하원
개선 의석수: 325

주: 2008년 헌법에서 의회 상원(전체 의석 수: 224)·하원(전체 의석 수: 440) 양원을 합친 전체 의석 중에서 4분의 1을 군인 의원으로 채우는 틀이 정해졌으므로 그 나머지 4분의 3의 의석을 총선거에 의해 선출한다.
자료: 每日が發見ネット(2021.7.20. https://mainichigahakken.net/life/article/2021.php).

법 초안의 채택을 위한 국민투표가 실시되어(일부 지역은 5월 24일에 실시됨), 92.4%의 찬성표(투표율 99%)로 새로운 헌법이 승인되었습니다.

2010년 11월 17일에 새로운 헌법에 기초해 20년 만에 총선거가 실시되어 국군 출신자가 이끄는 연방단결개발당(USDP)이 대승을 거두었으며, 아웅산수찌가 이끄는 NLD는 총선거를 보이콧했습니다. 2011년 1월 31일, 총선거 결과에 기초해 의회가 소집되었습니다. 2011년 3월 30일, 테인세인 대통령이 이끄는 정권이 발족되었으며, 국명이 '미얀마 연방'으로 바뀌었고 군사정권으로부터의 민정 이양이 실현되었습니다. 테인세인 정권은 정치범의 석방, 보도의 자유화, 소수민족 무장 조직과 정전 교섭 등을 추진하며 민주화와 경제개혁을 추진했습니다. 2011년 6월 미얀마 국군과 카친독립기구(KIO) 간의 전투가 다시 발생했습니다. 그 이후 미얀마 북동쪽에서 여러 무장 조직과의 충돌이 단속적으로 계속되었습니다. 2012년 4월 1일, 의회 보궐선거가 실시되어 아웅산수찌가 이끄는 NLD가 45개 의석 중에서 43개 의석을 획득했습니다(아웅산수찌도 당선됨). 2012년

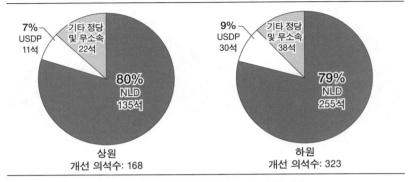

〈그림 8-2〉 **2015년 미얀마 연방의회 총선거 결과**

상원
개선 의석수: 168

하원
개선 의석수: 323

자료: 每日が發見ネット(2021.7.20. https://mainichigahakken.net/life/article/2021.php).

6월 이래 라카인주에서 불교도 라카인족과 무슬림 주민들 사이에서 충돌이 발생했습니다. 2015년 10월 15일, 미얀마 정부는 카렌민족동맹(KNU)을 포함한 여덟 개의 소수민족 무장 조직과 사이에서 전국 규모의 정전 합의(NCA)에 서명했습니다. 2015년 11월 8일, 총선거가 실시되어 아웅산수찌가 이끄는 NLD가 대승을 거두었습니다. 2016년 3월 30일, 아웅산수찌의 측근인 틴초를 대통령으로 하는 새로운 정권이 발족되었습니다. 아웅산수찌는 국가고문, 외교 장관 및 대통령실 장관에 취임했습니다. 미얀마에서 약 반세기 만에 국민 대다수로부터 지지를 얻어 탄생한 새로운 정권은 민주화의 정착, 국민 화해, 경제 발전을 위한 여러 시책을 실시했습니다. 2017년 8월 25일, 라카인주 북부에 위치한 치안 거점에 대한 연속 습격 사건이 발생했습니다(일명 '로힝야 위기'). 그 이후 정세 불안정화에 의해 70만 명의 난민이 방글라데시로 피란했습니다.

2020년 11월 8일, 총선거가 실시되어 아웅산수찌가 이끄는 NLD가 다시 대승을 거두었습니다. 2021년 2월 1일, 미얀마 국군이 윈민 대통령, 아웅산수찌 국가고문을 포함한 정권 간부들을 구속했습니다. 비상사태선언

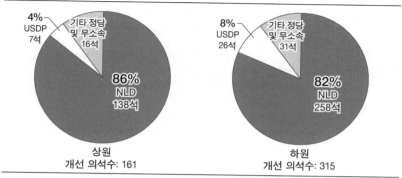

〈그림 8-3〉　**2020년 미얀마 연방의회 총선거 결과**

4%
USDP
7석

기타 정당
및 무소속
16석

86%
NLD
138석

상원
개선 의석수: 161

8%
USDP
26석

기타 정당
및 무소속
31석

82%
NLD
258석

하원
개선 의석수: 315

주: 2020년 총선거에서는 상원·하원 양원 664개 의석 중에서 188개 의석(군인 의원 틀 166개 의석, 라카인주와 샨주가
　투표를 뒤로 미루었던 22개 의석)을 제외한 476개 의석을 총선거에서 선출했다.
자료: 每日が發見ネット(2021.7.20. https://mainichigahakken.net/life/article/2021.php).

을 공표하고 전권을 장악했으며 2월 2일에는 국군 사령관을 의장으로 하
는 국가통치평의회(SAC)를 설치했습니다. 2022년 1월 31일, 국군은 긴급
사태 선언의 6개월 연장을 발표했으며, 7월 31일에 다시 6개월을 추가로
연장했습니다. 2022년 12월 30일, 아웅산수찌 국가고문에 대해 합계 19
건 전체의 1심이 종결되어 금고형 및 징역형의 형기는 모두 합쳐 33년이
되었습니다. 2023년 2월 1일, SAC는 2년 동안에 걸친 비상사태선언을 다
시 6개월(7월 31일까지) 연장한다고 발표했습니다(〈표 8-1〉 참조).

　미얀마에서는 2021년 2월 1일 국군이 쿠데타를 일으켜 전권을 장악한
때로부터 2년 6개월이 경과되고 있으며, 군정과 민주파 세력 간에 교착
상태가 계속되고 있습니다. 미얀마 군부는 2023년의 어느 시점에 총선거
를 실시할 계획이며 이를 위한 제반 환경의 정비를 추진하고 있지만, 비상
사태선언(계엄령)도 연장했으며 미국 국무부는 2023년 1월 30일에 공표한
성명에서 현재의 조건하에서 총선거는 "자유롭고 공정할 수 없다"라고 지
적했습니다.[2] 아웅산수찌를 포함한 NLD의 간부 중 대부분을 구속시키고

〈표 8-1〉 **미얀마 관련 주요 정세**(2020년 11월~2023년 7월)

2020년 11월	민주 정권하에서의 최초의 총선거 실시(투표율 72%), NLD가 승리함
2021년 2월	미얀마 군부, 아웅산수찌 국가고문 겸 외교 장관 및 윈민 대통령을 구속. 비상사태선언을 공표하고 국가의 권한을 장악함
	민아웅흘라잉 국군 총사령관을 포함한 군인 등 모두 11명으로 구성되는 국가통치평의회(SAC)를 설치함
	2020년 11월의 총선거에서 선출된 NLD 소속 의원들이 '연방의회 대표위원회(CRPH)'를 결성함
2021년 4월	CRPH가 국민통합정부(NUG)를 수립함
	인도네시아 자카르타에서 개최된 아세안(ASEAN) 정상회의에 민아웅흘라잉 SAC 의장이 출석하여 다섯 가지 사항*에 합의함(24일)
2021년 5월	NUG가 인민방위군(PDF)을 결성했다고 발표함
2021년 8월	민아웅흘라잉 국군 총사령관 겸 SAC 의장이 잠정 총리로 취임한다고 선언함
2021년 9월	NUG가 '방어전'을 선언하고 군에 대한 저항을 호소함
2022년 2월	SAC, 비상사태선언을 6개월 연장
2022년 7월	SAC, 비상사태선언을 6개월 연장
2022년 12월	아웅산수찌 국가고문에 대해 합계 19건 전체의 1심이 종결되어 금고형 및 징역형의 형기가 모두 합쳐 33년이 됨
2023년 2월	SAC, 비상사태선언을 6개월 연장
2023년 7월	SAC, 비상사태선언을 6개월 연장(2024년 1월 31일까지)

주: * 다섯 가지 합의 사항: ① 폭력의 즉시 중단, ② 모든 당사자 간의 대화, ③ 아세안 의장국의 특사에 의한 중개, ④ 인도적 지원의 실시, ⑤ 특사와 모든 당사자 간의 면담 실시.
자료: 福地亞希, "ミャンマーにおける政治・經濟情勢", ≪國際通貨研究レーポト≫(2022.9.5), p.4 등을 참조해 작성.

다양한 죄목의 유죄 판결을 언도했기에 정계에 복귀하는 것이 어려워지는 중입니다. 아웅산수찌를 정치에서 배제하려는 것은 군복을 벗은 테인 세인이 통치했던 2010년 정부처럼 군부가 민간인의 모습으로 통치하려는 속셈으로 보입니다. 아웅산수찌와 그녀가 이끄는 NLD가 출마하지 못한 2010년 총선거에서는 군부의 위성 정당인 USDP가 압승한 사례가 있습니다. 선거제도에 대해서는 현재의 소선거구제에서 정당별 득표율에 연동

---

2   Congressional Research Service, *Burma: Background and U.S. Relations*(February 21, 2023), p.1.

해 의석을 배분하는 비례대표제로 이행하는 등, 국군 측에 유리한 형태로 총선거를 장차 실시해 의회의 25%를 차지하는 군인 의원 틀과 합쳐 의석의 과반수를 확보하고 국군 계통의 USDP에 의한 정권 탈환을 지향하고 있는 것으로 여겨집니다.

2021년 3월 31일, 연방의회 대표위원회(CRPH)는 국내에서 실행하고 있는 2008년 헌법을 공식적으로 폐지했다는 것을 발표했고, 연방민주주의 헌장(Federal Democracy Charter) 또한 공식적으로 공표했습니다. 또한 4월 16일 NLD 의원 등이 아웅산수찌를 국가고문으로 추대하며 발족시킨 국민통합정부(NUG)는 온라인상에서의 활동이 중심이 되고 있지만, 활동 장소를 서서히 확대하고 있습니다. 미국 정부의 고위 관료와 온라인 회의를 여러 차례 실시한 것 외에, 2022년 5월에는 미국·아세안 정상회의의 개최에 맞추어 NUG의 진마아웅(Zin Mar Aung) 외교 장관과 웬디 셔먼(Wendy Sherman) 미국 국무부 부장관이 워싱턴에서 회담했습니다. 또한 유럽의회는 2021년 10월에 NUG를 지지한다는 성명을 결의했습니다.

1988년 학생들의 저항운동을 시작으로 미얀마 정계에 뛰어든 아웅산수찌는 미얀마 군부에 의해 세 번이나 구금됐고 15년 이상 가택 연금을 받았습니다. 그 기간 중에 미얀마 군부는 군부의 정치 개입을 법으로 보장하는 2008년 헌법을 만들었고 전술한 바와 같이 2010년 11월 7일에 총선거를 치렀습니다. 또한 2015년 11월 8일에 미얀마는 총선거를 치렀고 NLD는 경쟁했던 의석의 거의 80%를 차지(군부는 2008년 헌법에서 보장한 25%의 의석을 유지)했습니다. 2008년 헌법에서 비시민권자 가족이 집권하는 것을 금지했기 때문에 대통령이 될 자격이 없었던 아웅산수찌는 그 이후 새로 만들어진 국가고문의 직책과 외교 장관에 임명되었습니다(〈표 8-2〉 참조).[3] 미국 의회에서의 평가에 따르면, 2021년 2월의 쿠데타는 "가령 부정선거가 존재했다고 하더라도 비상사태를 선포하고 민간 지도부를

<표 8-2> 미국과 미얀마의 대통령제가 갖고 있는 차이점

	미국 (삼권분립형 대통령제)	버마 (1947년 헌법)	미얀마 (2008년 헌법)
독립적인 대통령 선거	○	×	×
국가원수로서의 성격	○	○	○
행정에 대한 통솔권	○	△(의회의 지명을 받은 총리를 대통령이 임명함)	△(의회에 의해 행정권의 분할이 가능함)
의원 책임제 (불신임결의 등)	×	○	△(보고·파면)
의회 해산권	×	○	×
법안 제출권(총리 등)	×(교서(敎書)만 가능함)	○	○
법안 거부권	○	×	△(자동으로 성립됨)

자료: 金子由芳, 「ミャンマー2008年憲法における統治機構の特色と展開」, ≪國際協力論集≫, 第25巻, 第2號(2018), p.4를 일부 수정해 필자가 작성함.

체포하고 성장하는 중이던 버마의 민주주의를 파괴하려는 시도는 정당화되지 않으며 또한 지금도 마찬가지로 정당화될 수 없다. 군부가 직접 만든 2008년 헌법에 명기된 대로 군사정권이 국가를 장악하기 위한 자체 규칙조차 준수하지 못했다는 것은 주목할 만하다. 이 쿠데타는 모든 의미에서 정말 불법인 것"[4]이라고 분석됩니다.

이러한 맥락에서 이 책은 민주주의가 덧없이도 무너져버린 미얀마의 현대사를 폭력과 분단이 연쇄적으로 움직이는 모습을 중심으로 입체적이며 구조적인 관점에 입각해 독해하고 있습니다. 이와 함께 2021년에 일어난 군사 쿠데타 이래 준엄한 탄압이 지금도 계속되고 있는 미얀마에서 '아

---

3 Congressional Research Service, *Coup in Burma: Implications for Congress*(May 12, 2021), p.10.

4 *U.S. Response to the Coup in Burma*, hearing before the Subcommittee on East Asia, the Pacific, and International Cybersecurity Policy of the Committee on Foreign Relations, United States Senate, March 25, 2021(U.S. Government Publishing Office, 2021), p.25.

웅산수찌는 왜 쿠데타를 막지 못했는가', '국제사회는 왜 지금의 미얀마 사태를 수습하지 못하고 있는가'라는 문제 제기를 하며 폭력과 분단이 연쇄적으로 발생하고 있는 미얀마 현대사의 딜레마가 집약되어 있는 그 발걸음을 구조적으로 논하고 있습니다. 구체적으로 이 책은 서장에서 '미얀마를 어떻게 볼 것인가'를 논하고, 제1장에서 민주화 운동의 도전(1988~2011)을 회고하고, 제2장에서 군사정권의 강권과 정체(1988~2011)를 살펴보고, 제3장에서 독재의 종식과 예기치 않은 개혁(2011~2016)을 평가하고, 제4장에서 조심조심 움직이는 민주주의(2016~2021)를 검토하고, 제5장에서 쿠데타에서 혼란으로(2021~) 향하는 미얀마의 현실을 분석하고, 제6장에서 미얀마 위기의 국제정치(1988~2021)를 고찰하고, 종장에서 미얀마가 '망각된 분쟁국이 될 것인가'를 심층적으로 전망하며, 가장 최근의 미얀마 정세와 관련된 정보와 분석을 제공해 주고 있습니다.

2021년 2월 미얀마 국군에 의한 쿠데타 발생은 코로나19의 발생과 그 파급효과로 인한 전 세계적인 경제 위기 속에서 2019년 말부터 2021년 초까지 미얀마의 경제 상황이 심각하게 악화된 것에서 그 일단의 원인을 찾아볼 수 있습니다(〈그림 8-4〉 참조). 또한 2008년 헌법에서 개정된 규정에 의해 아웅산수찌가 대통령에 당선될 수 없게 되어 새롭게 국가고문에 임명됨으로써 '헌법의 틀' 내에서 아웅산수찌를 중심으로 한 당시 NLD 정권이 안정적인 민주화의 정착을 위한 시책을 체계적으로 수행할 수 없었다는 점도 지적할 수 있습니다. 아울러 이 책에서 지적되고 있는 바와 같이, 아웅산의 딸이기도 한 아웅산수찌가 미얀마의 민주화를 위한 제도적 개선보다는 비폭력주의를 지향하는 '정신적 측면'의 성장과 발전을 중시했던 것도 다양한 이해관계가 충돌하는 현실 정치에 신속하게 대처할 수 없었던 흐름에 일정하게 영향을 미쳤던 것으로 여겨집니다.[5]

그런데 1946년 1월 20일 반파시스트인민자유연맹(AFPFL) 제1차 대회

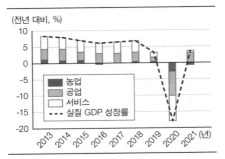

〈그림 8-4〉 **미얀마의 실질 GDP 성장률(업종별)의 추이(2013~2021년)**

(전년 대비, %)

- 농업
- 공업
- 서비스
- --- 실질 GDP 성장률

주: 2015년까지는 4월~이듬해 3월, 2016년 이래는 10월~이
  듬해 9월. 2010년 이래는 세계은행의 추정치.
자료: 福地亞希, "ミャンマーにおける政治・經濟情勢", ≪國際
  通貨硏究レ―ポト≫(2022.9.5), p.12.

에서 아웅산은 "정치란 일상 생활의 문제를 다루는 것"이고 "정치가 다루는 것은 어떻게 먹고, 일하고, 살아갈 것인가 하는 문제이다"라고 말하면서 다음과 같이 논했습니다.

따라서 우리 공통의 국민의 목표(national objectives)를 달성하기 위해서 전체 국민을 조직하고 동원한다는 임무가 나에게 부여된 것이다. 우선 중요한 것은 국민의 단결이다. …… 이 단결을 달성하기 위해서는 모든 정당(parties)이 국민적 조직(national organizations)과 완전히 일체가 되어야 한다는 견해도 있다. 그러한 견해를 갖고 있는 사람들은 정당의 존재가 국민적 운동(national movements)의 힘을 침식하는 것이라고 단순하게 생각하고 있다. 하지만 우리는 이 문제에 관해서 현실적으로 마주하지 않으면 안 된다. 만일 정당이라는 용어가 그 시대의 문제에 대해서 다소 같은 견해를 갖고 있으며 그것이 노동자의 이익이든 농민의 이익이든 또한 타자의 이익이든 어떤 집단의 이익을 대표하는 단체를 의미한다면, 정당이란 그것을 아무리 법률적으로 폐지하려고 해도 존속되는 것이다. 중요한 것은 그러한 것이 존재하는지 여부가 아니

---

5   물론 "제3세계 정치지도자들을 제대로 평가하기 위해서는 그들이 처한 역사적, 정치・경제・사회적 환경에 특별한 관심을 기울일 필요가 있다"는 지적에는 유념해야 할 것이다. 김충남, 『대통령과 국가경영』(서울대학교출판부, 2006), 12쪽.

라, 그들이 국민적 이익(national interests)을 침해하는 당파적 활동(partisan activities)을 행하지 않는 것이다. 모든 국민적 문제(national questions)에 관해서 그들은 그 어떤 당파주의도 확 던져버리고 함께 걷는 행동을 해야 하며, 그렇게 하지 않으면 안 된다. 정당의 역할은 커다란 대표 모체로서의 국민적 조직에 대해서 마치 이 대회가 하고 있는 것처럼 자신들의 집단의 사고방식을 주장하고 이해를 얻는 것에 한정되어야 한다. 환언하자면, 그들의 역할은 당파주의적인 것이 아니라, 교육적인 것이 되어야 한다. 만약 그렇게 된다면 정당의 존재는 우리 조직의 약점이 되지 않는다. 이렇게 하여 우리는 더욱 높은 수준에서의 단결을 향해 발전하는 것이 가능해진다. 이것이 우리의 첫 번째 책무이다.[6]

아웅산의 이러한 인식은 일정하게 미얀마 군부에게도 영향을 미쳤습니다. 이러한 흐름에 입각해 1989년 7월 5일, 당시 SLORC의 의장이었던 소 마웅은 TV 연설 중에서 다음과 같이 지적했습니다.

1988년 9월 18일, 국군은 권력을 장악했다. 모든 사람이 이것을 알고 있을 것임이 분명하므로 지금 다시 반복할 필요도 없을 것이다. 하지만 약간 덧붙여 말하고 싶은 것이 있다. 그것은 1988년 9월 18일부터 국군의 역할이 달라졌다는 것이다. 이 점에 관해서 혼란이 있을지도 모른다. 확실히 해두고자 하는 것은 그 이래 더 이상 국군은 그 어떤 정당 또는 조직의 대표자가 아니라는 점이다. 이 점은 대단히 중요하다. ……

우리는 정치가가 아니다. 우리는 '국민의 대의에 관련된 임무(amyôudhâyêi

---

6 Aung San, *Burma's Challenge 1946*(South Okklapa, 1974), pp.101~102.

lou'ngân)'를 수행하고 있는 것이다. 우리는 정당정치(party politics)를 행하고 있는 것이 아니다. 국가를 수호하는 것 등의 책무를 수행하는 정치, '국가가 안고 있는 과제(nainngando yè ayêi)'를 수행하는 정치에 관여하고 있는 것이다. 그것은 국민의 대의(amyôudhâyêi)를 수행하고 있다는 것을 의미하며, 정당정치에 관여하고 있다는 것을 의미하는 것이 아니다.[7]

또한 같은 해 11월 10일, 소마웅은 참모대학교의 연수 수료식에서 다음과 같은 연설을 했습니다.

나는 권력을 장악한 그날부터 정당정치(pati nainnganyêi)를 행하지 않았다. 이러한 것을 말하면 나에게 정치를 할 수 없지 않느냐고 묻는 사람이 있다. 이 질문에 대해서 나로서는 할 수 없다고 말하면 거짓말이 되기 때문에, 할 수 있다고 답하지 않을 수 없다. 정직하게 말해서 그렇다. 하지만 나는 정당정치에는 관여하지 않는다. ……

정당정치란 간결하게 말하자면 선거를 통해 자신의 정당이 승리하기 위한 활동을 의미한다. 정당은 선거에서 승리했을 경우 이미 명시하고 있는 강령 또는 행동 계획에 따라서 국가가 발전하도록 노력한다. 그러한 것이다. 그들이 공약대로 정확하게 행동했는지 여부는 그 정당이 정치에 책임을 지게 되었을 때에 비로소 명백해진다. 그때 잘 주의하지 않으면 안 되는 것은 그들 자신의 이해와 타자의 이해 간의 균형이다. 국민은 그들이 자신의 이익을 위해 행동하고 있는지, 국가의 이익을 위해 행동하고 있는지를 확인하지 않으면 안 된다.

---

7 *Maniando nyeinwu'pibyahu htihsau'yei ahpwe ou'kahta ta'mado kagweyei usijou' bojou'ji somaun i meingunmya*(1990), p.97, p.108.

오로지 한 가지 말할 수 있는 것은, 만약 그들이 자신들만의 이익을 과도하게 추구하며 국가를 속인다면 그때에는 국가가 그들을 처벌해야 한다는 것이다.[8]

이러한 논점은 1993년 1월 9일에 개최된 제헌 국민회의의 개회 연설에서 묘늪(Myo Nyunt) 소장의 다음과 같은 연설에서도 일맥상통하는 바가 있습니다.

우리 국군은 단순한 직업군인이 아니다. 진정으로 국민적 투쟁이었던 반제국주의 투쟁 및 반파시스트 혁명, 그리고 현재에는 국가의 독립을 수호하고 유지한다는 책무를 수많은 생명을 희생하며 수행해 왔던 애국적 군인이다. 이것은 주지하는 바와 같다.

국군은 존경해야 할 정치가를 그 핵심으로 해서 등장했다. 국민 정치의 성립과 때를 같이해 결성되어 발전해 왔던 조직이다. 그 때문에 국군은 국민의 대의에 관해서 풍부한 경험을 갖고 있으며 숙지하고 있다. 정당정치는 자신의 정책, 이데올로기, 행동 계획을 공개하고 피선거인으로부터 최대한의 지지를 얻기 위해 행하는 정당 및 단체의 활동을 지칭한다. 정당이 정당정치에 관여해 나아가는 것은 지극히 당연한 일이다. 한편 국민 정치는 국가 전체, 국민 전체에 가해지는 모든 위협 또는 위기로부터 국가 및 국민을 수호해 나아가는 것을 의미한다. 실제로 위기가 도래했을 경우에는 그것에 맞서고 위험을 제거한다. 전체 국민의 이익이 되도록 행동 계획, 지침이 책정되며 실행에 옮겨진다. 특히 국가의 독립과 국가 주권의 확보 및 영속을 보장하는 전제

---

8 같은 글, p.189, p.192.

조건을 정비하는 노력이 이루어진다. 여러 민족 간의 응집력 있는 결속 및 단결도 수립되고 유지되지 않으면 안 된다. 이미 모든 사람이 주지하다시피, 내가 여기에서 말하고 있는 문제는 어떤 특정한 정당에만 관련된 문제가 아니다. 또한 어떤 하나의 정당으로 잘 해결할 수 있는 문제도 아니다. 국가 전체, 국민 전체의 이익을 감안해 국민 정치의 최선의, 가장 좋은 길은 훌륭한 역사적 전통, 결속력 및 능력을 갖춘 조직인 국군의 대표자와 친밀한 관계를 유지하면서 정책 및 법률을 검토하고 책정하며, 결실이 많은 계획을 함께 연대하며 실행해 나아가는 것이다.[9]

그리고 그러한 문맥으로부터 논하자면 1974년의 민정 이양은 실태에 관한 타자로부터의 평가는 별도로 하고, 군에 있어서 '국민 정치'와 '정당 정치'의 명확한 분리로서 대단히 커다란 의미를 갖고 있었습니다. 즉, 민정 이양에 의해 다시 정치에는 '국민 정치'와 '정당정치'의 두 가지 구분이 있으며, 군은 항상 '국민 정치'의 범주적인 체현자라는 해석이 허용될 소지가 생겨났습니다.[10] BSPP에의 권력의 위양에 의해, 뭔가 사태가 발생했을 때에는 군이 실로 '국민 정치'의 체현자로서 정치에 개입할 수 있는 여지가 남겨졌던 것입니다.[11] 이러한 흐름은 코로나19의 파급효과가 심각했

---

9 *Lou'dha pyidhu neizin*(January 10, 1993).

10 2008년 헌법에서는 연방 차원의 방침으로서 다음과 같은 여섯 가지를 제시했다. 즉, ① 연방의 분열을 인정하지 않고, ② 국민의 결속을 무너뜨리지 않고, ③ 주권을 보전하고, ④ 진정한 규율 있는 복수정당제 민주주의 체제를 발전시키고, ⑤ 공정, 자유 및 평등의 불변하는 원칙을 강화하고, ⑥ 국군은 국가의 '국민 정치'에서의 지도적 역할에 참여한다. 遠藤聡, 「ミャンマー新憲法: 國軍の政治的關與(1)」, ≪外國の立法≫, 241號(2009), p.174.

11 伊野憲治, 「ミャンマー國軍の政治介入の論理: '國民政治'槪念を中心として」, ≪東南アジア: 歴史と文化≫, No.29(2000), p.15.

던 2020년 10월에 아웅산수찌가 "우리는 국내의 팬데믹 발생과 선거 과정에서 어려움을 겪고 있지만, 현재 진행 중인 평화 과정(peace process)을 일시적으로라도 멈출 수는 없습니다. 나는 이 연설에서 팬데믹 발생과 선거과정을 군사적 이익(military gains)을 위해 이용하지 말고 적대감과 분노를 나타내지 말 것을 강조하고 싶습니다"[12]라고 말했던 것에서 여실히 드러납니다. 다시 말해, 아웅산수찌와 NLD는 국정 운영에 있어서 '군사적 이익'을 등한시했던 것입니다.[13] 물론 여기에는 그녀가 아웅산 장군의 딸이라고 하는 태생적인 한계도 영향을 미쳤습니다.[14]

한편 정치범지원협회(AAPP: Assistance Association for Political Prisoners)에 따르면, 2021년 2월 1일부터 2023년 1월 30일까지 미얀마에서는 미얀마 군부의 민주화 운동 진압 과정에서 2900여 명이 사망하고, 1만 3000여 명이 구금을 당한 것으로 알려지고 있습니다. 또한 2023년 4월 28일, 유엔의 토머스 앤드루스(Thomas Andrews) 미얀마 인권 특별 보고자는 "지난 몇 개월 동안, 국군이 지배 지역을 잃을 때마다 공중폭격이 격화"되고 있으며, 국군의 인권 침해로 사망한 민간인은 3400명 이상에 이른다고 밝혔습니다. 그리고 2023년 6월 13일 오슬로 국제평화연구소(PRIO: Peace Research Institute Oslo)는 미얀마에서 2021년 2월부터 2022년 9월 말까지 동안에 정치적 이유로 살해된 시민이 적어도 6337명에 이르며 "국제기관의 보고보다 훨씬 많다"고 발표했습니다.

---

12 *Mizzima*(October 17, 2020).

13 工藤年博, "クーデターの背景: 誤算の連鎖", ≪IDE スクエア≫(2021), pp.3~4.

14 2016년 아웅산수찌가 이끌었던 미얀마 정부의 장관들이 역량이 부족했으며, 미얀마의 민주화 운동에서의 큰 기여에도 불구하고 특히 아웅산수찌 본인의 완고함은 미얀마 안팎에서 우려를 받기도 했다. 中川潔, 「スー・チー政權の獨裁構造: 軍と緊張, 足元は人材不足, 實利外交から中國に傾斜」, ≪メディア展望≫, No.656(2016), p.4.

이와 같은 미얀마 군부의 탄압 속에서도 미얀마 국민은 2022년 2월 2일부터 민주화 운동(일명 '22222 항쟁')을 개시하며 군부에 굴복하지 않고 있습니다.[15] 미얀마에서는 1988년과 2007년에 양곤 등 대도시를 중심으로 민주화를 요구하는 대규모 시위가 발생했는데 모두 1개월 만에 군부에 의해 진압되었습니다. 이번의 반군부 투쟁에서는 그 형태와 전술 방면에서 1988년과 2007년 당시에는 없었던 다음과 같은 아홉 가지 특징이 나타나고 있으며, 이러한 것이 장기간에 걸친 저항운동으로 연결되고 있습니다.

그것은 ① 국민의 '새로운 애국심'과 군에 대한 '분노' 및 '증오'가 투쟁의 강력한 원동력이 되고 있다는 것, ② 1988년 당시 대규모 시위는 학생이 주도했고 2007년 당시에는 승려였던 데 반해서, 이번에는 남녀노소 각 세대, 그리고 학생, 공무원, 회사원, 농민, 노동자를 포함해 모든 계층이 저항에 참가하고 있다는 것, ③ 학교 교직원, 공공 의료 시설의 의사 및 간호사, 관청 공무원 등이 직장을 포기하는 '시민 불복종 운동(CDM)'이 쿠데타가 발생한 직후부터 자연 발생적으로 전국에서 시작되어 행정 기능의 저하 등을 통해서 군의 통치력에 영향을 미치고 있다는 것, ④ 디지털 기술의 진전과 스마트폰의 보급으로 극적으로 개선된 국내외와 연결되는 커뮤니케이션이 존재하는 것, ⑤ 디지털화에 힘입어 쿠데타가 발생한 이후 NLD 등의 민주파 의원들이 소수민족 지역 등의 '안전지대'로 피란하고 온라인상에서 디지털 회의인 CRPH를 개설했으며, 2021년 4월에는 마찬가지로 온라인 정부인 NUG가 수립되어 외교, 국방, 경제, 복지 등을 담당하는 부처도 가상공간 위에 배치되고 각각의 장관도 임명되었다는 것, ⑥ 아웅산수찌 및 NLD 간부가 군에 구속되어 있는 가운데 국민들의 '아웅산수

---

15 Tyler Giannini, Justin Cole and Emily Ray, "From '8888' to '2121': A New Generation of Resistance in Myanmar," *Just Security*, February 1, 2022(https://www.justsecurity.org).

찌에 대한 의존으로부터의 변화'가 나타나고 있다는 것, ⑦ 항의 운동의 표현이 다양화되고 있다는 것(특히 'Z세대'라고 일컬어지는 20대 중반 이하의 청년들이 SNS를 교묘하게 활용해 세계에 메시지를 보내고 있는 것), ⑧ 미국, 유럽, 한국 등의 외국에 거주하고 있는 미얀마인과의 긴밀한 연대가 이루어지고 있다는 것, ⑨ 무력 투쟁이 전개되고 있다는 것인데 이제까지 아웅산수찌 아래에서 비폭력주의를 견지해 왔던 민주화 운동의 성질이 이번에는 선전포고를 행하고 전투를 조직적으로 전개하고 있다는 것입니다(≪讀賣新聞≫, 2022.3.15).

또한 얀나잉툰(Yan Naing Htun) 미얀마 국민통합정부(NUG) 한국대표부 특사는 "미얀마 뉴스가 국제사회에서 사라지는 것 같아 걱정스럽다. 잊지 않고 응원해 주시면 좋겠다. 또한 한국 정부가 군부 규탄 성명을 내주어 감사하고, 한국 국민의 도움 또한 잊지 않겠다. 더 나아가 앞으로는 한국 정부가 NUG와 비공식적으로라도 협력하게 된다면 좋겠다"(≪경향신문≫, 2022.8.7)라고 표명하며 한국 국민들의 미얀마 민주화 운동에 대한 지속적인 관심과 지원을 요청한 바가 있습니다.

한편 미얀마 군부는 2023년 1월 26일에 공표한 새로운 정당 등록법을 통해 기존 정당에 60일 이내 재등록을 의무화하고 적어도 10만 명의 당원이 필요하다고 규정했습니다. 다수의 당원이 구속된 상태인 NLD에는 실현하기 어려운 내용이며, 미얀마 군부에 저항하는 민주화 세력을 테러 조직이라고 규정하고 자의적으로 적용될 우려가 있습니다. 실제로 3월 28일 미얀마 군부는 정당으로서 재등록을 하지 않았다며 아웅산수찌가 이끌고 있는 NLD를 해산하기로 결정했으며, NLD 측도 미얀마 군부가 주도하는 선거에는 참여하지 않을 의향을 보였습니다(≪時事通信≫, 2023.3.29). 미얀마 국군 총사령관이자 SAC 의장인 민아웅흘라잉은 2023년 안에 총선거를 실시할 것이라고 언급한 바 있지만 비상사태선언이 2023년 7월

31일까지 연장되었고, 2023년 7월 31일에 다시 6개월이 연장되었습니다. 또한 민아웅흘라잉은 총선거를 실시하기 위해서는 그 전제 조건으로서 평화와 안정의 회복이 필요하다고 강조하고 있으며, 그 평화와 안정은 미얀마 군부의 관점에서 자의적으로 정해질 가능성이 높으므로[16] 향후 미얀마 정세는 불확실성이 더욱 커질 것으로 전망됩니다.[17]

이러한 맥락에서 이 책은 미얀마의 현대사를 중심으로 미얀마의 정치, 경제, 외교, 종교 등 다양한 분야를 시야에 넣으면서 미얀마의 역사, 행태, 쟁점 및 그 파급효과를 통시적으로 살펴보고 공시적으로 전망하는 데 매우 유용합니다. 또한 이 책을 통해 현대 미얀마의 정치와 외교에 대한 구미와 일본의 최신 논의와 연구 흐름을 학술적 차원에서 전반적으로 파악할 수 있을 뿐만 아니라, 정책적 측면에서의 분석과 평가도 심도 있게 이해할 수 있습니다. 특히 최근 들어 갈수록 복잡한 양상을 드러내고 있는 글로벌 경제 위기와 미중 관계의 흐름 속에서 미얀마 정세의 흐름을 이해하고 그 현황을 파악하며 그 미래를 제대로 가늠하는 것의 중요성은 아무리 강조해도 지나침이 없을 것입니다.[18]

이번에 이 책을 번역하면서 세 가지 측면을 중시했습니다. 첫째, 일반

---

16 伊野憲治, "ミャンマー國軍における'法の支配'と今後の展望", 笹川平和財團(2023.1.25. https://www.spf.org/apbi/news/m_230125.html).

17 저자는 미얀마가 파탄 국가(failed state)는 아니며 현재 취약 국가(fragile state)에서 위기 국가(crisis state)의 상황으로 향하고 있는 것으로 간주하고 있다. 中西嘉宏, 「ミャンマーは破綻國家になるのか: 政變後の昏迷と新たな展開」, ≪國際問題≫, No.704(2021), pp.41~49.

18 미얀마에 대한 최근 연구로는 다음을 참조하기 바란다. Roger Huang, *The Paradox of Myanmar's Regime Change*(Routledge, 2020); Adam Simpson and Nicholas Farrelly, eds., *Myanmar: Politics, Economy and Society*(Routledge, 2021); Chosein Yamahata and Bobby Anderson, eds., *Demystifying Myanmar's Transition and Political Crisis* (Palgrave Macmillan, 2022).

독자들이 쉽게 이해할 수 있도록 생소한 인명과 지명에는 버마어의 로마자 표기를 병기해 정확성을 추구했습니다. 둘째, 구체적인 설명이 필요한 부분에는 '옮긴이'를 추가했습니다. 셋째, 본문에서 언급되고 있는 인물 및 항목에 대해 부연 설명이 필요한 경우에는 독자들의 이해를 돕고자 부기했습니다.

무엇보다 이 책이 세상에 나올 수 있도록 물심양면 지원해 주신 한울엠플러스(주)의 김종수 사장님, 그리고 출간을 위한 제반 작업에 힘써주신 모든 분들에게 진심으로 감사의 말씀을 전해 드리고자 합니다. 아울러 '대통령의 정책관리'를 포함한 대통령학 및 장관론[19]에 대해 많은 가르침을 전해 주셨던 서울대학교 행정대학원의 정광호 교수님께도 사의(謝意)를 표명하고자 합니다. 모쪼록 이 책을 통해 독자들이 최근 표류하고 있는 '미얀마 현대사'의 과거와 현재를 입체적으로 이해하고 향후 발전 궤적과 방향을 심층적으로 파악함으로써, 인류 전체의 번영에 이바지하고 세계 전체의 이익에 기여하는 미래의 역동적인 '한반도 시대'를 거시적으로 조망하고 적극 대비하는 데 조금이라도 도움이 될 수 있기를 진심으로 바랍니다.

2023년 7월

이용빈

---

19 박동서·함성득·정광호, 『장관론』(나남, 2003); 정광호 외, 『장관리더십』(지혜로, 2007).

옮긴이 후기 293

지은이 **나카니시 요시히로(中西嘉宏)**

도호쿠대학(東北大學) 법학부 졸업

교토대학(京都大學) 아시아·아프리카지역연구과 박사과정 수료

일본무역진흥기구(JETRO) 아시아경제연구소 연구원, 미국 존스홉킨스대학 폴 니츠
국제정치대학원(Paul Nitze SAIS) 객원연구원 등 역임

현재 교토대학 동남아시아지역연구연구소(CSEAS) 준교수

(전문 분야: 미얀마 정치, 동남아시아 지역연구, 비교정치학)

저서: 『군정 버마의 권력구조: 네윈(Ne Win) 체제하의 국가와 군대, 1962~1988년(軍
政ビルマの權力構造: ネ―・ウィン體制下の國家と軍隊 1962-1988)』〔2009, 오
히라 마사요시 기념상(大平正芳記念賞) 수상〕, *Strong Soldiers, Failed Revolu-
tion: The State and Military in Burma, 1962-88*(2013), 『로힝야 위기: '민족정
화'의 진상(ロヒンギャ危機: '民族淨化'の眞相)』〔2021, 가시야마 준조상(樫山純
三賞)/아시아·태평양 특별상(アジア·太平洋賞特別賞/산토리 학예상(サント
リ―學藝賞) 수상〕 외

옮긴이 **이용빈**

인도 국방연구원(IDSA) 객원연구원 역임

미국 하버드대학 HPAIR 연례학술회의 참석(안보 분과)

이스라엘 크네세트(국회), 미국 국무부, 미국 해군사관학교 초청 방문

이스라엘 히브리대학, 미국 하와이대학 동서문제연구소(EWC) 학술 방문

홍콩국제문제연구소 연구원

저서: *East by Mid-East*(공저, 2013) 외

역서: 『김정은 체제: 북한의 권력구조와 후계』(공역, 2012), 『시리아: 아사드 정권의
40년사』(2012), 『러시아의 논리』(2013), 『이란과 미국』(2014), 『망국의 일본
안보정책』(2015), 『중국 국경, 격전의 흔적을 걷다』(2016), 『이슬람의 비극』
(2017), 『홍콩의 정치와 민주주의』(2019), 『푸틴과 G8의 종언』(2019), 『미국
의 제재 외교』(2021), 『현대 중국의 정치와 외교』(2023), 『이스라엘의 안보 네
트워크』(근간) 외

한울아카데미 2469

미얀마 현대사
폭력과 부정의를 넘어 민주주의를 향한 여정

ⓒ 이용빈, 2023

지은이 | 나카니시 요시히로
옮긴이 | 이용빈
펴낸이 | 김종수
펴낸곳 | 한울엠플러스(주)
편집 | 김우영

초판 1쇄 인쇄 | 2023년 8월 7일
초판 1쇄 발행 | 2023년 8월 28일

주소 | 10881 경기도 파주시 광인사길 153 한울시소빌딩 3층
전화 | 031-955-0655
팩스 | 031-955-0656
홈페이지 | www.hanulmplus.kr
등록번호 | 제406-2015-000143호

Printed in Korea.
ISBN 978-89-460-7470-5 93910